AF240925

Dr. C. M. Tobar y Borgoño

Ancien premier secrétaire de légation de l'Equateur

L'Asile interne

devant le

Droit International

PARIS (Vᵉ)

V. Giard & E. Brière

Libraires - Éditeurs

16, Rue Soufflot et 12, Rue Toullier

1911

L'Asile interne

devant le

Droit International

Dr. C. M. Tobar y Borgoño

Ancien premier secrétaire de légation de l'Equateur

L'Asile interne

devant le

Droit International

BARCELONE

IMPRIMERIE DE CARBONELL Y ESTEVA

Rambla de Cataluña, 118

1911

A

Monsieur le Dr. Carlos R. Tobar,

à

Madame María E. B. de Tobar

Hommage d'affection filiale.

INTRODUCTION

Dans d'autres époques les publicistes avaient l'habitude de classer les Etats, au point de vue international,
en Etats de premier, de seconde et même de troisième
ordre, et cela sans compter avec les Etats demi-civilisés
et les Etats barbares, qui restaient hors du droit international. Les premiers devaient avoir tous les droits
et devaient en jouir dans leur totalité; ils devaient
être semblables aux personnes humaines dans toute la
plénitude de leurs facultés et de leurs droits; les pays de
deuxième et troisième ordre possédaient, de l'avis de
ces auteurs, beaucoup moins de droits; ils étaient comme
des personnes avec tares, incapables d'exercer ou même
de posséder tous les droits reconnus par le droit international aux Etats de premier ordre; quant aux pays hors
chrétienté, aux peuples barbares, les publicistes leur
refusaient tout droit et ils ne comptaient pour rien dans
la société internationale: ils n'existaient que pour être
la proie des puissants, c'est-à-dire pour être conquis par
les Etats civilisés.

Il est indiscutable que l'inégalité des Etats existe et doit exister de fait: l'Angleterre, l'Allemagne, les Etats-Unis, la France, la Russie, toutes ces puissances qui pèsent dans l'équilibre mondial, riches en hommes, en territoires et en fortune, doivent compter plus que les petits Etats; cela est indéniable; il serait, par conséquent, absurde de vouloir mettre sur un pied d'absolue égalité l'Empire britannique, par exemple, et la principauté de Monaco, l'Allemagne et la république de Libéria, la France et le Montenegro, les Etats-Unis et le Costa-Rica.

Les grandes nations se considèrent en réalité comme supérieures aux autres et s'arrogent, en fait, des droits que les petits Etats n'osent pas réclamer pour eux. Mais déduirons-nous de là qu'il faille, dans le domaine du droit international actuel, souscrire l'avis des publicistes susmentionnés? Non, au moins en théorie pure.

Sans sortir de ce terrain de la pure théorie, nous devons dire que tous les Etats sont et doivent être égaux devant le droit international; et la raison est claire, car étant eux des personnes internationales et appartenant à la société internationale, celle-ci ne pourrait exister si l'on donnait à quelques-uns des droits qu'on refuserait aux autres. La société internationale, composée d'unités libres et indépendantes les unes des autres, ne peut exister que sur l'égalité des droits et sur le nivellement des charges; toute autre chose conduirait à la rupture de ladite société.

Il existe, à vrai dire, comme une aristocratie internationale; mais cette aristocratie doit être, au moins en théorie, comme l'aristocratie de certaines anciennes monarchies devenues républiques: elle peut exister, elle peut compter de fait dans la vie sociale, mais elle ne doit pas avoir de la valeur devant le droit pour garder dans celui-ci une position privilégiée.

Nous trouvons dans la société internationale le même phénomène que dans la société humaine des individus: l'égalité théorique des membres de l'association et l'inégalité dans la réalité des choses.

Si on voulait exprimer ce phénomène dans une formule concise et juste, on pourrait dire que *les Etats sont égaux devant le droit international, mais inégaux sur le terrain de la politique internationale*. Et nous aurions ainsi précisé grandement la question, et nous aurions mis au clair l'erreur de ceux qui veulent, encore de nos jours, établir des différences d'Etat à Etat, lorsqu'on dit que «le droit international» classifie les nations en ordres ou en catégories: ceux qui affirment pareille chose confondent le droit international avec la politique internationale, erreur profonde semblable à celle qui voudrait faire de l'activité humaine et du droit, qui doit régler cette activité, une seule el même chose.

L'homme a conquis la reconnaissance de ses droits fondamentaux; le pauvre doit valoir autant que le riche devant la loi, le plébéien doit être mis au même pied que l'aristocrate sur ce terrain, et le faible d'esprit doit trouver égale protection devant ses juges que le savant.

Vouloir le nivellement complet de tous les hommes, en tout ordre des choses est, cependant, une illusion contraire à la nature des choses; car jamais les efforts des égalitaires parviendront à placer l'inepte au même rang que le capable, et le sens commun de l'humanité et la morale répugneraient à ce que l'homme honnête puisse se coudoyer avec le criminel; néanmoins nous disons et nous soutenons avec conviction profonde que tous les hommes sont égaux devant la loi, car la loi est la justice et celle-ci cesserait de l'être si l'on établissait des distinctions parmi les hommes pour son application.

Le droit international, de même, et malgré l'inégalité des pays, doit s'appliquer à tous pareillement, parce qu'il est aussi l'expression de la raison et de la justice, de telle manière que le droit international devrait disparaître si une autre règle était adoptée, car il deviendrait injuste et irrationnel. Et voilà pourquoi nous avons tenté de nous occuper du droit d'asile, disparu en Europe et que, cependant, on veut conserver pour toujours en l'Amérique latine, créant ainsi entre les pays libres, indépendants et, par conséquent, égaux, une distinction de droit impossible et injuste. L'asile diplomatique ne servant en rien dans la politique internationale et étant d'autre côté, une institution qui place certains pays dans une condition juridique inférieure à d'autres peuples, c'est absurde et injuste.

Nous avons affirmé ailleurs qu'il y a, en droit international, le danger de convoiter l'impossible en vouloir toujours *ce qui doit être,* comme il y a un risque de tomber dans l'injuste en désirant conserver perpétuellement *ce qui est,* et nous avons admis que la règle la plus sage est celle de vouloir *ce qui peut être.* Néanmoins, ici, au cours du présent travail, on va trouver, peut-être, que nous nous éloignons de cette règle: nous attaquons l'asile *qui est* et *qui existe* pour plaider en faveur de ce qui doit être, c'est-à-dire de l'abolition de l'asile où il existe; maintenant il convient de nous demander si ce qui doit être, si cette suppression de l'asile, serait désirable? En d'autres termes, la disparition de l'asile en Sud-Amérique—disparition que nous trouvons conforme aux principes de droit—est-elle convenable? Est-elle faisable?

Nous, les ennemis de l'asile diplomatique, nous qui avons osé écrire les pages suivantes comme modeste contribution au travail de faire tomber la surannée institution de l'asile, nous qui trouvons celui-ci anti-juridique, anti-scientifique et humilliant, nous qui le qualifions d'absurdité internationale, nous mêmes, avant d'entrer dans le domaine de la science pure pour plaider son abolition, nous allons confesser, avec honte, que l'asile diplomatique est parfois de grande utilité dans nos malheureuses contrées de l'Amérique latine; et nous, qui combattons cette prétendue institution de droit, nous mêmes, à bien basse voix, nous sommes forcés de déclarer qu'elle est quelquefois utile et qu'elle doit être regardée parfois avec bienvaillance. Et la cause de cela est que nous ne pouvons pas oublier, le deshonneur qui pèse encore, et bien lourdement, sur certains pays de notre belle, de notre riche, de notre chère Amérique: la révolution!

Bien douloureux est d'observer que plusieurs parmi les hommes d'Etat latino-américains, qui dans un mouvement de noble patriotisme, ont protesté contre l'asile diplomatique, plusieurs d'entre eux, disons-nous, ont eu besoin à la suite de recourir à l'asile pour mettre leur vie à couvert. Et c'est qu'il y a encore dans un petit nombre de ces pays, dans une petite moitié de ces Etats, une conception de la politique qui n'est pas celle qui doit être; les passions personelles—nous ne disons pas les passions politiques—portées à un point d'acuité invraisemblable; le besoin d'emplois publics et des rentes du Trésor, faciles à gagner; l'ambition des chefs de bande, sans autre aspiration, sans autre conviction et sans autre culte que celui de la propre convenance: voilà les idéals qui incarnent la politique dans quelques-uns de ces malheureux pays. La vraie politique n'existe pas: les hommes des partis les plus opposés ou ne pensent à rien ou pensent tous à la même chose, et cette même chose est leur propre personne et l'individuel intérêt. Dans ces conditions la révolution devient l'état normal et les rivalités politiques ne sont d'autre chose que jalousies et haines personnelles.

Et voilà pourquoi le militarisme, ce faux militarisme sud-américain, qui place un homme devant un troupeau d'autres hommes disposés à le suivre pour partager avec le chef le banquet arrangé avec les dépouilles du cadavre de la patrie, et voilà pour quoi disons-nous, ce pseudo-militarisme est devenu le meilleur moyen d'arriver aux hautes places et d'arracher le pouvoir.

Nous avons dit *militarisme*... non; ce n'est pas un militarisme, car ses hommes ne sont pas militaires. Nous respectons trop le militarisme civilisé et qui fait abnégation de soi-même pour le bien de tous; ce militarisme respectable et respecté pour ses vertus, par sa discipline et par son patriotisme, ce militarisme qui est la meilleure garantie de l'ordre et de la grandeur de la patrie, nous l'aimons trop pour l'insulter en donnant aux révolutionnaires de profession de l'Amérique latine le nom de militaires; non, la seule dénomination qui leur appartient est celle de brigands politiques et leur soi-disant militarisme doit être appelé brigandage politique, honteux et criminel.

Là se trouve la source de tous nos maux: le dit *cau-*

dillaje des chefs militaires, seigneurs absolus de quelques-uns de ces pays; la féodalité exercée par ces dictateurs sortis de la caserne et d'autant plus répugnants
qu'ils s'énveloppent d'un manteau de républicanisme et
de liberté, destiné à tromper les peuples.

Si les anciens monarques expliquaient leurs pouvoirs
absolus comme étant une délégation divine, les nôtres,
les petits autocrates de notre Amérique, ces Césars de
vaudeville, eux, n'ont pas même le courage de fonder
leur omnipotente autorité sur de sources aussi hautes et
aussi nobles; eux ne l'appuyent que sur la raison, dé-
pouillée des raisons, de leurs sabres.

Dans ces circonstances, il faut reconnaître que l'asile
a prêté quelques bons services et qu'il a été parfois
très utile.

Il faut néanmoins penser que les Etats où ces choses
arrivent, que les pays victimes des fameux généraux
américains du sud, ne sont pas tous le pays de l'Amérique latine (1). C'est pour cela que nous trouvons inique
qu'on fasse participer à tous les Sud-américains les
folies et les ignorances et les crimes de quelques-uns .
d'entre eux; cela est injuste car on se base sur un point
de départ inexact. Et c'est aussi pour cela qu'il est inconvenable et non moins injuste de vouloir consacrer
l'asile diplomatique dans toute l'Amérique latine; ce

(1) Nous ne parlons que de ces généraux qui montent au
pouvoir à l'aide des révolutions, moins politiques que personnelles. Il y a aussi dans l'Amérique latine des militaires dignes, et des militaires qui sont au même temps des hommes
patriotes et des politiciens distingués: nous pourrions citer
plus d'un de ces militaires qui ont été au même temps des
présidents vraiment républicains.

serait aussi inconvenable et dépouillé .de raison que de prétendre faire valoir les Capitulations consulaires dans toute l'Europe, parce qu'il y a un pays du continent où on a trouvé qu'elles fussent nécessaires.

D'autre part, il faut penser que ces pays aujourd'hui encore révolutionnaires sont susceptibles de progrès et de prendre le même chemin suivi par leurs frères plus sérieux; il faut penser que les tyrans et les généraux féodataires, que les dictateurs ombrageux, vont peu à peu laissant le champ aux hommes de mérite, illustrés et patriotes, qui conçoivent la politique telle qu'elle doit l'être et non comme l'expression d'un simple intérêt personnel ou de bande. Et que ce progrès soit possible, on ne peut pas le mettre en doute: l'Argentine d'aujourd'hui, n'est pas celle de l'époque de Roşas, ni la Bolivie n'est pas celle de Melgarejo; pourquoi, donc, ferme-t-on les yeux à ces transformations, pour croire indispensable et nécessaire le maintien d'un absurde tel qu'est celui de l'asile diplomatique? Reconnaissons volontiers l'utilité de quelques asiles, mais ne commettons pas l'erreur d'accepter la justice de l'institution elle-même, d'une manière générale.

* * *

Nous nous sommes toujours plaints du mépris avec lequel on nous traite en général en Europe, en ce qui concerne notre mouvement scientifique et intellectuel. Et voilà une des causes du maintien de l'asile: tandis que les journaux, les voyageurs, les romanciers, les hommes de science eux-mêmes, avec une légèreté inexcusable, se plaisent à parler de nos révolutions et de nos scandales politiques; tandis qu'on fait des descriptions, plus ou moins spirituelles et plus ou moins imaginatives, de nos institutions publiques, de nos dictateurs et de nos tyrans, en les peignant avec des couleurs les plus vives et les plus exagérées et en se moquant d'eux et des pays qui les tolèrent; tandis qu'on a crée des légèndes autour des généraux latino-américains, on ignore ou on fait mine d'ignorer nos institutions politiques sérieuses, notre législation et nos progrès. Et ce mépris pour l'Amérique latine, ou pour une certaine partie de l'Amérique latine, est devenu comme une chose à la mode: on croit faire oeuvre de bon goût lorsqu'on ridiculise nos hommes et nos habitudes; c'est comme une manie qui exploite l'orgueil des gens qui sont ou se croyent immensément plus civilisés, plus cultivés et infiniment supérieurs à nous; c'est aussi, peut-être, une mésestime—consciente ou inconsciente—de races; en tout cas, nous devons le dire, ce mépris insultant et grossier, menace d'être partagé et utilisé par les puissants qui veulent s'émparer de nos riches contrées, tout en conservant leur beau rôle de champions de la civilisation. Dans cette tâche hypocrite ils sont efficacement aidés par ceux qui ont trouvé dans nos faiblesses et dans nos défauts une riche mine pour alimenter leur ingéniosité et leur esprit.

Nous, américains du Sud, nous avons contemplé avec douleur comment les Européens, qui censurent les scandales de nos chefs de bande, seigneurs du pouvoir, nous avons vu comment on envoya des reporters, comment on suivit d'un côté et d'un autre, comment on se préoccupa des moindres gestes d'un de ces générauxprésidents qu'une maladie amena en Europe, tandis que vers la même époque se trouvait aussi en Europe, oublié, inconnu et presque méprisé, le président d'une autre république hispano-américaine, celui du Panama, qui avait, lui, le tort de n'être pas un militaire, de n'avoir pas monté au pouvoir au moyen d'une révolution et d'être un président républicain dans le vrai sens du mot. Le bruit fait autour du premier devait lui paraître comme une auréole de gloire, tandis que l'oubli qui pesa sur le second, aura peut-être porté certains cerveaux ambitieux d'outre-mer à conclure qu'il vaut mieux être un dictateur autocrate et brutal pour attirer les regards du monde.

Ce mépris pour le progrès scientifique de l'Amérique latine, dont nous parlons, se reflète jusque dans les plus petits détails: à l'époque où nous écrivions notre travail sur le conflit international au sujet des compétences pénales (*Du conflit international au sujet des compétences pénales et des causes concomitantes au délit qui les influencent.*-Bruxelles, 1910.-Vve. Ferd. Larcier, éditeur), nous n'avions pas trouvé dans les bibliothèques publiques les codes et lois des pays Sud-américains; malgré qu'il y en a quelques-uns, comme ceux dus à don Andrés Bello et à Vélez-Sarsfield, qui sont dignes de figurer avec honneur à côté du Code Napoléon. Ou, il n'y a pas ces lois et ces codes, ou, ils sont si oubliés que lorsqu'on les demande on ne les trouve jamais. C'est la cause que dans le travail susmentionné il y ait un grand vide, en ce qui concerne l'étude de certaines législations américaines et spécialement de la législation argentine, vide d'autant plus regrettable qu'il nous avait conduit même à une erreur, que nous voulons rectifier ici, quoiqu'elle ait été commise dans une matière qui n'a pas de rapports avec celle qui va nous occuper. Cependant nous n'avons pas de scrupules pour parler de ce sujet, car l'actualité de la question nous sert d'excuse suffisante. Nous nous référons à la situation juridique de l'espace aérien, que nous avons traité au moment d'étudier les délits qui peuvent être commis au bord des aéronefs.

Notre travail a mérité d'attirer l'attention à ce sujet; mais il y a eu des concepts qui ont été mal interprétés par plus d'un critique. Nous nous rapportons particulièrement au distingué juriste Dr. A. Koch, auteur de quelques intéressants travaux sur la situation juridique et internationale de l'air.

Grand honneur a été pour nous que le Dr. Koch ait cru pouvoir nous dédier un long article (1), qui a été reproduit par des publications de Bruxelles et de Paris; mais, sans vouloir disculper les fautes qu'il a trouvées dignes de censure, nous croyons indispensable de rectifier quelques idées que le distingué publiciste veut crronément nous attribuer.

Il dit, par exemple, que nous n'admettons pas la liberté absolue de l'air, ni même sa liberté limitée, et, il ajoute, que nous considérons l'espace aérien comme assujetti à un droit de souveraineté restreint exercé par l'Etat sous-jacent.

Comment, donc, si nous considérons l'espace aérien assujetti à une souveraineté restreinte, comment, disons-nous, nous n'admettrions pas la liberté limitée de l'air? Si nous n'acceptions pas cette liberté limitée, nous

---

(1) *La Liberté*, de Fribourg: «Les frontières de l'air». (N.º 294, 40e année, 22 décembre 1910).

serions allé tout droit, et plus logiquement, à la souveraineté absolue de l'espace aérien pour part de l'Etat subjacent; mais une fois acceptée la souveraineté restreinte, pour ce même fait on déduit que nous reconnaissons la liberté limitée. Du reste c'est ce que nous disons explicitement dans notre livre: «Si, d'une part, il y a un intérêt indiscutable pour l'Etat à affirmer *son impérium* sur le territoire aérien, comme garantie du domaine sur le territoire effectif, d'autre part, on ne saurait mettre en doute les avantages que la communauté des nations peut tirer du fait que l'espace aérien reste ouvert à tout genre de communications internationales» (pag. 708). Ce qui n'est autre chose que la déclaration du besoin de reconnaître la liberté relative: une souveraineté absolue, qui serait obstacle pour un libre mouvement dans les limites signalées par la nécessité de conserver l'ordre et la sécurité de l'Etat, est incompatible avec le principe de liberté ainsi limitée.

Notre intention apparaît d'autant plus clairement que nous avons employé le mot *impérium* pour définir le droit que, à notre avis, a l'Etat sur l'espace aérien. L'étendue de cet *impérium* est, du reste, définie, en note, à la page 721: «L'*impérium* de l'Etat sur l'espace aérien, peut se réduire à l'exercice du droit d'interdire aux machines volantes de pénétrer partout où leur présence serait une cause de trouble ou d'incommodité pour l'Etat ou pour ses nationaux. C'est ainsi qu'il pourrait édicter les mesures que bon lui semblerait afin de se garantir contre l'espionnage et la contrebande; pour défendre de passer au-dessus des villes ou des fortifications, ou à de si petites altitudes qu'il puisse en résulter des préjudices ou des inconvénients pour l'Etat ou pour les habitants. L'Etat pourra, à coup sûr, exercer un droit de visite sur les navires privés et ceux-ci seront obligés de se soumettre aux règlements de douanes et sanitaires; ils devront aussi obéir, dans la mesure du possible, aux sommations d'atterrir qui pourraient leur être faites par l'autorité locale. Ces droits ne sont autre chose qu'une conséquence naturelle du droit de défense nationale et, en même temps, du manque de faculté de la part de l'Etat de s'opposer au passage inoffensif des aérostats et aéroplans».

Nous trouvons aussi inutile la petite leçon, qui plaît à M. Koch de nous donner quand il nous dit que «le domaine public ne se caractérise pas essentiellement par un droit de propriété de l'Etat, mais par la fonction d'administration et de police que celui-ci est appelé à y exercer». Ce principe est, à notre avis, indiscutable et c'est précisément sur lui que nous avons fondé toute notre théorie du droit de l'Etat sur l'espace aérien; l'Etat, nous venons de le dire, n'a que des droits fort limités sur l'espace aérien, et ces droits ne peuvent constituer une propriété, droit ample et absolu. «Il est certain— disons-nous à la page 716—qu'on ne saurait exercer un droit de *propriété* sur l'espace occupé par la masse atmosphérique, dans le sens auquel paraît l'entendre Grünwald, ni une domination absolue et complète, comme le pense von Liszt; mais, cependant, il est possible de concevoir une domination limitée et imparfaite, soit pour la raison que l'on compte, jusqu'à un certain point, avec les moyens pour l'assurer, soit surtout parce qu'elle est nécessaire, indispensable même, en l'état actuel des choses, pour la conservation et la vie de l'Etat, ainsi que pour la sauvegarde et la sécurité du territoire ferme:

c'est là, sur ce terrain, c'est-à-dire la nécessité du territoire aérien pour protéger le territoire ferme, qu'il nous faut chercher, en particulier, la raison d'être de la domination de l'Etat sur la voûte aérienne».

Dans le champ de la théorie, il serait inacceptable de penser que l'espace aérien soit absolument libre, comme il le serait aussi de le déclarer soumis à un domaine privé ou à une souveraineté exclusive, de telle manière qu'il fut possible de le fermer à tout passage même inoffensif. Croire l'air complètement libre, sans que l'Etat ait aucun droit sur lui, serait mettre l'Etat dans l'impossibilité de garantir sa propre sécurité et celle des citoyens; déclarer l'air propriété des particuliers ou des Etats, serait consacrer une règle contraire aux intérêts de l'humanité entière. «Nous croyons, donc, que l'Etat doit avoir un domaine restreint, un *impérium* sur l'espace aérien, *impérium* délimité par ses intérêts et par le besoin de garantir sa souveraineté sur le sol». (Pag. 717).

Et voilà que nous venons de réfuter l'accusation que nous fait le Dr. Koch, de rejeter les théories des autres sans nous préoccuper d'établir de nouveaux principes. Nous ne dirons pas que ces principes soient nouveaux; mais, en tout cas, contre ce que le critique croit, nous avons eu le courage de les adopter comme ceux que nous avons trouvés les meilleurs.

En ce qui touche le dernier point signalé par M. Koch, celui des *zones de condominium*, imaginées par nous; précisément elles n'ont aucune utilité en matière pénale, malgré ce que notre critique pense; c'est ce que nous disons dans le pages 728 et 735, où nous déclarons que ces zones ne peuvent avoir de l'importance que pour les questiones de droit public, la loi applicable en droit pénal étant toujours celle de la nationalité de l'aéronef, pendant que celui-ci se trouve dans l'espace aérien et que le délit n'ait pas de répercussions sur terre.

Le Dr. Koch trouve inadmissibles ces zones. Nous confessons que l'on peut nous faire des critiques sérieuses à ce sujet; mais nous avons tenu compte qu' aussi si l'on accepte, en théorie, comme frontière aérienne le plan perpendiculaire à la frontière terrestre, de fait ces zones de condominium existeraient toujours, jusqu'à ce qu'on ait les moyens pour fixer, de manière mathématique, ce fameux plan vertical, chose à la vérité bien difficile et pour le moment impossible. En tout cas, nous croyons que l'adoption des zones de condominium, avec une nationalité unique pour l'aéronef, est plus juridique et imménsement plus pratique que d'autres systèmes indiqués pour éviter les conflits internationaux dans cette matière, tel que, par exemple, celui des deux ou plusieurs nationalités pour la navire aérien.

La seule différence qui séparerait notre système de celui de la frontière unique, que semble accepter M. Koch, c'est que dans ce dernier le conflit international serait beaucoup plus grave, puisque les deux pays allégueraient chacun des droits absolus et inflexibles, tandis qu'avec les *zones de coimpérium* la dispute serait moins aigre, car les intérêts de chacun se trouvent diminués pour le caractère relatif des droits respectifs; la discussion qui dans le premier cas se produirait sur un droit annexe à la souveraineté et, par conséquent, susceptible à choquer le patriotisme de chaque Etat, deviendrait un conflit secondaire et presque sans importance, aucun des Etats n'alléguant des droits considérés comme essentiels et primordiaux. Nous le répétons, de fait, si l'on accepte la frontière unique, ces zones existent et existeront toujours; donc, si cela est en la pratique, il vaut mieux chercher un système théorique qui s'accorde avec celle-ci, un système qui soit réalisable et non qui reste lettre morte, sans correspondre jamais à la réalité des choses.

Nous avions dit que des codes modernes le Code civil allemand est le seul qui prévoit les droits qu'on peut acquérir sur l'espace aérien; nous avions alors commis une erreur involontaire à ce sujet—et c'est là où nous voulions aller:—nous n'avions pu consulter le Code de la République Argentine, qui contient aussi des dispositions relatives à l'espace aérien, dispositions encore plus précises que celles du Code allemand.

L'article 2552 de ce Code dit, en effet: «La propriété du sol emporte la propriété du dessous dans toute sa profondeur, et *celle de l'espace aérien sur le sol en lignes perpendiculaires*. Elle comprend tout ce qui se trouve au dessous du sol, comme les trésors et les mines, sans obstacle aux modifications introduites par des lois spéciales sur ces deux derniers. *Le propriétaire l'est, avec exclusion de toute autre personne, de l'espace aérien*, il peut faire toutes les constructions qu'il veut sur cet espace même si ces constructions privent de lumière le voisin, ou si elles gênent la vue ou le privent d'autres avantages; il peut aussi demander la démolition des ouvrages du voisin qui surplombent sur sa propriété, et cela à un hauteur quelconque».

Et l'article 2555 ajoute: «La propriété des ouvrages existants dans l'espace aérien qui se trouve sur le terrain, ne conduit pas à la présomption de la propriété du terrain; de même, la propriété des ouvrages qui sont au-dessous du sol, comme une carrière, une cave, etc., ne produit pas, non plus, la présomption de la propriété du sol en faveur du propriétaire de la carrière ou de la cave, etc.».

Comme on voit, le Code argentin nous parle d'espace aérien et prévoit un droit de propriété sur lui, en l'accordant au propriétaire du sol. Ces articles sont-ils applicables à la navigation aérienne? Le législateur ne semble pas avoir prévu ce cas—le Code fut promulgué le 29 septembre 1869, et à cette époque la navigation aérienne était un problème sans solution satisfaisante; —le texte des articles cités est d'un autre côté bien clair: il n'a rapport qu'aux ouvrages qui peuvent se faire dans l'espace aérien sur le terrain et aux perturbations que de ce chef peut subir le propriétaire de celui-ci. Malgré quoi, nous trouvons que la lettre de ces dispositions est assez explicite pour que dans l'état actuel des choses, nous concluyons à leur application même au cas non prévu par le législateur: «La propriété du sol emporte celle de l'espace aérien en lignes perpendiculaires». «Le propriétaire l'est, et exclusivement, de l'espace aérien». «Et cela à un hauteur quelconque». Donc, il est bien propriétaire de tout l'espace reposant sur son terrain et, par conséquent, il peut le fermer à la libre circulation des aéronefs, et cela est d'autant plus logique à soutenir que l'article 2550 dit que «Le propriétaire a la faculté de défendre aux tiers l'usage et la jouissance de la chose, et il peut prendre à ce sujet toutes les dispositions qu'il croit convenables: il peut défendre de placer choses d'autrui sur son immeuble; *il peut défendre d'entrer ou de passer par sa propriété*. Il peut l'enfermer avec des murs, fossés, à condition d'observer les règlements de police».

Par conséquent si le propriétaire du terrain l'est de l'espace aérien, comme le dit l'article 2552, on doit conclure que ce propriétaire peut défendre aux aéronautes et aux aviateurs d'entrer ou de passer par sa propriété aérienne, et cela à un hauteur quelconque.

Nous croyons, donc, que la législation argentine est explicite comme ne le l'est pas aucune des autres que nous avons eu occasion d'étudier; mais nous croyons aussi qu'elle a besoin d'être remaniée afin de la mettre d'accord avec les intérêts sociaux, qui exigent la libre circulation dans l'espace aérien, à condition que cette libre circulation ne soit cause de dommages pour l'Etat ou pour les individus.

Première Partie

Quelques principes et idées générales

CHAPITRE I

DE L'ASILE EN GÉNÉRAL

Il y a des exceptions aux règles générales présidant les rapports internationaux d'ordre pénal, qui proviennent soit de la qualité du sujet au moment de l'exécution de l'acte délictueux, soit du lieu où le délit fut commis. Le conflit entre souverainetés est, dans l'un comme dans l'autre des ces cas, immédiat et simultané au délit; en règle générale, il se montre par le fait même que l'acte a été commis et non par aucune cause postérieure à cet acte. Par contre, il y a des cas où le conflit apparaît avec postériorité, de telle manière que l'action pénale de l'Etat se trouve, en vertu d'un fait subséquent au délit, annulée ou remplacée par une autre action étrangère. C'est de ces derniers conflits dont nous allons nous occuper ici; autrement dit, nous allons examiner si l'action du pouvoir pénal de l'Etat peut être suspendue et même disparaître en vertu d'un fait postérieur au délit, fait qui créerait une situation internationale spéciale dont le coupable bénéficierait pour son impunité.

Il n'y a pas, dans les conflits de ce genre, incompétence du côté des juges territoriaux ou personnels (1) devant juger selon les règles générales, mais *impuissance* à rendre effective la peine ou à appliquer le jugement. Ceci se produit à l'égard du délinquant qui fait usage du *droit d'asile*. Voyons donc ce qu'est le *droit d'asile*.

En son acception propre et naturelle *asile* est synonyme de refuge; en d'autres termes, c'est la situation qu'un délinquant acquiert pour ne pas être poursuivi dans un lieu où n'atteint pas l'autorité primitivement apte à juger le délit. Or, en quel lieu n'atteint pas l'action de l'autorité? La réponse paraît simple: là où il y a une autre autorité incompatible avec la première; ce qui revient à dire que l'action du souverain de l'endroit où fut commis le délit n'atteint pas le délinquant, parce qu'il y a un autre souverain local apte à repousser l'activité du premier.

Il s'ensuit que l'asile existe hors du territoire national —le seul soumis à l'autorité locale du lieu de l'acte— et nous aurons ainsi *l'asile territorial,* qui est le *droit* que possède un Etat souverain à ce qu'un autre Etat ne puisse poursuivre sur le territoire du premier les délits commis sur celui du second, et dont, selon les règles générales, il appartiendrait à ce second de connaître.

Par conséquent l'asile serait *l'hospitalité qu'un pays*

---

(1) Les juges *territoriaux* sont ceux du lieu où le délit fut commis; les juges *personnels* sont les juges nationaux du délinquant.

accorde aux réfugiés sur son territoire, les affran-
chissant des poursuites d'une autorité étrangère.

Par corrélation on appelle *droit d'asile* le privilège
que l'étranger—en particulier l'auteur d'un délit—acquiert de ne pas être poursuivi en pays étranger pour
des actes n'intéressant pas ce dernier.

A côté de cet asile territorial il s'est formé un autre
asile qui a reçu le nom d'*interne* et qui a presque mo-
nopolisé vulgairement ce terme d'asile. *L'asile interne
est le privilège qui est accordé à certains lieux ou
édifices situés dans le pays pour servir de refuge à
ceux qui seraient menacés ou poursuivis par les autorités judiciares ou administratives du pays même.*

On dit généralement que l'asile interne a pris naissance dans l'asile externe, de telle manière que le premier serait une imitation du second, imitation pour
l'existence de laquelle on considère fictivement que le
lieu de asile interne appartient à un pays étranger. Nous
n'entreprendons pas, cependant, le travail de réfuter
cette croyance qui, si peut avoir quelques ressemblances
apparentes de vérité pour l'asile diplomatique—puisqu'il
y a un pays étranger duquel dépend la légation,—ne
peut être nullement appliquée à l'asile ancien ou religieux, qui était aussi un asile interne. Nous devons
dire, néanmoins, que l'asile interne et l'asile externe ont
beaucoup d'analogies et plusieurs points de contact,
l'un et l'autre ayant un même but, celui de mettre le
délinquant hors de l'action de l'autorité primitivement
compétente pour punir le délit; mais ils s'éloignent aussi
sous plus d'un aspect.

Ce que nous venons d'exprimer nous oblige à dédier
quelques lignes à l'asile externe et à l'asile religieux,

lignes que nous croyons indispensables pour bien savoir l'influence que ces formes d'asile ont pu avoir sur l'asile diplomatique; notre examen à ce sujet sera, toutefois, très bref, car il peut se réduire à l'extradition et au droit d'expulsion qui s'y opposent et dont l'étude ne fait pas partie du plan du présent travail.

CHAPITRE II

NOTIONS SOMMAIRES SUR LE DROIT
D'ASILE TERRITORIAL

Au point de vue scientifique et historique, le droit d'asile territorial a son origine dans la force et dans l'idée de la souveraineté absolue, dont il est une conséquence et une manifestation.

L'asile territorial a dû exister dans le monde dès l'époque où les hommes se divisèrent en familles et en peuples, et dès que certains groupements humains se sentirent la force suffisante pour repousser les autres au moyen de la violence: le droit propre du père de famille sur sa maison fut sûrement ce qui lui fit penser que personne ne pouvait légitimement venir lui demander de livrer quiconque s'y était réfugié et, qu'à plus forte raison, personne n'avait le droit d'aller chercher dans son domicile, dont il était le seul maître, l'individu sur lequel cet autre voulait exercer justice ou vengeance.

L'amitié et la nécessité d'avoir recours à d'autres chefs et à d'autres peuples pour chercher des alliances firent établir une exception à cette règle, exception d'après laquelle si l'étranger ne pouvait peut-être pas venir chercher lui-même le délinquant ou son ennemi, le maître du lieu où celui-ci s'était réfugié se voyait forcé de le livrer ou faisait acte d'amitié, en accédant à la demande de l'allié ou de l'ami, de lui remettre le réfugié et cela sous peine de perdre l'alliance ou l'amitié. Ceci rompait déjà l'asile dans sa forme rudimentaire et primitive, mais ce n'était pas encore une extradition proprement dite, parce qu'au fond il y avait une raison de crainte, d'intérêt ou de simple condescendance, mais pas de justice.

Les peuplades étant devenues des nations, le seigneur absolu, qui ne reconnaissait d'autre droit que le sien, et pour qui les autres peuples étaint des peuples inférieurs et barbares, ne pouvait, à moins d'y être poussé par ses propres intérêts, reconnaître le droit d'un seigneur étranger sur un individu qui, à ce même moment, était sous sa domination et sa puissance, et qui, par le fait de se trouver sur son territoire et parmi ses gens, était son sujet. L'asile territorial devait ainsi avoir une grande importance en ces temps de prédominance absolue de la puissance territoriale, temps d'isolement et de rivalité, où la guerre était l'état normal et où le plus fort avait toujours le plus de droits.

Certains auteurs, parmi lesquels Grotius (1), font

(1) Hugus Grotius, *De jure belli ac pacis*, traduction française de Pradier-Fodéré (Paris, 1865-1867), livre II, chap. XXI.

remonter l'origine de l'extradition jusqu'aux temps primitifs; toutefois il ne nous semble pas qu'ils aient raison. Soutenir une thèse semblable, c'est oublier le caractère des sociétés primitives. Les exemples que l'on a coutume de citer pour appuyer cet avis ne sont d'ailleurs pas des exemples d'extradition proprement dite, telle qu'on l'entend aujourd'hui; ces exemples mêmes sont précisément des faits où le droit territorial se trouve plus ou moins violé par l'intervention de la force. Dans tous il y a invasion effectuée par un pouvoir étranger, soit au moyen de la force présente, soit par la menace d'une violence imminente. Si le pays ayant donné refuge à la victime de la justice ou de la vengeance étrangère, ne consentait pas à livrer celle-ci à la puissance qui la demandait, les représailles les plus injustes et les plus regrettables, le pillage et la guerre étaient la réponse du puissant. Si, au contraire, le peuple donnant asile était le plus fort, l'Etat solliciteur se contentait, bon gré mal gré, de la réponse négative du premier ou n'essayait même pas de demander la remise du coupable.

L'histoire nous confirme presque toujours cette assertion: les Philistins demandent au peuple d'Israël de livrer Samson, avec la menace des plus grandes violences (1), et Pausanias nous raconte que la cause qui détermina la guerre entre les Lacédémoniens et les Messéniens fut le refus de ceux-ci de livrer un assassin que réclamaient ceux-là (2).

(1) *Juges,* chap. XV: 10-13.
(2) PAUSANIAS. *Periegesis, Beschreibung von Griechenland,* traduction allemande de Siebelis (Stuttgart, 1827-1829), livre IV.

3

Pour que l'extradition pût entrer en usage parmi les peuples il fallut, ainsi que le dit Billot, que ceux-ci arrivassent à avoir conscience de leur solidarité morale et de la nécessité de se réunir en société internationale (1).

Tout ce que l'on peut conclure des arguments que l'on présente pour soutenir l'opinion contraire c'est que les peuples se croyaient autorisés à poursuivre et à châtier eux-mêmes le coupable dont le châtiment est demandé ou pour le livrer au pays qui le réclame; mais cela non pas en vertu d'un devoir moral obligatoire, ni parce que la justice l'exigereait, mais seulement à titre d'exception, pour éviter les grands maux pouvant résulter d'un refus.

Une question qui, bien que sans importance pratique, a été longuement discutée est celle de savoir si l'asile territorial fut une transformation de l'asile religieux du temple et de l'autel et s'il prit naissance lorsque celui-ci commença à disparaître.

Nous ne nous croyons pas compétents pour entreprendre l'examen analytique de la question. Nous ferons seulement observer que, malgré tout ce que l'on peut assurer, les deux asiles existèrent simultanément dans l'histoire et que si l'un était dû à un sentiment de piété et de respect du droit sacré du temple et de l'église, dans l'autre nous ne pouvons voir qu'une raison de nécessité et *de fait:* le respect de l'asile à cause de la crainte du mal pouvant être causé à celui qui enfreindrait le refuge par celui qui l'accorde. L'asile religieux existait dans chaque pays et, l'on peut dire, par la volonté

---

(1) ALBERT BILLOT, *Traité de l'extradition* (Paris, 1874), p. 35 et s.

du seigneur du pays, tandis que l'asile territorial dépendait de la volonté des deux peuples et des rapports d'amitié ou d'inimitié existant entre eux.

Au point de vue de la morale, qui prescrit la punition des actes là-même où ils furent exécutés, et au point de vue de la justice, qui exige le jugement du délinquant là-même où il commit le délit, le droit d'asile dont nous parlons ici possède bien peu de fondement. Mais, ainsi que nous l'avons dit, il est né et il s'est conservé en vertu d'un autre ordre d'idées, basées sur la souveraineté d'un Etat indépendant, qui ne peut tolérer, dit-on, l'intervention d'un autre Etat sur son territoire pour faire valoir sa puissance sous prétexte de poursuivre les criminels.

Il répugnerait à la souveraineté et à l'indépendance de l'Etat, d'avoir l'obligation absolue de toujours et sans exception, donner satisfaction au gouvernement étranger qui demande ses délinquants fugitifs et de lui permettre l'entrée de son propre territoire, ou bien consentir à remplacer l'autre Etat dans sa mission répressive; cela serait se soumettre en quelque sorte à la direction des pays étrangers et obéir, sans excuse, aux volontés des autres. Le droit international pénal ne crée que des obligations imparfaites, de telle façon que si un Etat a, en général, le devoir moral d'accéder à la demande que l'autre lui fait de livrer un délinquant, on ne saurait exiger de lui l'accomplissement de ce devoir et, encore moins, l'exiger par la force, attendu que le souverain local est libre—jusqu'à ce qu'il n'ait pas de traité obligatoire ou un compromis de réciprocité—de consentir ou de refuser.

Il est certain que la communauté internationale, le

devoir d'aide mutuelle et la morale, dont nous avons parlé, exigent que l'Etat s'abstienne autant que possible d'exercer l'asile; mais l'on ne saurait non plus oublier que l'asile constitue un droit annexe à la souveraineté, à la personnalité et à l'indépendance des peuples, droit que l'association internationale ne peut méconnaître.

La question étant ainsi posée, on ne peut toutefois dire que dans l'extradition, telle qu'on la conçoit aujourd'hui, il y ait une atteinte à la souveraineté du pays sollicité, attendu qu'il accorde *volontairement* la livraison du criminel.

Si en droit international le devoir n'est pas parfait, l'association des peuples exigeant l'aide mutuelle pour la répression des délits et pour la défense sociale, et l'union de tous en vue de ne pas laisser un délinquant impuni, demandent que l'extradition soit admise comme règle générale. Etant donné l'état actuel de la science internationale, les progrès de la civilisation et les garanties que présentent les tribunaux de tous les pays occidentaux, l'asile à part quelques rares exceptions doit être repoussé comme une institution surannée et inadmissible.

Le principe juridique dicté par la justice et la défense sociale est que l'auteur d'un fait délicteux doit être puni, que le mal qui s'appelle peine doit suivre le mal causé par le délit, que la nation et l'Etat doivent être satisfaits et que la société humaine évite le risque des nouveaux attentats pouvant être commis par le même criminel ou par d'autres, enhardis par l'impunité du premier. Dans l'asile il y aurait soit manque absolu de châtiment, soit substitution pour ce châtiment, d'une autorité étrangère à l'autorité propre.

Cela serait-il juste? Cela serait-il convenable? L'asile dans son acception la plus vaste et la plus naturelle consacrerait le premier principe, c'est-à-dire l'impunité du délinquant, ce qui serait aller contre toute loi et contre toute justice. Si, au contraire, ou admet que l'asile soit seulement un changement de compétence, de telle sorte que l'auteur du délit soit jugé par les tribunaux du pays de refuge, nous ne ferons autre chose qu'aller vers le système qui consacre le *cosmopolitisme* de la peine et qui punit le délinquant n'importe où il sera arrêté et qui le juge selon la loi du lieu de l'arrestation, système inacceptable dans l'état actuel du droit et inadmissible devant la justice elle-même (1).

D'après ce qui vient d'être dit.on peut conclure que le réfugié ne peut alléguer le *droit d'asile,* parce que celui-ci n'existe pas pour lui en tant que *droit qu'il possède* ou *qui lui appartient;* le droit d'asile existe seulement en ce qui concerne l'Etat qui est libre, depuis le point de vue international, de l'accorder ou de le refuser; et c'est un droit lui appartenant à lui en tant que s'il donne l'asile l'autre Etat est, en règle, obligé de respecter cette résolution. L'individu ne saurait réclamer le refuge comme s'il s'agissait d'une chose qui lui est due ou qui lui appartiendrait réellement. C'est pour cela que Faustin Hélie dit: «Il est évident que la seule volonté du réfugié ne saurait lui donner un droit absolu d'être reçu sur le territoire étranger. Son établissement sur ce te-

(1) Pour la réfutation du système du *cosmopolitisme,* voir notre œuvre *Du conflit international des compétences pénales et des causes concomitantes au délit que les influencent.* (Bruxelles, 1910), Ière partie, chap. II, § 4.

rritoire est toujours subordonné à la volonté du souverain; il se forme un véritable contrat, soit exprès, soit tacite entre l'expatrié et la nation qui lui sert de refuge; le concours des deux parties est donc indispensable» (1).

Seules les lois internes du pays de refuge peuvent autoriser le réfugié à protester contre l'attitude des autorités locales, au cas où celles-ci ne se conformeraient pas à ces lois et violeraient l'asile autorisé par ces dernières.

Le droit d'asile a été chaleureusement défendu à toutes les époques, et aujourd'hui même, malgré la tendance moderne de le faire disparaître pour les délits de droit commun, il trouve d'assez nombreux partisans parmi les criminalistes et les écrivains traitant de la science internationale (2). Nous ne nous arrêterons pas à étudier

(1) Faustin Hélie, *Traité de l'instruction criminelle*, (Paris, 1866-1867), t. V, p. 658.

(2) L'affirmation que l'asile rencontre maintenant de fort sérieux adversaires et la tendance moderne que l'extradition des délinquants se trouve être un état plus avancé du droit et de la justice, sont incontestables. La croyance que l'extradition doit exister même en dehors des traités gagne de plus en plus de partisans. Selon cette doctrine l'extradition n'a pas besoin de conventions internationales; c'est un acte de droit naturel qui peut s'inscrire dans la législation intérieure des peuples, sans qu'il soit intervenu aucun traité; un gouvernement peut, indépendamment de tout texte international qui l'y oblige, livrer à un gouvernement étranger tout malfaiteur qui viendrait chercher un refuge sur son territoire.

C'est le triomphe de cette manière de penser—qui correspond d'ailleurs aux besoins sociaux—qui a amené les peuples, dans la deuxième moitié du XIXe siècle, à éditer des lois

les divers arguments employés à le soutenir, car cela constituerait un travail fort long et compliqué; mais, nous ne pouvons faire moins, par suite de l'intérêt d'actualité de la question, que de consacrer quelques lignes à la façon de raisonner de certains criminalistes et surtout de certains disciples des écoles criminalistes modernes, qui ont cru aussi devoir attaquer l'extradition et défendre l'asile.

sur l'extradition, lois destinées à régir leur conduite lorsqu'il y a manque de traités.

Il ne faut pas penser, comme on le répète très souvent, qu'en souscrivant à l'opinion qui veut le plus grand élargissement de l'extradition, on va au cosmopolitisme en droit pénal, ou que tout au moins on se rapproche du cosmopolitisme. Cela manque absolument de base: précisément l'extradition s'oppose au cosmopolitisme et l'asile lui est favorable; et la raison est bien simple, car le coupable devant, en tout cas, être puni, il faut en conclure que, sans l'extradition, il devrait l'être dans le pays d'asile et selon les lois de ce pays, ce qui est le cosmopolitisme pénal. Si on accepte le cosmopolitisme et si on va jusqu'à la réalisation de la belle utopie de l'accord de tous les peuples pour la punition des délits partout, et si nous arrivons à voir établi ce noble, mais fort irréalisable désir, qui veut voir le criminel justiciable de tous les tribunaux du monde, de manière que l'innocent, même celui appartenant au pays le plus éloigné et habitant à des milliers de kilomètres de l'Etat où le délinquant s'est réfugié, aura droit à la protection de la justice pour tous ses intérêts, de même qu'il pourra partout atteindre celui qui l'aura offensé pour le faire punir, dans ce cas, il faut convenir que l'extradition deviendrait même inutile, le code pénal universel étendant son autorité répressive quelque part que le criminel veuille chercher un asile.

Partant de l'antique idée que le droit pénal n'est autre chose que le droit de vengeance sociale, il y a des penseurs qui nient la légitimité du devoir moral qu'ont les Etats de s'aider mutuellement dans la poursuite des délinquants et reconnaissent, par conséquent, l'existence du droit d'asile comme moral et inéluctable: l'extradition, disent-ils, à moins qu'il ne s'agisse de délits où le mal peut être réparé, n'a pas de raison d'être, étant uniquement un acte de vengeance de la part de l'Etat, qui veut s'emparer à tout prix du coupable pour lui faire payer cher un acte dont le mal a été probablement reconnu par le coupable lui-même puisqu'il a essayé de fuir le pays où il le commit.

Il faut avant tout noter que les mêmes raisons de vengeance pourraient s'opposer à tout le régime pénal; car, quelle que soit l'origine et le fondement que l'on assigne au droit de l'Etat d'appliquer des peines aux délinquants, le châtiment n'est autre chose qu'un mal pour assurer la défense sociale. Si l'Etat ne peut poursuivre à l'étranger que les délits réparables, il n'y a pas non plus de raison pour que dans ses propres frontières il poursuive des délits de caractère irréparable, car il se montrerait aussi vindicatif dans l'un comme dans l'autre cas.

Les peuples, en vertu de l'idée de communauté internationale qui régit la vie extérieure des Etats, se trouvent liés de telle façon que leurs pouvoirs respectifs sont, dans les limites de la souveraineté de chacun, appelés à produire ou à chercher á produire des résultats bienfaisants et non préjudiciables aux associés; mais, sans ce droit de demander la remise d'un délinquant et avec l'établissement de l'asile absolu, les peuples n'accompliraient pas ce devoir, car ils contribueraient à l'impunité des criminels et, par conséquent, à la ruine du pouvoir répressif, ce qui, en définitive, aboutirait à agir contre tous et chacun des associés.

Un autre argument qu'on a coutume d'alléguer est que si l'asile est la consécration de l'indépendance des peuples, l'extradition est une atteinte à leur dignité, en tant que le pays requis, en acceptant une requête étrangère, se soumet à la demande d'un autre Etat, et en repoussant cette pétition il offense le pays solliciteur dans sa dignité.

Le sophisme, néanmoins, est manifeste: on ne voit pas en quoi un Etat qui acquiesce à une demande peut souffrir de diminution dans sa dignité; cela serait comme si l'on disait que l'autorité se sentirait amoindrie dans son amour propre en s'occupant des pétitions qui lui sont adressées. Quant à la seconde partie de cet extraordinaire argument, elle manque de base autant que la primière: le pays solliciteur ne souffre aucune atteinte dans sa dignité parce que l'autre refuse la demande de extradition, car celui-ci est libre d'accorder ou non et, en cas de refus, il a, nous semble-t-il, le devoir moral et de courtoisie de motiver le refus. Lorsqu'il s'agit d'êtres capables d'apprécier des arguments raisonnables, un refus fondé n'a rien qui puisse être considéré comme injurieux pour le pays solliciteur.

Certains disciples des écoles anthropologiques et sociologiques modernes, partant de leur façon de considérer la peine en corrélation avec le délit, sont arrivés jusqu'à en déduire la négation totale de la bonté, convenance et légitimité de l'extradition.

Nous allons examiner le développement de cette façon de penser, en prenant pour guide l'un des disciples de l'école italienne, qui s'est occupé tout particulièrement de l'extradition, le Dr. Pamphilo d'Assumpçao, intelligent criminaliste brésilien, qui exposa sa théorie dans une série de brillants articles parus dans le «Diario Popular» de Sao-Paulo (1905-1906).

Aux yeux de la science pénale moderne, disent ces criminalistes, le concept de crime est radicalement différent de celui qui inspirait les criminalistes des écoles classiques. Le délit jadis était considéré comme une entité abstraite, comme une simple opposition entre l'acte et la loi violée. L'acte était la base du système pénal, le sujet était secondaire, celui-ci était puni pour celui-là et c'était tout, l'élément subjectif ne comptait pour rien ou presque pour rien; on ne voyait que la violation de la loi sans prendre note des conditions subjectives de l'agent; en deux mots, l'acte était le seul élément à compter dans la rélation juridique et c'était l'acte que l'on punissait.

En appliquant la méthode positive, le développement est autre et les conséquences différents: les criminalistes arrivèrent à la conclusion que, le délit étant un acte de l'homme, commis dans la société et au préjudice de la société, le crime est un phénomène individuel et social à la fois. Par conséquent, au lieu d'étudier objectivement le crime, il faut d'abord étudier l'homme, auteur du crime, et le milieu social où ce dernier a eu lieu (1).

(1) Dans le cas d'un vol, par exemple, on ne voyait dans les écoles classiques qu'un fait, celui du vol, de telle manière que tous les voleurs — c'est-à-dire les auteurs des faits de la même nature — étaient mis dans la même catégorie et tous punis de la même façon; on ne prenait note de rien d'autre que du fait extérieur, de la valeur de la chose volée

Les recherches étant dirigées dans cette voie, on en
vint à classer en deux groupes les causes génériques du
crime; les unes relatives à l'agent, c'est à dire les causes
anthropologiques et individuelles, et les autres se rapor-
tant au milieu dans lequel le fait s'est préparé ou s'est
produit, c'est-à-dire physiques et sociales. Le crime

et des circonstances matérielles qui avaient accompagné de
près l'exécution de la faute. Dans cette école tous les assassins étaient des assassins et, par conséquent, également
coupables; tous les voleurs étaient mis au même casier,
comme tous les satyres étaient classés au sien. Selon cette
théorie les codes devaient punir ayant uniquement en considération le résultat de l'acte; l'égalité de criminalité dépendait de la similitude des faits. Si la loi établissait des
échelles de criminalité pour l'application des peines, ces
échelles obéissaient plutôt à la quantité du mal produit qu'à
la plus ou moins grande culpabilité de l'auteur.

La doctrine moderne a renversé ce système—et c'est
bien son mérite incontestable, mérite le plus inmense et le
plus grandiose;—elle a ouvert la porte à un autre ordre
d'idées, celui de faire de la science pénale una science anthropologique, psychologique et sociale, de tenir compte du
sujet auteur du délit et de ne pas le punir pour le seul fait
qu'un acte contraire à la loi a été commis; mais par ce que
cet acte a été commis *par lui;* c'est-à-dire qu'il faut voir les
conditions personnelles de l'agent, son penchant vers le
crime, ses tares héréditaires, les circonstances extérieures
qui ont entouré non seulement le fait en lui-même, mais aussi
la vie du délinquant.

Nous, qui nous ne sommes pas de l'école de Lombroso,
mais qui ne nous sommes pas, non plus, de celle de Rossi et
de Carrara, nous trouvons dans cela un progrès indiscutable du droit criminel, et, quels que soient les défauts et les

étant considéré de cette façon, il s'ensuit que la peine perdit tout son caractère de châtiment. L'Etat dans sa mission de réprimer, doit agir dans le seus d'éliminer, modifier ou diminuer les facteurs du délit, abandonnant la préoccupation de punir qui était le critérium de la peine dans les écoles classiques.

inexactitudes de l'école qui l'a produit, cette école mérite bien de l'humanité, dès qu'elle a donné un pas aussi avancé dans le chemin de la raison et de la justice.

Cela étant, nous allons dire en peu de mots quelles sont les bases fondamentales de ces théories.

Les écoles modernes, évolutionistes et positivistes, considèrent les sociétés comme organismes vivants soumis à des lois propres et naturelles avec des droits naturels, dont le principal est celui de la propre défense et conservation. De cela on déduit logiquement le droit qu'a la société de poursuivre et de punir les délits qui peuvent attaquer la régularité de sa vie sociale ou son existence. La société a surtout le droit, plus encore le devoir, de se protéger contre les imitateurs que chaque délit peut engendrer, par le moyen préventif et exemplaire de la peine.

L'école positiviste emploie la méthode expérimentale et synthétique.

Pour Lombroso, le délinquant est, en général, un dégénéré que sa nature physique on son atavisme conduisent au crime; c'est un malade qui présente certaines anomalies physiologiques ou anatomiques; il y en a aussi, c'est vrai, des criminels d'occasion qui obéissent à des facteurs externes, mais ils sont plutôt l'exception. On peut ainsi connaître le délinquant et fixer le type du criminel, de la même manière qu'en psychiatrie on cherche aujourd'hui à connaître les malades et les fous, laissant de côté les anciens systèmes qui cherchaient à ne connaître que la folie. Le délit

De l'exposé de ces systèmes et, nonobstant, la distance qui sépare les uns des autres, l'on déduit que l'Etat ne saurait avoir le droit de poursuivre au delà de la frontière le délinquant qui ne peut plus être nuisible au milieu dans lequel il est devenu criminel et dont l'ambiance a parfois été le principal facteur de son acte

devient ainsi, sauf pour un certain groupe de délinquants (ceux d'occasion), le résultat de facteurs physiologiques et, en général, anthropologiques. Le délit est la naturelle conséquence de l'anormalité du sujet, comparé avec le type de l'homme honnête.

Pour Ferri et les partisans de l'école de sociologie criminelle, la criminalité a surtout pour cause l'influence du milieu où le criminel a vécu. Le milieu, comme le dit le professeur romain, est le complice du criminel dans l'exécution de son acte. Il y a une comme saturation criminelle. Cette école étudie les influences que le délinquant a pu recevoir du dehors, comme l'école anthropologique étudie le délinquant. Il y a un milieu social normal, favorable à la santé morale, de même qu'il y a un milieu physique favorable à l'hygiène du corps; il y a, par contre, un milieu social malsain où le penchant au crime trouve un terrain propice et où les bactéries de la criminalité se développent comme dans sa culture naturelle.

Ce que le droit appelle un délit est une impulsion instinctive, de telle manière qu'il n'y peut avoir aucune idée de culpabilité. C'est une évolution lente et parallèle à l'évolution sociale, qui nous a conduit à la conception de culpabilité et de responsabilité pénale.

Le délit est ainsi un cancer social, plutôt qu'un mal individuel, et pour combattre la criminalité il faut avant tout combattre le milieu où le crime trouve sa culture.

A côté de la prévention, cependant, la répression appa-

répréhensible. Le droit international, dit-on, a fait des progrès considérables dans ses diverses manifestations; mais dans les questions criminelles il est resté stationnaire: l'extradition, d'après cette théorie, serait la manifestation la plus grossière de l'idée archaïque du crime et de la peine, et la vengeance sociale, inexorable et

raît comme un mal nécessaire et comme un expédient auquel il faut recourir en dernier ressort. La répression, du reste, est aussi une mesure préventive, puisqu'elle est éminemment exemplaire. Un système pénal approprié et rationnel doit toujours exister, car il est un frein pour les hésitants et un moyen de mettre à l'écart les dangereux, il est peu de fois un moyen de régénération pour le coupable lui-même.

Pour Alimena, Carnevale et les partisans de la *Terza scuola,* le libre arbitre n'existe pas non plus, mais ils repoussent aussi l'idée d'un criminel né. Ils admettent le déterminisme des actions humaines et rejettent absolument l'idée de libérté comme base de la responsabilité, et, par conséquent, de la culpabilité individuelle et de la pénalité sociale. Ils refusent la confusion du droit pénal et de la sociologie, l'assimilation du criminel à l'aliéné, l'inefficacité de la peine et la supériorité de ses substituts.

Le criminel n'est plus un malade et on doit distinguer les moyens d'internement et d'élimination employés pour le bien de l'utilité sociale, de la peine prononcée contre le délinquant. Le rôle de la peine est double, il consiste dans la coaction psychologique pour le délinquant et la sanction pour tous.

Il est impossible, nous l'avons dit, de ne pas reconnaître les résultats heureux obtenus par ces écoles: la guerre faite à la conception de nos anciens législateurs de classer les délinquants pour les délits sans tenir compte òu en tenant un minime compte des conditions subjectives de l'auteur; le

inhumaine, poursuivrait le délinquant—pauvre victime du milieu social et de son organisme propre—là où il chercherait à fuir l'ambiance qui le conduisit au crime et là où sa régénération serait possible. La société, en raison de l'idée stupide qu'elle a du châtiment, prolongerait le mal, sans réfléchir qu'un nouveau crime ne

besoin d'adapter la peine au caractère essentiellement divers de chaque coupable ou de chaque groupe des coupables, et de faire varier la peine pour chaque délinquant et non avec chaque délit; la nécessité de prévenir les délits au lieu de les punir; la dépuration sociale au moyen de la guerre aux foyers d'infection morale, en prêchant une philanthropie dirigée de préférence en faveur des innocents que pour améliorer la situation matérielle des criminels, etc.; et cela sans compter avec l'influence que les études positivistes de Lombroso ont pu avoir sur les résultats merveilleux obtenus pour l'anthropomètrie et la police criminelles par Bertillon et d'autres savants qui ont suivi les méthodes de celui-ci. Mais il est certain aussi que ces théories ne peuvent être acceptées non seulement à cause de l'indétermination de leurs règles, mais encore et surtout en raison de ce qu'elles tendent à la négation du libre arbitre humain et à l'introduction du déterminisme, à la suppression de toute responsabilité et, même, à la négation de tout droit pour punir, puisque la légitimité de celui-ci peut toujours être discutée n'étant basée que sur une idée d'utilité sociale.

Von Liszt, Van Hamel et Prins sont les créateurs d'une autre école. Pour ces savants criminalistes, le but de la peine ne peut être trouvé que dans un intérêt social et cet intérêt conseille de penser plus à l'avenir qu'au passé, de prévenir plutôt que de réprimer. Ils acceptent des écoles italiennes la méthode expérimentale et recommandent l'individualisation de la peine, en tenant compte des influences externes et

serait pas imputable à l'acteur, mais produit par des causes compliquées et aux quelles la société contribuerait efficacement en plaçant l'agent dans une situation favorable pour qu'un nouveau délit se produise.

Le droit international considère comme fondement de l'extradition le devoir qu'ont les nations de se prêter

des conditions internes de chaque sujet; mais elle ne rejette pas, non plus, le libre arbitre et accepte, en principe, l'idée de responsabilité et de culpabilité.

Voir BERNARDINO ALIMENA, *La scuola critica di diritto penale* (Naples, 1874), *Su la psicologia della premeditazione* (Turin, 1886) et *La premeditazione in rapporto alla psicologia, al diritto e alla legislazione comparata* (Turin, 1887); ASCHAFFENBURG, *Das Verbrechen und seine Bekämpfung* (Heildelberg, 1903); BAER, *Der Verbrecher* (Leipzig, 1893); ARTHUR CLEVELAND HALL, *Crime in its relations to Social Progress* (New-York, 1902); A. DELBRÜCK, *Gerichtliche Psychopathologie* (Leipzig, 1847); ENRICO FERRI, *La sociologie criminelle,* traduction française de Terrier (Paris, 1905) et *Estudios de Antropología criminal,* traduction espagnole (Madrid, édit. de *La España Moderna);* FLORIAN. *Traité de droit pénal;* ALFR. FRASSATI, *La nuova scuola di diritto pénale* (Turin, 1891); L. FULCI, *L'evoluzione nel diritto penale* (1892); RAPHAEL GAROFALO, *Criminologia* (Turin 1891) et *Di un criterio positivo della penalitá* (Naples, 1882); VAN HAMEL, *Inleiding tot de studie van het Nederlandsche Strafrecht* (Harlem, 1895); HAVELOCK ELLIS, *The criminal* (Londres, 1890); HANS KURELLA, *Naturgeschichte des Verbrechers* (Stuttgart, 1893); CÉSARE LOMBROSO, *L'anthropologie criminelle et ses récents progrès* (Paris, 1896), *Delitti vechi et delitti nuovi* (Turin, 1902), *Le crime, causes et remèdes* (París, 1899); LOMBROSO et G. FERRERO, *Uomo delinquente*

assistance mutuelle pour la répression des délits, en vue de l'avantage de l'ordre juridique de chaque pays et de l'intérêt commun.

Cette association doit se manifester dans le science pénale moderne dans le même sens que se montre la solidarité des peuples dans l'emploi des moyens préventifs et curatifs contre les maux physiques qui affligent l'humanité, attendu que le délinquant aussi n'est qu'un malade au point de vue moral. Mais ainsi qu'on pouvait s'y attendre, on'en est venu à considérer comme inutiles et inhumaines et à abolir les mesures jadis regardées comme indispensables pour la défense de l'Etat contre l'invasion des épidémies; de même aussi doivent disparaître les antiques règles de défense sociale dans l'ordre juridique.

La lutte commune des nations contre le crime doit être rationnelle et humaine et consister non pas dans cette restitution odieuse du délinquant au milieu d'où il partit—ce qui équivaut à replacer le malade dans le foyer de l'infection,—mais dans des mesures de véritable thérapeutique, qui arrivent à corriger le criminel et

(1897); L. LUCCHINI, *Le droit pénal et les nouvelles théories,* traduction française de Prudhomme (1892); FRANZ VON LISZT, *Das Verbrechen als sozial-patologische Erscheinung* (Dresde, 1899) et *Lehrbuch des Deutschen Strafrechts* (Berlin, 1896); ADOLPHE PRINS, *Criminalité et répression* (Bruxelles, 1886) et *Science pénale et Droit positif* (Bruxelles, 1889), BERNARDINO DE QUIRÓS, *Las nuevas teorías de la criminalidad* (Madrid, 1908); GABRIEL TARDE, *Etudes pénales et sociales* (2e édition) et *La philosophie pénale* (Paris, 1895); GEORGES VIDAL, *Cours de droit criminel et de science pénitentiaire* (Paris, 1906).

4

à diminuer le dommage qu'il peut causer à la société.

Si le but de l'action répressive de l'Etat est de détourner le délinquant de la voie où le conduisent la nature ou le milieu social dans lequel il vit et qui le poussent à violer l'ordre juridique établi; si l'aboutissant du système pénal doit être d'habituer le délinquant à l'ordre, de le réhabiliter par le travail afin de le rendre à la société, guéri et utile, il ne sert à rien d'aller le chercher au loin pour le remettre à nouveau dans le milieu qui lui est nuisible, dans l'unique but de le soumettre à un châtiment et à satisfaire ainsi la stupide vengeance qui demande du sang, en plus du sang déjà répandu. Il ne sert absolument de rien à un Etat d'emprisonner un homme qui, par la force des circonstances était devenu criminel et qui par la force des circonstances, fortifié par la nouvelle ambiance, arrive à se réhabiliter. Cela est violer les principes de la politique pénale, principes qui doivent être immuables.

Le criminel qui s'enfuit et change de milieu ambiant affranchit d'une part la société où il vivait, d'un élément nuisible à la vie juridique normale et, d'autre part, met en pratique un précepte scientifique, à savoir qu'en quittant le milieu qui lui fut préjudiciable, il essaie de trouver ailleurs sa régénération. C'est pourquoi il est contraire au bon sens et aux principes de la science de ramener le malade moral dans le milieu qui lui fut nuisible, ainsi qu'on le fait par l'extradition; c'est affirmer le principe de vengeance pour l'Etat, vengeance dissimulée sous le nom de droit de punir (1).

Personne ne peut mettre en doute la légimité du désir

----

(1) Pamphilo d'Assumpçao, *Extradiçao.*

que le délit soit considéré subjectivement, attendu qu'il est l'acte d'un homme, et c'est précisément sous cet aspect qu'il faut l'étudier. Mais en le regardant ainsi, il faut le considérer comme étant l'œuvre d'un être intelligent ou en tant qu'un être intelligent l'aura exécuté, et alors on en vient à modifier dans ses bases la théorie subjective simple qui croit que le délit n'est qu'un acte inconscient, résultat de la force des circonstances qui ont entouré le sujet ou d'une maladie de celui-ci, acte dans lequel, selon la définition de Manouvrier «l'homme est l'instrument et c'est le milieu qui en joue».

Pour nous le libre arbitre existe et notre conviction est faite à ce sujet, ce n'est pas ici la place pour la prouver et nous passons là-dessus tout en acceptant ce principe philosophique, base du droit et des relations sociales, comme suffisamment établi sur la raison et la science.

Nous ne rejetons, cependant, en bloc les théories positivistes, loin de là notre intention, mais nous acceptons les éléments sociaux ou psychologiques dans le délit pas comme des causes, *mais seulement comme des circonstances influentes;* pas, comme causes efficientes, mais en beaucoup de cas comme causes déterminantes.

Il est incontestable que l'homme est criminel en tant qu'il commet un acte qui est délictueux parce qu'il va contre la loi établie et parce qu'il est plus ou moins— selon la nature de l'acte—nuisible à la société; autrement il ne serait pas criminel. Admis ou non le principe du libre arbitre et en supposant que nous ne devions considérer que l'agent, pour savoir s'il a agi ou non avec possession de ses facultés, pour savoir s'il a obéi ou non à une force étrangère, à la violence d'un autre homme, pour savoir si le fait est bien le résultat de ses aptitudes psychiques et physiques, il nous faut tenir aussi compte de l'acte lui-même, car il peut nous servir à quelque chose même au point purement subjectif, pour l'étude et la connaissance de son auteur: sa quantité, son importance, sa gravité peuvent, en effet, nous aider à découvrir le degré de corruption, de dégénération et d'anormalité de celui qui l'a exécuté; car c'est indiscutable que même le fou, même l'idiot ont un certain instinct qui leur permet, ne dirai-je pas de savoir, mais de deviner tout vaguement qu'il soit, ce qui est plus effrayant, ce qui est plus terrible, ce qui peut causer le plus de maux; alors si l'agent choisit librement, s'il opte par instinct ou s'il préfère par penchant inconscient, ce qui est plus grand crime, alors nous devons en conclure qu'il est plus dangereux, de la même manière que nous qualifions de plus dangereuse qu'une autre la bête qui a le plus grave défaut et qui peut causer le plus de mal; mais si nous acceptons cela, le crime, l'acte et la chose sur laquelle l'action s'est exécutée, ont aussi leur importance et il serait absurde de les oublier et de les mépriser, comme il est absurde d'oublier et de mépriser l'agent pour ne nous occuper que de l'acte et de la chose sur laquelle cet acte tombe. Par conséquent l'auteur de l'acte, l'élément subjectif et l'élément objectif, sont, même en acceptant les théories positivistes, deux éléments indispensables de la relation juridique et l'erreur est aussi grande de ne considérer que l'acte sans se préoccuper du sujet, que de ne se préoccuper que de ce dernier.

Il est impossible et en tout cas fort arbitraire de fixer

avec certitude la distinction entre les causes physiques et les causes psychiques du délit, de même que celles étrangères au sujet et celles qui lui sont congénitales ou naturelles; et même au cas où on les admettrait, il semble impossible, dans l'état actuel des sciences psycho-pathologiques, de déterminer si un crime est le résultat des unes ou des autres. Un homme qui est criminel par conformation ou infirmité, un délinquant *biologique* ou pour causes endogènes, un criminel-né, sera également dangereux dans quelque lieu qu'il se trouve et c'est pour les Etats un devoir d'humanité que de se soulager mutuellement de cette plaie sociale de dégénérés pouvant causer des dommages dans un pays aussi bien que dans un autre. Justement la théorie anthropologique nous fournit un argument très puissant pour rejeter l'asile des criminels en tant que règle de défense sociale et en tant qu'œuvre d'humanité (1).

(1) Lombroso trouve, avant tout, que tout délit est le résultat de deux éléments: il y a des causes externes qui agissent sur l'auteur et contre lesquelles il peut ou non réagir selon sa nature et son caractère, et d'autres causes internes, inhérentes à la nature de l'individu et à sa constitution physio-psychique; les premières sont les causes *exogènes* et les deuxièmes les causes *endogènes* du délit. Celles-là sout des facteurs occasionnels, celles-ci sont les déterminants, mais il n'y a pas de délit sans le concours des unes et des autres. La prédominance de l'un ou de l'autre de ces éléments permet de distribuer les délinquants dans deux grands groupes: a) les criminels *biologiques,* qui sont ceux qui le sont par perversion ou altération congénitale *(criminels-nés),* pour qui le crime est fonction normale, et les criminels par *emportement* ou *passion,* individus de sens

Si c'est le milieu ambiant qui produit le délit, c'est-à-dire s'il s'agit d'un délinquant pour de causes exogènes, il semble difficile sinon impossible de s'assurer si le nouveau milieu, dans lequel a passé le coupable, est ou peut être moins pernicieux que celui qu'il abandonna et dans lequel il avait commis le délit.

Supposons toutefois que cela soit possible: sera-t-il—dans l'état actuel de la science tout au moins—facile de

moral affaibli ou simplement impulsifs; et b) les criminels pour causes *exogènes* ou *sociales,* classe dans laquelle se rangent les criminels d'occasion, sujets faibles dans la résistance vers le penchant du délit, et les criminels d'habitude, qui vont au crime poussés par les mauvais exemples et par un premier délit.

Les criminels restent ainsi distribués en cinq groupes: I) les *criminels-nés,* prédisposés au crime, mais pour lesquels il faut que des causes externes vienent s'ajouter, ils naissent délinquants et sont incorrigibles; ce sont les inadaptables héréditaires. Pour ceux-ci les seuls moyens à employer sont la mort, l'internement illimité dans des colonies pénitentiaires avec sévère vigilance et travail à grand air; II) *Criminels aliénés,* qui sont ceux qui sous l'impulsion d'une maladie mentale commettent des crimes. *Fous moraux,* atteints d'imbécillité morale ou de folie raisonnante avec atrophie du sens social, c'est-à-dire du discernement de ce qui est permis ou défendu. Sont de véritables malades, fous par hérédité ou dégénérescence, par alcoolisme ou accident, les épileptiques, hystériques, etc. Pour eux, il faut l'internement par jugement dans des maisons spéciales et un traitement analogue à celui que l'on donne aux fous incurables; III) Les *criminels d'habitude,* de faiblesse morale, doivent leur criminalité surtout aux causes exogènes; après avoir commis un premier délit se laissent traîner dans le crime.

distinguer de façon sûre les criminels-nés des criminaloïdes et des criminels d'habitude? N'y aurait-il jamais
danger de voir se répéter l'erreur de l'éminent maître
Lombroso, lequel qualifia de main de criminel-né la
main d'un honnête ouvrier qu'un journal peu scrupuleux
offrit au public comme appartenant à un satyre et assassin de triste célébrité? Nous le croyons douteux, et
ainsi il arriverait qu'en fin de compte, nous n'aurions
fait qu'un acte d'egoïsme, en envoyant aux autres peu-

Sont des inadaptables sociaux. Leur traitement doit être
analogue à celui des criminels-nés, mais seulement en cas de
récidive. IV) Les *criminels passionnels,* qui agissent sous
l'empire d'un mouvement soudain ou d'un emportement irré-
fléchi. Pour ceux-ci, aucune peine ne doit être appliquée, le
propre remords sert déjà pour les punir. V) Les *criminels
d'occasion,* qui sans avoir une tendance au délit, manquent
de force de résistance aux influences externes; ce sont les
circonstances, la misère, l'impunité qui les ont poussés; ils
sont ou de *criminaloïdes,* chez lesquels la délinquance ne
se manifeste qu'accidentellement ou des *pseudo-criminels,*
véritables hommes normaux, qui commettent des délits
involontaires que n'intéressent pas la pénalité. Pour ceux-ci
Lombroso conseille de faire le possible pour ne pas les convertir en criminels d'habitude, en évitant les agglomérations,
en leur imposant l'isolément nocturne, etc.

Il faut ajouter, encore, les *mattoïdes,* demi-fous, qui sont
entre l'homme normal et l'aliéné; individus d'anormalité
psychique, qui rompt assurément l'équilibre mais sans aller
jusqu'à la folie.

Les criminalistes de l'Union internationale de droit pénal,
divisent les criminels en délinquants d'occasion, qui succom-
bent en vertu de puissantes influences extérieures; en délinquants de nature; et, enfin, en anormaux.

ples nos propres criminels, sans chercher par là à trancher le mal, à améliorer leur situation, ni à réparer le dommage moral ni la contagion que l'impunité du délit produirait dans le pays (1).

(1) Lombroso se prévaut des stygmates pour distribuer les délinquants dans les différents groupes imaginés par lui; il avait prétendu former ainsi des types de criminels.

Il a disséqué, pour ainsi dire, les délinquants et a tiré un modèle, qui peut servir pour comparer les autres hommes et savoir s'ils sont on non criminels. C'est le cerveau, spécialement, qui a servi pour ces études, études que jusqu'à maintenant ne sont pas arrivées à des résultats fixes et uniformes, c'est-à-dire pratiques: ne pouvant examiner le cerveau des êtres vivants, les disciples de Lombroso se sont contentés d'examiner le crâne, ils l'ont pesé, cubé, mesuré dans tout sens, on a examiné ses angles, ses courbes et ses proéminences; par moments on a cru trouver la solution de l'angoissante énigme et à la fin on a été obligé de déclarer qu'on n'a rien trouvé. Alors on a examiné la face, la taille, la peau, les mains, les pieds, les rides ou tout autre détail pouvant créer une individualisation personnelle.

Benedickt, avait trouvé que le cerveau du criminel type devait avoir le dédoublement de la première circonvolution frontale; mais peu de temps après lui-même déclara s'être trompé et affirmait, non moins catégoriquement que la première fois, que c'était plutôt le dédoublement de la seconde circonvolution frontale qui était vrai. Mais, après quelque temps on commença de nouveau à douter, car cette anomalie était trouvée sur des cerveaux d'inoffensifs aliénés.

Voyons, cependant, très légèrement, comment Lombroso décrit les types des criminels.

Le criminel-né est signalé par les *stygmates dégénératifs,* qui l'éloignent du type moyen de la race. Ces stygmates sont

L'affirmation que le délinquant qui fuit, le fait dans le but de se relever, nous semble purement arbitraire. La pratique nous enseigne que c'est bien plutôt le contraire: le voleur qui ne peut plus voler dans un lieu, s'en va dans un autre où sa profession sera plus lucrative; l'individu placé sur une pente criminelle et qui fuit, le fait généralement et à bien peu d'exceptions près, avec l'idée de ne pas payer sa dette à la société: c'est là son but, son mobile unique.

Si une idée de bienvaillance envers l'humanité nous amène à penser, à nous aussi, que la plupart des délin-

anatomiques ou morpholiques, biologiques et fonctionnels.

Les anatomiques peuvent se résumer dans les traits de régression ou du sauvage: front fuyant, étroit et plissé; crâne petit, brachycéphale et asymètre; arcades sourcilières saillantes; regard cruel et dur; yeux enfoncés et obliques; face longue, large et asymètrique; apophyses zygomatiques proéminantes; lèvres minces; mâchoires volumineuses oreilles écartées et en forme d'anses; cheveux abondants et durs; barbe rare; visage pâle; taille basse, etc.

Les stygmates biologiques sont certaines anomalies du sens tactil et dolorifique, plus obtus et déplacé à droite ou égal des deux côtés (chez les individus normaux serait déplacé à gauche); daltonisme; prognatisme; gaucherie; ambidextérité; mancinisme; effémination ou masculanité; sénilité.

Stygmates psychologiques: insensibilité morale, imprévoyance, légèreté, paresse, absence de remords, précocité, etc.

Les délinquants passionnels ont un tempérament sanguin ou nerveux, une sensibilité exagérée, ils se trouvent généralement dans la force de l'âge, etc.

Nous ne continuerons pas dans ces descriptions, d'autant plus qu'il n'y a pas d'accord parmi les anthropologistes à ce sujet, si nous avons énuméré quelques-uns des stygmates

quants doivent être des malades qu'il faudrait guérir, ou des victimes du milieu qu'il faudrait soumettre à un système d'higiène, nous croyons aussi que pour sauver ces malheureux, il est nécessaire de ne pas sanctionner l'impunité, et il est nécessaire de faire sentir au délinquant une privation, un mal que lui enseigne à se rendre compte du mal que lui-même a causé; et personne n'est plus apte à appliquer le remède que le juge du lieu même où le délit a été commis, car il est seul capable d' apprécier les circonstances extérieures à l'agent, comme personne n'est plus apte pour guérir la maladie physique que le médecin qui est à mieux de connaître

signalés par les positivistes, c'est pour faire remarquer les difficultés qui se présenteraient pour qualifier d'avance les hommes en criminels ou en non-criminels. Les stygmates ne peuvent nullement servir *a priori,* puisqu'ils se trouvent souvent dans ceux qui n'ont jamais commis aucun délit.

Le type du criminel, tel que l'a conçu Lombroso, n'existe pas; comme type moyen il serait encore très discutable, présenté comme type anthropologique il faut le rejeter par entier. Les disciples de Lombroso ont examiné environ 17.000 délinquants et parmi ce grand nombre seulement une petite moitié se trouvait rentrer dans le type.

Un type, donc, qui ne se trouve que dans la moitié des sujets auxquels ont veut l'appliquer et qui, par contre, se trouve ailleurs, ne peut présenter aucune certitude scientifique. Ces caractères de l'homme criminel type ne sont, en conséquence, ni spécifiques ni spéciaux aux criminels. Nous rappellerons à ce sujet qu'au congrès pénitentiaire de Bruxelles, les docteurs Houzé et Warnotz firent remarquer que la prédominance de tel ou tel caractère de ces signes comme révélateurs du criminel, constituent en général des traits de race. De là il faudrait conclure qu'il est nécessaire de créer

le tempérament du malade et le climat et les conditions.
du lieu où il a vécu.

Si le délinquant est un malade, un dégénéré, dont le
relèvement est à désirer et à l'éducation morale duquel
il est nécessaire de travailler, nous ne voyons pas que
l'on doive lui accorder asile, car l'asile empêcherait cette
régénération et cette éducation, en faisant passer le délinquant pour un homme honnête là où il n'est pas
connu, jusqu'à ce que son impunité le conduise à un
nouveau délit.

Florian combat aussi l'extradition, mais pour des raisons d'un autre genre. Selon lui, le délinquant-né de-

un type pour chaque race; mais, comme les races se trouvent
si mélangées, le type encore ne serait adaptable que pour
les *pure race,* et, alors, ou le type serait inapplicable ou
chaque individu devrait présenter sa généalogie pour pouvoir
savoir plus ou moins de science certaine à quel type il faut
le comparer.

Les anthropologistes, du reste, comme nous l'avons dit,
jusqu'à maintenant ne sont pas d'accord sur les méthodes
et même sur l'existence des stygmates. Näcke disait déjà,
que si l'on faisait examiner par dix anthropologistes une
centaine de criminels, ou même de crânes, on serait étonné
des différences dans leurs résultats, voire même dans les
mesures.

Les doctrines positivistes, fondées sur des cas dont le
caractère reste dans une grande partie douteux, ne peut résister à une étude vraiment serieuse; cela explique leur
manifeste décadence actuelle. Des penseurs de grande valeur comme Aschaffenbourg, Baer, Gerel, Näcke, de Quirós, etc., ont prouvé l'insuffisance des méthodes, la superfi-
cialité des investigations et l'incertitude réelle des conclusions que les positivistes qualifient néanmoins de définitives.

vrait, dans les délits où prédomine son action individuelle, être jugé n'importe où, vu que sa personne est la seule qu'il s'agisse d'étudier, le reste étant des détails secondaires; et pour cette étude il n'est besoin d'aucune règle autre que la base sur laquelle reposent l'anthropologie et la psychologie criminelle, qui est la même partout; par conséquent l'extradition, en pareil cas, n'est qu'une perte de temps inutile et dispendieuse. Elle ne devrait être appliquée aux délinquants occasionnels qui auraient commis des crimes dans leur patrie et auraient fui ensuite à l'étranger, attendu que pour ces criminels c'est le milieu ambiant qui joue le rôle principal. Elle devrait s'appliquer aux criminels occasionnels, auteurs de crimes atroces, car il y a besoin de l'exemple social de la répression. En ce qui concerne les délits peu graves, l'éloignement du criminel suffit pour faire cesser l'intérêt de punir. Pour la même raison Florian croit que l'extradition ne devrait pas être appliquée aux coupables commettant des délits à l'étranger, vu que le juge national ne serait pas en mesure de connaître le milieu qui inspira le délinquant et qu'il n'a pas eu de dommage social sur le territoire.

Fedozzi dit que le délit est le résultat de trois ordres de facteurs: anthropologiques, physiques et sociaux, et il conclut de là que celui qui est le mieux à même d'apprécier les premiers, est celui qui se trouve sous l'influence des seconds, c'est-à-dire l'autorité du pays du coupable, car c'est elle qui est la plus compétente pour mesurer l'importance préventive et qui, mieux que personne, peut estimer la somme des punitions.

L'ambiance exerce à n'en pas douter une influence directe, d'après cette théorie, sur la genèse du délit, influence qui ne peut être étudiée hors du lieu même de l'acte, parce qu'il serait impossible de bien comprendre l'importance et le rôle qu'elle peut avoir; par conséquent le juge le plus apte el le plus compétent sera toujours celui de la nationalité du coupable. En somme, les principes de la personnalité du criminel et de l'importance de l'élément subjectif se trouvent visés et garantis par l'extradition. Celle-ci devrait être adoptée contre tous ceux qui commettent des délits, chaque fois qu'il s'agit de criminels de naissance; quant aux délinquants occasionnels, leur éloignement du lieu de l'acte serait une mesure répressive suffisante.

On voit ainsi qu'il n'ya pas d'accord parmi les criminalistes des écoles modernes sur ce point; et il faut ajouter que la plupart d'entre eux établissent, ainsi que le font ceux qui nous venons de citer, des règles d'exception plus au moins étendues. Si, comme le veut Florian, l'asile, même imparfait, dans la forme que l'on admet pour les criminels-nés, ne devrait pas exister pour les criminels occasionnels ou pour certains criminels occasionnels, il n'y aurait aucun motif pour le refuser à tous, vu que le juge du lieu est le plus capable de déterminer avec plus ou moins de certitude quels sont les criminels de naissance et quels sont les criminels occasionnels.

Relativement au cas envisagé par Florian, de coupables qui commettent des délits à l'étranger, si l'on accorde au juge national du délinquant le droit de solliciter l'extradition, Florian se trouverait être dans le vrai; mais la théorie actuellement acceptée ne donne à ce juge qu'un droit subsidiaire et au juge du lieu du délit le droit principal, d'où il faut conclure que la théorie de Florian part d'une supposition inadmissible.

On dit que si le droit qu'une société a de se protéger par tous les moyens de défense répressive ou par tous les *traitements,* contre celui qui trouble son ordre moral, est juste, ce droit disparaît du moment que le délinquant cesse d'être dangereux pour «sa» société propre en s'éloignant; mais c'est là un argument extrêmement étroit et égoïste. Car si cette société en particulier se trouve libérée du péril, elle ne remplit pas son devoir d'humanité en permettant au délinquant de pouvoir effectuer des dommages ailleurs, dommages dont le pays qui ne demanderait pas l'extradition serait jusqu'à un certain point complice.

C'est ainsi que l'ont compris les criminalistes de l'école anthropologique, qui cherchent à remplacer l'extradition par d'autres mesures, lesquelles, à dire vrai, entraîneraient à leur suite les abus les plus graves et des inconvénients sérieux; par exemple, celui qui a commis un délit dans sa patrie et s'est réfugié à l'étranger doit toujours subir une surveillance de la part de l'autorité locale. Refusant au pays de l'acte le droit de réclamer le délinquant, le Dr. Assumpçao pense que les autorités nationales de celui-ci, ou celles du lieu du délit, devraient fournir aux autorités du pays où se sera réfugié le coupable, de minutieuses informations sur les antecédents du criminel, le milieu, les conditions personnelles et les circonstances dans lesquelles le crime a été commis, de façon que les autorités du lieu de refuge puissent déterminer avec précision l'action qu'il faut exercer à l'égard du délinquant relativement au nouveau milieu dans lequel il va vivre.

En cas de récidive dans le pays de refuge, le criminel

pourrait être considéré comme criminel de naissance ou d'habitude, et par conséquent, l'autorité pourrait agir avec fermeté, car dans ce cas le droit de rapatrier le délinquant serait pour l'Etat de refuge un droit légitime. D'où il s'ensuivrait qu'il faudrait attendre une nouvelle manifestation de la tendance criminelle de l'individu pour pouvoir prendre des mesures contre lui; ce qui est tout simplement immoral et dangereux.

Au sujet de la mesure de rapatriement du coupable par suite du nouveau délit, on raisonne ainsi: si le changement de milieu fut insuffisant pour régénérer le coupable, il est juste que son traitement se fasse dans le pays où il commit son premier délit ou bien que là on le sépare de la société si son mal présente des symptômes de maladie incurable.

Pour conclure nous devons dire que s'il y a une vingtaine d'années, l'école anthropologique pure eut un grand succès, les défauts pratiques qui la conduisirent à se modifier peu à peu lui ont enlevé un grand nombre d'adeptes, qui après avoir appartenu à ce que l'on appelle la *troisième école,* ont fini par grossir les rangs de l'école plus rationnelle, en même temps qu'humanitaire, de von Liszt, Prins et Van Hamel, qui acceptent quelques principes des théories modernes sans méconnaître d'autres principes qui présidèrent aux écoles classiques.

L'on a dit que la nécessité dans laquelle se trouve le délinquant de s'éloigner du pays, étant au fond un exil, cela satisfait la vindicte publique, car on peut considérer cet exil comme une peine.

L'idée de l'exil, envisagé dans la antiquité comme une des peines les plus dures, favorisait en effet l'existence de l'asile. Celui qui devait punir se sentait satisfait par la fuite du coupable et par l'impuissance de ce dernier à revenir au pays. L'étranger se trouvait en général dans une position inférieure à celle du national. Pour les Grecs, le citoyen qui fuyait perdait ses dieux, ses droits et ses intérêts, tous les liens l'unissant à la patrie se trouvaient rompus ou en suspens, et c'est à peine si on lui accordait le droit de se défendre par lettre ou par mandataire. Le citoyen romain frappé d'exil ou volontairement en fuite, encourait la dégradation civique; son absence du pays était pour lui la mort du citoyen; aussi lorsque le délinquant choisissait la fuite, la justice se désintéressait-elle de lui, considérant sa dette sociale comme suffisamment payée. Au Moyen âge la seule idée de changement total de coutumes auquel l'exilé devait se soumettre, et la différence qu'il existait entre nationaux et étrangers pour la jouissance des droits, faisait de l'exil un châtiment terrible et redoutable. Même à des époques plus modernes, quand d'autres et d'autres peines furent introduites dans la loi, l'asile du coupable fut respecté, et pour celà il contribua, à n'en pas douter, la considération des privations que l'exilé avait à subir hors de son pays. Mais, de nos jours, vu les progrès de la civilisation, l'égalité civile et social des nationaux et des étrangers, le respect que partout trouve la personne humaine, le cosmopolitisme des usages et des mœurs, l'exile a perdu une grande partie de sa valeur et la fuite volontaire ne peut déjà être considérée comme une peine qui—dans la plupart des cas, tout au moins—soit suffisante à satisfaire la société.

L'Etat, si moralement il a le devoir de livrer le délinquant, juridiquement il peut se refuser à le faire en vertu de sa souveraineté; il est, par conséquent, libre d'accorder ou de refuser sa protection et de rejeter l'asile, lors même que le pays intéressé ni réclamerait pas le délinquant. Si les étrangers sont autorisés pour traverser le pays et pour s'y fixer, cela ne saurait d'aucune façon être converti en quelque chose de contraire à la morale et à l'ordre, morale et ordre que l'Etat est obligé de protéger et de faire respecter; il a la faculté de poser des restrictions à la liberté de circulation, soit en se refusant à admettre l'étranger nuisible, soit en l'expulsant du territoire. Etablir la règle contraire serait rendre l'Etat complice des délits et, en particulier, des attentats politiques qui pourraient être dirigés impunément contre les pays étrangers, sans que l'impuissance du pays d'asile puisse servir de prétexte pour ne pas poursuivre l'auteur, attendu que ce pays était libre de l'admettre et libre aussi de l'expulser.

La non admission du criminel ou, en général, d'une personne susceptible de faire du mal à l'Etat, est aussi légitime que possible, attendu qu'elle a lieu en vertu de l'exercice du droit de souveraineté et du devoir de conservation et qu'elle ne s'oppose à aucune des obligations de la communauté internationale; ainsi le décida l'Institut de Droit International dans sa session de Genève, en 1892, quand il déclàra qu'un Etat pouvait se refuser à recevoir les étrangers dont le caractère politique menaçait de troubler les bons rapports avec les autres peuples, ainsi que les criminels, vagabonds, mendiants et gens ne pouvant justifier de leur moyens d'existence (1).

______

(1) Ce droit de non admission d'étrangers, se justifie pleinement dans la théorie: le fait d'un individu de fixer sa résidence dans un pays constitue un acte générateur de

5

Ce droit, d'ailleurs, a toujours été exercé, malgré les critiques plus ou moins vives que son application a suscitées dans la pratique. Ainsi, par exemple, l'exerça le gouvernement britannique lorsque, en avril 1909, il notifia à l'ex-dictateur du Venezuela, le général Cyprien Castro, que celui-ci ne pouvait pas débarquer à Port-of-Prince ni dans aucune autre possession anglaise de la mer des Antilles. Le même procédé fut suivi par le gouvernement du Panama, sur les instances des Etats-Unis.

Mais si l'Angleterre exerce le droit de non admission de l'étranger nuisible ou pouvant être nuisible, elle s'abstient de l'expulser du territoire, droit qui est reconnu par la plupart des pays. La faculté d'expulser les étran-

mutuelles relations entre l'Etat et l'individu. C'est quelque chose comme un contrat synallagmatique, qui se crée; si l'individu doit se soumettre aux lois du pays; s'il contracte pour le fait de l'immigration le devoir de respecter les institutions locales; s'il doit payer l'impôt, l'Etat, à son tour, contracte un devoir de protection envers cet étranger qui vient à lui.

Ce n'est pas le contrat social et peut-être ai-je eu tort d'employer le mot contrat pour signifier cette source de devoirs réciproques de l'Etat et de l'immigrant; ce sont des obligations mutuelles nées du simple acte de l'immigration.

Cela étant, il est indiscutable que l'étranger ne peut aucunement obliger l'Etat souverain à se constituer débiteur envers lui, et que l'Etat peut ainsi refuser de recevoir un individu puisqu'il est libre de s'obliger ou non; s'il reçoit l'étranger il acquiert par ce seul fait des obligations envers lui, car l'accepter sur le territoire et lui refuser la protection des lois, ce serait inhumain et injuste.

gers est, comme le droit de non admission, une conséquence et un dérivé du droit de conservation de l'Etat,
attendu qu'un pays a le droit et même le devoir d'éviter
les incidents pouvant lui créer des difficultés, soit dans
son ordre interne, soit dans sa vie internationale (1).

Il ne nous appartient pas d'étudier ici, la légitimité ou
l'illégitimité du droit d'expulsion. Nous dirons seulement
que, admis dans la plupart des pays et basé sur un fondement effectif et rationnel, c'est, à notre avis, un droit
que l'Etat peut exercer d'une façon discrétionnaire.
Nous devons, bien entendu, exprimer le désir que l'expulsion ne se transforme jamais en un moyen de livrer
le réfugié aux autorités étrangères sans observer les
règles de l'extradition.

Comme exemples notables d'expulsion nous pouvons
citer l'invitation que les autorités belges firent à Victor
Hugo de quitter le territoire du royaume, pour raisons
concernant la politique française.

En 1889 la Confédération suisse expulsa de son territoire les agents provocateurs envoyés par la police de
Berlin pour exciter à un complot les socialistes allemands
résidant en Suisse; de plus, elle se refusa, avec justesse
et haute conscience de sa dignité, à toutes les répara-
tions que le gouvernement allemand demanda pour cette
décision (2).

(1) A. CHANTRE, *Du séjour et de l'expulsion des
étrangers* (Genève, 1891).—*Annuaire de l'Institut de Droit
International* (Hambourg et Genève, 1891 et 1892).

(2) Il est peu connu hors de Suisse et peut-être en
Suisse même cet incident diplomatique qui mit en face la
puissante volonté du chancelier Bismarck et la fierté patriotique du Conseil fédéral suisse et, surtout, du chef du

Le droit d'asile peut aussi être restreint en ce sens que celui qui en jouit, n'habite qu'une région déterminée ou même un point déterminé du pays. C'est là ce qu'on appelle *internement* et ce qui a donné naissance au *droit d'internement*, qui permettrait au pays intéressé de demander à l'autre, d'obliger à changer de résidence les personnes pouvant lui nuire du lieu où elles se trouvent. En 1852 le gouvernement de l'Equateur, présidé par le général José María Urbina, ayant appris

département politique M. Numa Droz. Nous allons nous permettre de rappeler ici l'histoire de ce différend, qui si d'un côté sert pour montrer la dignité républicaine de ce petit grand pays la Suisse, d'un autre côté peut-être utilisé pour démontrer l'importance, qu'au point de vue de la souveraineté, les Etats attribuent à l'exercice du droit d'expulsion.

Différentes questions avaient été suscitées entre les gouvernements de Berlin et de Berne, à cause des émigrés socialistes allemands en Suisse: ce furent l'affaire des agents provocateurs Schrœder et Haupt; celle du «Sozialdemokrat» et du «Röte Teufel»; celle relative aux connivences des socialistes allemands avec les socialistes zurichois; les indiscrétions d'un capitaine Fischer, chef de la police de Zurich, qui avait donné des renseignements secrets à Bebel et à Singer; celle des bombes fabriquées au Zurichberg par Brynstein, etc ; toutes ces questions avaient crée, comme nous le disons, de sérieux embarras dans les rapports diplomatiques suisso-allemands.

M. Droz avait procédé avec la plus grande impartialité nonobstant les protestations du parti socialiste suisse, il avait fait blâmer et destituer par le gouvernement cantonal le capitaine Fischer; de même, il avait fait expulser les redacteurs du «Sozialdemokrat» et du «Röte Teufel».

qu'une expédition révolutionnaire se préparait au Pérou
contre le gouvernement équatorien, s'adressa au président péruvien, le général Echenique, lui demandant de
prendre les mesures nécessaires pour éviter le mouvement. Le 9 mars le gouvernement de Lima répondit qu'il
avait fait intimer au général Flores (chef de l'expédition)
l'ordre de partir de cette capitale pour aller résider à
l'intérieur et à une distance considérable de la côte, et
qu'il veillerait à ce que cela fut exécuté sur le champ.
Toutefois cette promesse ne fut pas tenue, car peu de

Ces mesures que donnaient satisfaction au gouvernement
de Berlin, causèrent une profonde indignation parmi les socialistes de la Confédération suisse, qui crièrent humiliation
du pays devant l'étranger, abdication de la dignité nationale
et violation des règles constitutionnelles; mais, à n'en pas
douter, la correction de cette attitude ne sut pas être dûment
interprétée à l'étranger et elle le fut, peut-être dans le sens
d'une poltronnerie de la part du Conseil fédéral suisse ou
comme un signe de crainte vers le puissant et comme une
obéissance aux ordres donnés de Berlin, les événements qui
se succedèrent prouvent, en effet, cet avis.

En 1889 on découvrit sur territoire suisse un nouvel agent
provocateur allemand, un Wohlgemuth, contre qui Droz se
proposa d'agir sévèrement, car il allait de la dignité et de
l'indépendance et liberté de la Suisse.

Bismarck protesta vivement d'une telle hardiesse et donna
des instructions au représentant allemand à Berne en le
chargeant d'exprimer son mécontentement au Conseil fédéral.

Droz, le 10 mai, télégraphiait en réponse à M. Roth, ministre suisse auprès de l'Empereur: «Si Bismarck se plaint de
ce que nous avons refusé de relaxer Wohlgemuth immédiatement et sans bruit, déclarez que, malgré tout le désir du

jours après, le général Flores s'embarquait à Callao à la tête des révolutionnaires équatoriens et se dirigeait à Guayaquil au vu et au su des autorités péruviennes.

Le gouvernement du Chili, malgré l'opposition de la Chambre des députés, accéda, en 1866, au désir du gouvernement péruvien, en ordonnant l'*internement* du maréchal Castilla, du colonel Balda et d'autres émigrés péruviens que le président Pardo craignait près de la frontière.

En 1869 le Conseil fédéral suisse usa du même droit,

Conseil fédéral, d'être agréable à l'Allemagne, il ne pouvait le faire sans se suicider». Trois jours après le ministre allemand en Suisse montrait à Droz une dépêche de Bismarck, qui menaçait de prendre des mesures de rigueur contre le canton d'Argovie. Droz répondit que la Suisse n'était disposée à tolérer des agents provocateurs d'aucun genre, et que c'était en vertu d'avoir reconnu ce caractère en Wohlgemuth que celui-ci avait été expulsé; que, du reste, les menaces contre le canton d'Argovie constituaient des menaces contre tous les Etats confédérés, puisque la Suisse considérait la menace ou injure dirigée contre un de ses cantons, comme injure ou menace contre la Confédération. Le 17 mai une communication officielle du Conseil fédéral déclarait à l'Allemagne que la Suisse ne pouvait aucunement revenir sur ses décisions et qu'elle ne pouvait sacrifier ni le droit d'asile ni celui d'exercer seule la police sur son territoire, car le contraire équivaudrait à se dépouiller de la souveraineté elle-même. Quant aux menaces, Droz rappelait à Bismarck, que le 20 novembre 1815 les puissances européennes avaient reconnu la neutralité de la Suisse et son indépendance de toute influence étrangère. Le comte Kalnoky, cependant, faisait savoir au Conseil fédéral qu'il considérait l'affaire comme très grave et il se permettait de conseiller vivement à la

quand il ordonna que Mazzini fut transféré à un autre lieu plus éloigné de la frontière italienne que Lugano, où il s'occupait d'organiser des comités et des comlots républicains.

En 1872 la France ordonna l'internement des carlistes espagnols réfugiés dans les bourgades de la frontière des Pyrénées.

Le 8 avril 1909, le gouvernement français fit usage du même droit, en faisant embarquer à destination de Saint-Nazaire, l'ex-président du Venezuela, le général Castro, qui se trouvait à la Martinique.

Suisse de céder aux exigences de Bismarck, pour éviter de se mettre dans une situation pénible, l'Autriche et la Russie étant prêtes à appuyer les revendications du gouvernement de Berlin.

M. Numa Droz répondit à cette intervention du ministre autrichien avec le plus complet refus à suivre ses conseils: «les intérêts vitaux de notre pays, dit-il, ne nous permettent pas de laisser passer cette nouvelle et grave atteinte à notre sécurité intérieure et extérieure. Nous ne nous sommes en aucune manière dissimulé les conséquences pénibles que notre décision aurait pour nous. Mais, il y a des situations qu'un peuple qui veut rester indépendant ne peut se résigner à subir, quoi qu'il puisse lui en coûter. Vous avez pu vous convaincre que ce sentiment est partagé unanimement par notre peuple et si le Conseil fédéral avait agi autrement, il n'aurait plus eu qu'à se retirer».

On voit par là l'importance que le droit d'expulsion peut revêtir comme attribut de l'indépendance et de la souveraineté des peuples. M. Droz fait, à la vérité une juste et patriotique défense de ce droit. (Voy. un article de l'historien neuchâtelois *M. Arthur Piaget,* dans le NATIONAL SUISSE, 1910, sur le rôle de M. Droz dans ces conflits).

Enfin, en présence des inquiétudes manifestées par le gouvernement républicain du Portugal, le gouvernement espagnol ordonna aux autorités de Pontevedra, au mois d'avril 1911, de prescrire aux personnalités monarchiques portugaises, réfugiées dans cette ville, de choisir un lieu de résidence plus à l'intérieur de l'Espagne.

Les raisons d'ordre et de justice universelle ont fait qu'aujourd'hui on accepte la légitimité incontestable de l'extradition, quand il s'agit de délits communs, bien qu'il y ait néanmoins des discussions sur les points relatifs à cette institution: si Fiore, d'accord avec les auteurs anciens tels que Grotius et Vattel le considère comme un devoir absolu et obligatoire; Martens, avec Pufendorff et d'autres écrivains également célèbres, le jugent relatif, laissant à l'Etat requis la liberté d'accorder ou non l'asile. D'aucuns croient que l'extradition peut seulement être légitimée par un traité; d'autres pensent qu'elle est légitime en soi et qu'elle doit par conséquent exister indépendamment des actes positifs qui la consacrent. Les uns qualifient l'asile de simple droit de bienfaisance, tandis que d'autres reconnaissent un droit plus réel à celui qui peut en jouir. Bluntschli croit que l'asile ne peut exister pour les grands crimes. Les délinquants politiques doivent, suivant la plupart des auteurs, jouir de l'asile parce que, dit-on, le délit politique a un caractère local et se trouve atténué par les idées de patriotisme et autres de nature diverse qui, au cas où l'opinion du *délinquant* triomphe, conduisent à juger louable cela même qui constituerait un délit au cas où il serait vaincu. Nous ferons observer néanmoins que ce sont précisément les délits politiques qui sont les plus susceptibles de produire des conflits internationaux, au cas où un pays se refuserait à accéder aux exigences de l'Etat qui se croit lésé ou offensé.

Quand on demande à un gouvernement la livraison d'un national du pays demandé, la règle adoptée aujourd'hui est de refuser d'accéder à la demande étrangère; bien que, selon Heffter, il faille en excepter le cas où les lois de la patrie ne punissent pas les crimes commis à l'ètranger.

Si l'extradition était exigée par divers gouvernements à la fois, suivant la convention de Montevideo, on accédera, en premier lieu, à la demande de l'Etat sur le territoire duquel fut commis le délit le plus grave, ou bien, en cas de gravité égale, la préférence sera donnée au premier qui solliciterait l'extradition. L'Institut de Droit International, dans sa session d'Oxford, adopta cette façon de voir, déclarant en outre que dans le cas où les demandes différentes seraient motivées par le même acte, la préférence devrait être donnée au pays sur le territoire duquel aurait été commis le délit. Heffter pense, cependant, que la préférence doit être donnée à l'Etat qui aura le plus d'intérêt au châtiment et qui offrira le plus de garantie de une juste répression.

Quelles que soient les divergences d'opinion sur ce point, nous pouvons dire, pour conclure, que l'asile territorial est un droit qui peut ou non être exercé par l'Etat, mais ne saurait lui être imposé comme devoir absolu par l'individu qui prétend jouir de ce droit.

Deuxième Partie

De l'Asile interne

CHAPITRE I

Nous avons dit en commençant ce travail qu'à côté de l'asile territorial, il s'était formé un autre asile, qui possède moins de bases que celui-là, mais qui néanmoins à certaines époques atteignit un développement considérable. C'est *l'asile interne,* c'est-à-dire celui qui est reconnu à certains endroits ou certains lieux du pays, pour servir de refuge à ceux qui sont poursuivis par les autorités; de sorte que l'action locale de celles-ci se trouvant limitée par ces enceintes, l'on peut presque dire, comme on l'a fait déjà remarquer, qu'il y a un Etat au dedans de l'autre Etat.

L'asile interne n'a pas toujours été le même, de sorte que pour connaître son véritable caractère, il est nécessaire d'étudier son développement historique: produit d'une idée religieuse, ayant eu son origine dans le temple, il en est venu depuis à se transformer, il a oublié ses bases primitives, pour trouver un fondement dans la fiction d'exterritorialité dont il est, a-t-on dit, une manifestation et une conséquence logique, sans réfléchir que cette fiction n'est venue que par la suite, pour confirmer une institution qui déjà existait auparavant.

Tous les historiens qui se sont occupés de cette question se trouvent d'accord pour dire qu'à son origine l'asile interne eut un caractère essentiellement religieux. Le pontife, représentant de Dieu, dispose du pardon qui efface les fautes, laissant le délinquant libre de toute responsabilité ultérieure; le sacrifice expiatoire et les solennités du rite peuvent purifier le criminel de ses taches; c'est pourquoi les races qui témoignèrent le plus d'esprit religieux et la plus grande soumission au caractère sacré du sacerdoce, sont celles qui les premières créèrent le droit d'asile et qui le maintinrent ensuite avec le plus de vigueur.

Le désir de protéger les lieux vénérés contre les profanations de la violence, la religion, le respect des choses saintes et la crainte des châtiments de la divinité amenèrent naturellement les peuples à regarder le temple comme un lieu soumis uniquement et exclusivement à Dieu, sans que le pouvoir humain pût pénétrer dans son enceinte ni intervenir, pour exercer justice ou vengeance dans aucun acte commis par quiconque se trouverait dans l'enceinte sacrée. Le réfugié, par le fait d'avoir eu recours à la divinité, était affranchi du pouvoir humain, qui se trouvait annulé et éteint devant le pouvoir sans bornes du Tout-puissant. L'asile n'est qu'un effet de cette idée instinctive, que ceux qui s'en appellent au jugement de la divinité n'appartiennent pas à la justice humaine.

La piété, attribut caractéristique des religions, fut cause que l'asile fut maintenu, affranchissant la victime de la cruauté de la justice primitive et des rancunes de la vengeance privée tenue pour légitime. Les institutions défectueuses, l'état de guerre entre les peuples, les haines entre les sociétés, les rivalités de castes, races et familles, l'implacabilité de la vengeance individuelle, la partialité de la justice sociale, le manque d'un système pénal proportionné à l'échelle des délits ou plutôt de tout système pénal, l'esclavage, l'absolutisme du seigneur, la nécessité où lui-même se trouvait de se munir d'un asile en vue de l'avenir pour le moment où il pourrait se produire un changement dans sa fortune personnelle, ajoutés à la superstition et au fanatisme des peuples, furent, à n'en pas douter, les éléments qui contribuèrent à étayer l'institution pieuse de l'asile.

C'est pour cela qu'en Egypte, peuple où la religion, les dieux et le prêtre étaient particulièrement respectés, le pouvoir sacerdotal établit sur les rives du Nil des lieux où l'autorité civile ne pouvait exercer son pouvoir, ni l'individu sa vengeance; où les accusés et les condamnés qui avaient réussi à s'échapper de leurs prisons se trouvaient à couvert des hommes et de la justice. Non seulement les temples, tels que celui de Toth, mais aussi les bois sacrés, les tombes des héros et les monastères des prêtres et des prêtresses furent reconnus aptes à fournir un refuge. Les rois, quand ils cherchèrent à acquerir plus de prestige en s'attribuant un caractère sacré, déclarèrent que leurs palais et leurs statues pouvaient également servir de refuge à ceux qui étaient poursuivis par la justice.

Au début, nous le voyons, l'asile interne fut exclusivement religieux et si plus tard on l'étendit à des villes entières, ce fut parce que celles-ci surent s'approprier ce droit par la force ou par l'astuce. Si c'est dans la piété que nous devons voir l'origine de l'asile religieux, c'est dans la superstition qu'il faut chercher sa force incontestable.

Le châtiment imposé par la divinité au sacrilège qui violait l'asile pour exercer la vengeance, et au seigneur qui voulait punir sans faire attention au refuge, châti- ment du ciel que les peuples s'empressaient de décou- vrir dans tous les maux proches au lointains survenant au roi ou au peuple, et la crainte de la colère divine, étaient des arguments trop puissants pour que personne s'enhardit à violer le temple et enfreindre l'asile.

La fable se mêlait en grande partie pour appuyer le droit sacré de l'asile, ce qui faisait que le peuple, terro- risé lorsque parfois un monarque impie osait écouter la voix de sa colère plutôt que celle de sa religion, exigeait de l'audacieux le pardon du coupable arraché à l'asile, afin d'apaiser les dieux. C'est ainsi, par exemple, que lorsque Mégaclés viola la sainteté de l'autel des Eumé- nides en immolant Cylon et ses compagnons, une peste désola Athènes, peste qui ne disparut qu'après que le peuple, sur le conseil de l'oracle de Delphes, eut fait une solennelle expiation du sacrilège de son archonte.

Pour cette même cause, pour expier le crime d'avoir égorgé Priam aux autels d'Apollon, Néoptolème était à son tour égorgé sur l'autel de ce dieu. Le massacre des Ilotes, dans le temple de Ténare amena un tremble- ment de terre qui désola Sparte; et Sylla est puni par une terrible maladie à cause d'avoir violé l'autel de Minerve pour mettre à mort Aristion.

Les réfugiés ne restaient cependant pas, en général, libres de toute peine; tout ce qui arrivait, c'était que la justice divine, représentée par les prêtres, se substituait à la justice humaine; l'expiation et la pénitence prenaient la place du châtiment de l'autorité et de la vengeance de l'offensé.

La substitution de cette autorité plus douce à l'autorité cruelle des hommes, d'une part, et, d'autre part, l'impuissance du monarque à limiter l'asile, et enfin l'intérêt que les prêtres avaient à donner la plus grande extension possible aux privilèges de leur temple, qui augmentaient leur pouvoir personnel; tout cela fit que le droit d'asile acquit une importance si grande que, de pieuse et humanitaire, son institution devint inmorale et abusive et surtout préjudiciable à l'ordre et au bien-être de l'Etat.

Les philosophes, les rhétoriciens et les hommes d'Etat se rendirent compte du mal et entreprirent une campagne contre l'asile; ils demandèrent qu'on le fit revenir à ses anciennes limites et que s'il n'était pas permis d'arracher au temple le malheureux injustement poursuivi, il fût permis de le faire s'il s'agissait d'impies et de criminels, qui se souvenaient du temple uniquement lorsqu'ils en avaient besoin pour échapper à un juste châtiment. Eschyle, en faisant parler les Euménides, protesta contre la folle vanité des hommes qui prétendent faire intervenir les dieux de l'Olympe même dans leurs crimes en se faisant protéger par eux.

Cependant ce ne furent que quelques voix isolées, impuissantes à se faire entendre entre les préjugés de la masse et les voix des prêtres qualifiant d'impie une semblable prétention. Le peuple, rendu craintif par les

6

menaces intéressées des dispensateurs de biens supra-terrestres; le magistrat qui voulait, à tout hasard, s'assurer un refuge en cas de disgrâce; et le prince qui craignait de se rendre impopulaire en commettant une profanation, tous ensemble, quoique peut-être pour des raisons différentes, s'évertuèrent à maintenir et à consacrer l'asile.

Quand l'asile se convertit en privilège d'une cité ou d'un faubourg, aussitôt les autorités et la population de la cité ou du faubourg s'empressèrent de défendre et de faire respecter leur avantage, avec l'ardeur que l'on met d'habitude à défendre les privilèges qui nous mettent dans des conditions plus favorables que celles des autres hommes; et l'asile se convertit ainsi en une question d'amour-propre et de patriotisme.

Les peuples faibles, impuissants à défendre par d'autres moyens leur indépendance, proclamèrent le caractère sacré de leur territoire et consacrèrent l'asile sur toute son étendue; ils mettaient ainsi un frein aux ambitions et aux entreprises étrangères; l'asile se transforma de cette façon en *neutralité,* ou plutôt cette dernière dériva de l'asile qui fut son origine.

L'asile étant un appel à Dieu de la justice des hommes, il s'explique bien que si les peuples religieux reconnaissaient l'asile, ainsi que nous venons de le dire, les nations où cette religiosité était portée jusqu'à se confondre avec les institutions civiles, c'est-à-dire les peuples théocratiques, ignoraient ce qu'était l'asile. Les Hindous, les Perses n'ont pas d'asile parmi leurs institutions, quoique on ait voulu trouver son existence dans certains passages de la législation de l'Hindoustan.

Cette même raison fait que l'asile n'existe pas parmi

les Juifs: la loi provenant de Dieu lui-même et les autorités étant instituées par Dieu et au nom de Dieu, il avait besoin de conclure que la première était toujours juste et les secondes toujours infaillibles et, par conséquent, que l'appel à la divinité, auteur de la loi, était superflu et inutile. On a dit aussi que les Israëlites n'ayant qu'un seul temple pour toute la nation, l'asile n'aurait pu être reconnu à son enceinte sans originer des embarras pour les cérémonies religieuses, car les criminels de tout le peuple seraient venus à tout moment interrompre les fonctions du culte. Il est bien possible que cette considération ait pu influer dans le législateur; mais nous croyons que les motifs qui poussèrent celui-ci à refuser au temple le droit d'asile étaient plus hauts et plus conformes avec l'esprit d'une aussi sage législation, comme c'est la législation hébraïque. Il faut considérer, en effet, que les Israëlites ne pouvaient, pour ainsi dire, pas compter avec l'asile, attendu que l'expiation de l'acte était nécessaire.

Ils reconnurent, cependant, lorsqu'ils s'établirent dans la terre promise, le droit d'asile à certaines villes, pour les auteurs d'homicide involontaire.

Moïse avait dit, en parlant du meurtrier et de sa victime: «S'il n'a pas eu cet homme en vue et que Dieu l'ait présenté à sa main, je te fixerai un lieu où il pourra se réfugier» (1). Quand, en effet, un meurtre avait été commis, un propre parent de la victime pouvait, avec plein droit, poursuivre et mettre à mort le meurtrier; mais si le meurtre avait été involontaire, alors le crime d'homicide n'existait pas, et s'il y avait eu de l'impruden-

---

(1) *Exode,* XXI, 13.

ce, on ne pouvait pas toujours dire qu'elle avait été coupable. D'autre côté, quoique la législation israëlite reconnaissait ce sauvage droit de vengeance privée, elle ne pensait pas qu'il était sage de laisser toujours l'appréciation de l'acte aux proches parents de la victime, qui très souvent auraient manqué d'impartialité, ainsi elle autorisa le meurtrier à aller chercher refuge dans une des villes d'asile. Celles-ci étaient six: Kedès, Sichem, Hébron, Golán, Ramoth et Béser. Mais, nous le répétons, ces refuges ne pouvaient abriter les criminels; ils étaient destinés à ceux qui avaient commis un homicide involontaire contre les vengeurs du sang. Les accusés ne pouvaient rester dans ces villes que jusqu'à ce qu'ils eussent comparu devant la justice, ou que leur non culpabilité ayant été reconnue, l'asile leur fût accordé.

L'auteur de l'homicide devait s'arrêter aux portes de la ville, où il exposait son cas aux anciens. Ceux-ci lui fixaient une deméure et, ènsuite, le faisaient comparaître devant l'assemblée, qui jugeait l'affaire. Si le meurtrier était déclaré coupable on le livrait au vengeur du sang; dans le cas contraire les anciens le ramenaient dans la ville de refuge. Là, il était inviolable, mais il y restait sans pouvoir sortir—sous peine de tomber entre les mains du vengeur—jusqu'à ce que la mort du grand prêtre fût arrivée. Seulement lorsque cet événement avait eu lieu, le meurtrier pouvait laisser l'asile et rentrer chez-lui impunément (1).

Le Temple n'avait pas le droit d'asile: «Si un hom-

(1) *Nombres,* XXXV, 11-28; *Deutéronome,* XIX, 1-13; *Josué,* XX, 2-9.

me, de propos délibéré, tue son prochain par ruse, tu l'arracheras de mon autel pour le faire mourir», dit l'Exode (1).

Lorsque Adonias fut surpris dans sa conspiration contre Salomon, il se hâta d'aller chercher un refuge près de l'autel, pour se mettre sous la protection divine. Il avait commis un crime méritant la mort. Salomon lui fit grâce, mais par pure clémence (2). Il en fut autrement pour Joab, le meurtrier d'Abner; Salomon le fit mettre à mort malgré le refuge qu'il avait cherché auprès de l'autel (3).

Sous la domination des Syriens, les Israélites avaient obtenu néanmoins de Démétrius Soter, au temps du grand prêtre Jonatham, que ce roi reconnût le droit d'asile pour leur temple.

Le grand prêtre Onías III chercha un asile, quand il voulut dénoncer le vol sacrilège de Ménélas, afin de se mettre à couvert de la vengeance de celui-ci et des personnages qui protégeaient le coupable (4).

Chez les Grecs, régis par le dogme de la fatalité, le droit d'asile appartenait aux autels; néanmoins tous les lieux consacrés par la religion ne possédaient pas ce privilège; il était la prérogative de quelques-uns seulement: du temple de Pallas, à Lacédémone; de l'autel de la Miséricorde et celui des Euménides, des temples de Zeus Olympien, d'Hercule et d'Athéna et du tombeau de Thésée à Athènes; du temple de Déméter à Eleusis;

(1) *Exode,* XXI, 14.
(2) III *Rois,* I, 50-53.
(3) II *Rois,* II, 23-27 et III, 27; III *Rois,* II, 28-34.
(4) II *Macchabées,* IV, 23.

du temple d'Artémis à Ephèse; de celui d'Apollon à Milet et du tombeau d'Acrisius à Larissa (1).

D'autre part la neutralité, que plusieurs villes avaient proclamée à l'époque des guerres d'Alexandre, devient un droit de refuge, ou, plutôt, le désir de se soustraire aux excès des rancunes nées de la lutte, donne l'idée de proclamer l'inviolabilité des villes, inviolabilité qui se conserva ensuite comme un privilège acquis; c'est ainsi que Tyr, Antioche, Smyrne, Ephèse et l'île de Samothrace jouirent de l'asile.

A Rome l'asile religieux existait aussi. Quoique l'esprit romain et sa conception du droit, répugnassent à l'admettre, on trouve l'institution de l'asile à côté du privilège de la vestale pour délivrer de la mort le condamné qu'elle avait rencontré, à condition qu'elle jurât que la rencontre avait été fortuite; l'autel de Saturne servait d'asile aux esclaves fugitifs, aux opprimés et aux étrangers; le temple de Jupiter jouissait de privilèges analogues, la présence du feu sacré et des vestales suspendait l'exécution de la justice; les bois consacrés aux dieux, la statue de Romulus et les temples, en général, étaient des lieux de refuge plus ou moins privilégiés. Les Romains respectaient en outre les asiles des peuples vaincus et Tacite nous dit que grâce à tous ces asiles, il n'y avait pas de ville de l'Empire où les temples ne se trouvassent pas de regorger de gens corrompus, d'esclaves fugitifs, de débiteurs et d'accusés de meurtres.

Cependant à Rome, comme ailleurs, l'asile fut parfois

____

(1) Pausanias, *Periegesis,* édit. cit. II, 5 et 6; Hérodote, *Histoire,* traduction française de Larcher (Parìs, 1841); Euripide, *Hécube* (Parìs, 1841), 149.

combattu: Tibère, nous raconte le même Tacite, supprima tous les asiles qui ne justifièrent pas de titres
authentiques, et, plus tard, l'asile des images impériales
fut singulièrement limité (1).

La religion chrétienne prêchant ses fraternelles doctrines de paix et de charité, de pardon et de réforme
morale du délinquant, devait être favorable à l'asile: de
préférence à l'application d'une peine par la force, elle
veut l'expiation volontaire, le relèvement de l'âme par le
repentir. Les idoles du paganisme ayant été arrachées
des temples pour y être remplacées par la croix, les
prêtres des sacrifices sanglants ayant été bannis et sup-
plantés par les prêtres de la religion de l'amour, les
églises héritèrent des temples de la Rome antique du
droit d'asile, et cathédrales et basiliques ouvrirent leurs
larges portails pour accueillir les persécutés de la justice
humaine, pour protéger les victimes de la colère des
puissants et les couvrir du manteau sacré du Dieu de
miséricorde et de charité.

Au commencement ses prétentions, relativement à
l'asile, furent modestes, soit au point de vue de l'extension du droit, soit, encore, à celui des lieux privilégiés:
si elle ne réclama pas le droit que pour la pierre de l'autel et pour les murs de l'Eglise, elle ne le fit, non plus,
valoir qu'avec des limitations fort prudentes et justes.

L'autorité ecclésiastique cherchait d'autre part presque
toujours à résoudre le conflit de manière à satisfaire à
l'autorité civile tout en gardant, au possible, le prestige

(1) DION CASSIUS, *Historia romana* (Francfort, 1592),
XLVII, 19; TITUS LIVIUS (Leipzig, 1801-1808), I, 8, 35, 51;
TACITUS, *Operæ* (Leipzig, 1772): *Annal,* III, 60.

de l'asile; c'est ainsi, par exemple, que saint Augustin, pressé, en vertu d'une des lois de l'empereur Théodose, de rendre un débiteur asilé dans le temple, il préféra emprunter de l'argent pour payer la dette.

Il faut aussi dire que les empereurs chrétiens, eux-mêmes, de leur propre initiative, considèraient un devoir de piété d'attribuer aux églises qu'ils fondaient, le droit d'asile attaché aux temples du paganisme (1).

Au début l'intervention de l'Eglise se borna uniquement à garantir la sécurité du refuge jusqu'à ce que l'évêque fût informé de l'affaire et jusqu'à ce que l'auto-rité judiciaire eût prononcé sa décision. Il ne faut pas croire que cette intervention du prélat, prêchant la mo-dération, le pardon et la charité et menaçant de blâme la cruauté et l'injustice, fût chose vaine; car si le pouvoir civil pouvait se laisser entraîner par l'injustice, les ob-servations de l'autorité religieuse et le temps qui s'écou-lait jusqu'à l'extradition du délinquant permettaient aux colères irréfléchies de s'apaiser et à la sentence d'être prononcée avec impartialité et justice.

Malheureusement, toutefois, nous ne pouvons nous empêcher de reconnaître que, ainsi qu'il arrive pour les choses les meilleures, les abus se firent sentir avec le temps et il ne manqua pas de prêtres et de moines pour arracher par la force des mains de la justice les criminels qu'on allait exécuter.

De la pierre de l'autel le privilège s'étendit à tout l'enclos de l'Eglise, du cimetière ou du couvent; il se fit

(1) *Code Theodosien,* de Hist. qui ad Eccles, confug. IX, 45; Georges Phillips, *Du droit ecclesiastique,* traduction française de Crouzet (Paris, 1855). t. II, p. 474.

valoir pour les parvis, portiques, maisons, jardins et autres lieux dépendant ou avoisinant des temples. A défaut de clôture les endroits d'asile étaient signalés par des croix ou des morceaux de chaînes, et s'il n'y avait aucun signe l'asile s'étendait jusqu'à quarante pas pour les cathédrales et collegiales et jusqu'à trente pas pour les petites églises. Mais cela ne fut pas tout: dans des époques postérieures, tous les monuments, tous les édifices, toutes les enceintes pouvant servir d'une manière directe ou indirecte au culte furent considérés comme lieux d'asile: les demeures des évêques, les monastères, les ermitages et jusqu'aux croix dressées sur les routes; tout ce qui de près ou de loin avait un rapport quelconque avec les choses de la religion fut reconnu susceptible de donner asile.

A l'extérieur des murs on plaça des *anneaux de salut* ou des *chaînes sacrées;* celui qui pouvait se saisir des premiers ou sauter les secondes, en demandant la paix du Seigneur et de l'Eglise, devenait inviolable et sacré pour la justice civile.

Ceci obligea parfois les pouvoirs publics et même le pouvoir ecclésiastique suprême à prendre diverses mesures afin de modifier ou de restreindre les privilèges; telles furent la loi qui prescrivit que les condamnés à mort fussent exclus de l'asile des églises; celle, que les religieux ne pussent arracher les criminels aux mains de leurs gardiens; et, enfin, l'empereur Justinien décida que les individus coupables d'homicide, adultère ou rapt pourraient être extraits, même par la force, de leurs refuges et condamnés comme s'ils n'avaient pas eu recours à l'asile, ce qui attira sur cet empereur le blâme de l'Eglise.

En Orient, l'autorité civile favorisa l'asile, quoique avec de sérieuses limitations. Eutrope, le ministre d'Arcadius, prétendit même abolir complétement l'asile; mais quelques mois après, fugitif et disgracié il chercha refuge auprès des autels; saint Jean Chrysostome apaisa la foule, qui voulait tirer le fameux eunuque de l'église, avec un discours célèbre dans l'histoire de l'éloquence et fit ainsi respecter l'asile; mais il fut moins heureux dans ses efforts pour délivrer Eutrope de la mort, après que celui-ci eut quitté le refuge. Constantin Porphyrogénète ordonna que l'on respectât l'asile, mais que le réfugié subît la peine de l'exil à perpétuité et celle de la confiscation des biens.

Dans les pays barbares, où la loi de la vengeance était sacrée et où il n'y avait qu'une trêve pendant laquelle le coupable ne pouvait être attaqué, l'asile religieux existait quand même, bien que les passions, le relâchement des mœurs et l'impiété fussent parfois cause de ce que le temple ne fût pas respecté.

Lorsque ces peuples barbares conquîrent Rome, ils proclamèrent le droit d'asile; c'est ainsi qui l'asile qu'ils reconnurent à la basilique des Saints-Apôtres fut de la plus grande utilité pour la résurrection de la ville qui jusqu'au jour avant avait été la maîtresse du monde. Les Visigoths dans leur lois acceptèrent l'asile et l'étendirent à un rayon de trente pas autour de l'église. Le concile de Tolède, dont les conclusions eurent force de loi pour les Visigoths, déclara que le temple pourrait recevoir les criminels, les débiteurs, les esclaves; mais qu'ils seraient livrés à la justice, sans violence, par le ministère du prêtre, qui dicterait les conditions de cette remise.

De toutes ces peuplades les Ostrogoths furent peut-être les seuls qui manifestèrent quelque antipathie pour le droit d'asile.

En 511 le concile d'Orléans statuait que les réfugiés ne seraient point livrés avant qu'un serment prêté sur l'Evangile ne les ait garantis de la mort, de la mutilation et de toute autre peine semblable, car *Ecclesia abhorret a sanguine;* le coupable convict pouvait être remis au juge séculier, mais à la condition de lui conserver «la vie et les membres saufs» (1). Si le serment était refusé, le prêtre était engagé en quelque sorte à favoriser l'évasion du coupable.

L'année 585, le deuxième concile de Mâcon, se prononça contra les violations de l'asile commises par les princes et les seigneurs, mais aussi contre les abus des asilés.

Frédégonde trouva un asile dans la cathédrale de Paris, où l'évêque Raymond le protégea des poursuites de Chilbert et de Gontran.

Cependant, malgré les mouvements que suivit l'asile, selon la piété plus ou moins grande des monarques, on peut dire que, par règle, les rois favorisèrent le droit d'asile, même avec préjudice de leur propre autorité. La Capitulaire triplex du roi Dagobert ordonna, en cas d'asile, d'entrer en arrangements avec l'autorité ecclésiastique, sans que l'autorité civile pût arracher par force l'asilé; elle imposa en outre des peines terribles aux violateurs de l'asile et ordonna de ne pas condamner jamais à mort celui qui avait cherché refuge dans la

(1) FERDINAND J. MOULART, *L'Eglise et l'Etat* (Louvain, 1895), p. 454.

maison de Dieu. En plus Dagobert, reconnut de grandes extensions matérielles au droit d'asile: il attribua le droit de refuge non seulement à Saint-Dénis, mais à toutes les terres avoisinantes depuis Montmartre jusqu'au Louvre-en-Parisis.

Des places spéciales furent assignées aux asilés dans les églises, ces places, généralement de sièges en pierre situées près des stalles, furent appelées les *pierres de paix,* et nous trouvons certaines églises, comme Saint-Jacques la Boucherie, où il y avait des chambres amenagées pour les asilés.

Il ne manqua pas, par contre, comme nous l'avons dit, des princes qui furent ennemis de l'asile. Jaloux de leur autorité, ils essayèrent quelques fois de mettre fin à ces abus. L'Eglise, elle-même, si comme nous le verrons bientôt, tirait certains avantages de l'asile, elle était très souvent la première prejudiciée, car il arrivait que les réfugiés abusaient de leur impunité pour donner satisfaction à leurs passions à l'ombre du temple; les maisons de Dieu étaient ainsi, parfois, les théâtres de scènes honteuses et de scandales criminels. Saint Boniface comprit la justice du droit et des désirs des rois à ce sujet et aida efficacement l'empereur des Francs, dans sa sollicitude de réglementer l'asile.

Carloman, en 743, rendit une capitulaire dans laquelle on ordonna aux clercs de ne pas donner à manger aux assassins et, en général, aux criminels condamnés à mort qui se seraient réfugiés dans les églises pour éviter le châtiment. De cette façon le réfugié se voyait obligé à se livrer à bref délai à l'autorité pour expier son crime.

Charlemagne, en 779, ordonna que les coupables passibles de mort ne puissent pas trouver asile dans les églises, et disposa de sommer l'évêque à la livraison du coupable, et, en cas de refus, de lui arracher le délinquant par force. En 788 le même empereur ordonna, par contre, que l'asile serait respecté dans ce sens que celui qui en a joui, ne pourra être puni avec la peine de mort ou de la mutilation.

Pour leur part, les comtes et barons établirent de nombreuses et diverses peines contre les ecclésiastiques qui violaient les limitations imposées au droit d'asile.

Et cela, comme nous l'avons déjà remarqué, s'explique bien, car l'asile avait la tendance de se convertir en arme matérielle de pouvoir, que les seigneurs commençaient à regarder avec méfiance; très souvent, en effet, les réfugiés entraient au service de l'église ou abbaye leur libératrice, églises et abbayes qui, parfois, constituaient de respectables puissances avec les personnes auxquelles elles avaient donné asile; c'est ainsi, par exemple, que le monastère de Croylande avait toute une légion armée presque entièrement composée des asilés.

En 797 l'asile affecté aux palais royaux souffrit également une attaque de la part de Charlemagne qui, la même année, édicta un décret en vertu duquel, lorsqu'un malfaiteur avait recours au pouvoir royal pour demander asile, le roi, mais seulement lui, avait la faculté de le faire mourir, de l'envoyer en exil ou de le laisser fuir. L'année 803 on étendit ces règles à tous les asiles patrimoniaux, ordonnant, en outre, que l'agent du roi pût pénétrer dans l'Eglise pour empêcher la fuite du coupable ou pour l'obliger à quitter l'asile.

Dans l'apparition des fausses décrétales d'Isidore le Pêcheur, l'asile religieux trouva un grand appui. On prétend, en effet, dans ces fameuses décrétales, que le Siège pontifical est la seule autorité compétente pour statuer et pour réformer l'asile.

Les lois anglo-saxonnes admettaient l'asile exceptionnellement et fixaient un délai dans lequel le réfugié devait se réconcilier avec l'offensé. Après quarante jours on refusait au réfugié les aliments de sorte qu'il se voyait obligé de fuir ou d'*abjurer,* c'est-à-dire de perdre tous les droits qui lui appartenaient dans le pays.

Les Turcs, les Arabes et, en général, les Mahométans reconnurent le refuge inviolable de leurs mosquées, des villes saintes, des *koubbas,* des lieux de prière, des *morabitos,* des cabanes de leurs *santons* et l'immunité des pélerins, institutions que jusqu'à ce jour ont grande valeur parmi les Arabes et les Maures.

Et c'est dans une raison de ce genre qui s'appuye le grand préstige de Fez, la capitale marocaine: Fez n'était demeurée jusqu'à présent inviolable aux convoitises des tribus si souvent en révolte, que grâce au tombeau de Moulaï Idriss et à toutes les superstitions qui s'y rattachent.

Jamais l'asile ne fut plus nécessaire qu'aux époques féodales, auxquelles les haines privées, l'inégalité des castes et le droit de haute et basse justice, exercé sans soumission à aucune loi par les seigneurs qui commandaient en maîtres, avaient fait de l'équité une parole vaine et vide de sens. En ce temps où le brigandage, l'assassinat et le viol étaient légitimes pourvu que leur auteur fût comte ou baron, l'asile religieux rendît le plus grands services et les moines et les prêtres qui sauvèrent tant d'innocents des cruelles colères des seigneurs doivent être considérés comme des bienfaiteurs de l'humanité.

La procédure établi par ce droit de punir, qui n'était qu'une imitation de la guerre entre particuliers et qui n'était que la vengeance publique, si non une vengeance privée, exigeait que quelque chose, qu'un remède quelconque vint couper court aux abus de la force, et nous devons reconnaître en toute justice que l'asil remplît ce rôle de bienfaisance et de charité. L'Eglise ne pouvait regarder impassible la proclamation du droit du plus fort et traita de le combattre: Guido, évêque de Puy, en 990, avait déjà fait un essai pour mettre fin dans son diocèse, à un tel état de choses; à son exemple plusieurs évêques d'Aquitanie et de Bourgogne, s'assemblèrent pour engager tous leurs diocésains à vivre en paix et à consentir à ne pas exercer de représailles. Grand nombre de synodes agirent dans le même sens. Les évêques belges et du nord de la France travaillèrent pour la *paix gallicana,* malgré l'opposition violente de l'évêque de Cambrai, Gérard, qui combatti obstinément le projet adopté par les autres prélats. Néanmoins la *paix de Dieu* fut, avec la coopération du comte Baudouin, jurée dans la Flandre.

La paix de Dieu se généralisa bientôt dans la chrétienté; depuis 1041 elle est connue sous le nom de *Treuga Dei.* La *Trêve de Dieu* qui défendait de faire du mal à celui qui voyageait en compagnie d'un moine, d'un prêtre ou d'une femme, de commettre aucune violence du mercredi soir au lundi matin et à certaines époques de l'année—de l'Avent à l'Epiphanie et de la Septuagésime à l'octave de Pâques—nous fait voir à quel point étaient nécessaires les institutions de ce genre. Tout cela peut nous prouver comment l'asile était indispensable et pourquoi il fut admis par le peuple avec sympathie et respect.

La trêve de Dieu, en effet, après avoir été une loi exclusivement religieuse devint un précepte civil: nous avons dit que le comte Baudouin la protégea dans la Flandre; l'empereur Henri III, en 1043, faisait jurer la trêve à ses Etats, chose qui fut renouvelée, en 1073, par Henri IV. Les papes, de leur côté, la garantirent contre la violation au moyen de l'excommunication. Dans le deuxième concile de Latran, en 1139, le pape Innocent II déclara la trêve de Dieu loi générale de la chrétienté (1), et Alexandre III l'établit en faveur non seulement des moines, des ecclésiastiques et des femmes, mais aussi des étrangers, des négociants, des paysans et même des animaux. L'Eglise édicta diverses lois pour donner le plus de force possible à ces institutions de paix et pour garantir l'inviolabilité des lieux de refuge (2).

Rares sont les actes ou lois qui, à cette époque, restreignent l'asile, et si quelques uns eurent lieu, ils obéirent précisément au besoin de garantir l'asile même ou la paix canonique; nous citerons, par exemple, les décrets d'Innocent III en 1212, et de Grégoirè IX en 1237, qui interdirent l'asile à certains criminels. La plus notable

(1) II Concile de Latran, can. 12.

(2) Nous citerons parmi plusieurs autres dispositions ecclésiastiques à ce sujet: le canon *Id constituimus,* 36, c. 17, 9, 4 (Con. Aurel. I, ann. 511); cann. *Deffinivit,* 35, eod. (Conc. Tolet. IX, ann. 655); Cap. *sicut,* 6, § *Qui auteur,* 1, eod. (Nicol. II); Cap. *Inter alia,* 6, X, de *Immun. eccles.* (III, 29, Innoc. III).

disposition de ce genre est celle qui permet d'extraire du refuge le violateur de la trêve de Dieu.

C'est à ces mêmes époques que le concile de Clermont ordonna que les croix érigées sur les routes serviraient d'asile aux mêmes termes que les églises. Les cloîtres des couvents et des cathédrales, les monastères, les hôpitaux, les couvents et les citadelles appartenant aux chevaliers de Saint-Jean et à ceux du Temple acquirent les privilèges les plus étendus. Plus que cela, des communes et des villes entières reçurent le caractère sacré pour jouir de l'asile et, parmi les privilèges qu'il leur furent accordés, les rois leur octroient celui de pouvoir servir de refuge. C'est ainsi qu'en 1356 la ville de Tournai acquit un privilège en vertu duquel tous ceux qui avaient recours à elle, devaient rester libres de l'autorité, même s'ils avaient commis un crime, exception faite pour ceux coupables de meurtre ou de trahison. De même Philippe I accorda une égale prérogative à Chapelande, où le voleur qui avait réussi à entrer en un espace compris entre quatre croix se trouvait affranchi de l'action des autorités, à condition toutefois qu'il restituât ce qu'il avait volé.

Il n'y avait pas de ville d'importance moyenne qui ne possédât une enceinte privilégiée, une église, un monastère une simple chapelle dans laquelle toute action judiciare se trouvait prohibée. Et cela s'explique bien, non seulement par les raisons qui avaient fait de l'asile une institution nécessaire dans des époques antérieures, par les extorsions et les abus de la justice, par l'arbitraire et les vengeances, par l'absolutisme sans bornes des seigneurs, par leurs déprédations et leurs rancunes, mais aussi par le concept que ces peuples et ces hommes avaient de la morale: nous avons dit que le vol et le meurtre étaient permis au seigneur, tandis que le plébéien se voyait infliger les peines les plus dures pour une faute insignifiante ou même sans aucune faute. Comme la peine judiciare était confondue avec la vengeance, la conscience publique ne demandait qu'en de rares occasions le châtiment du coupable. Les cruautés d'une justice de sang et de torture avaient conduit à la considérer comme un ennemi plus terrible peut-être que le crime et à avoir parfois plus piété du criminel se trouvant entre les mains du juge que de la victime entre les mains du criminel. Le juge se confondant avec le seigneur et la fonction judiciaire avec la politique; la première étant la manifestation la plus haute et la plus ingénue de la seconde, l'on comprend bien que la passion se mêlât toujours ou presque toujours aux décisions de la justice; et le seigneur aimait à châtier avec grand bruit et ostentation, et appliquer les peines les plus fortes et les plus impressionnantes, car par leur imposition il rendait manifeste son droit souverain, et ainsi il s'explique encore que l'asile, comme nous l'avous dit, fût une institution des plus appréciées.

Depuis le XIIIe siècle, et nonobstant les actes de l'autorité en faveur de l'asile, l'on commence à accentuer les signes d'antipathie envers lui, et l'on commence à marquer les distinctions et limitations qu'on avait fait parfois dans des époques antérieures en cette matière, limitations et distinctions que l'usage, à certains moments, avait oublié: on accentua, par exemple, quelques raisonnables différences entre les lieux religieux proprement dits *(manoirs)* et les terrains environnants appartenant aux couvents ou institutions religieuses mais non destinés directement au culte; tandis que les premiers jouissaient de l'asile par droit propre et pour le seul fait de la consécration, les autres ne pouvaient le donner sans une charte spéciale du roi leur accordant le privilège.

Nous avons déjà fait mention des décrets d'Innocent III et de Grégoire IX, de 1212 et 1237 respectivament, qui exclurent de l'asile les sacrilèges, les brigands des grandes routes, les incendiaires, les pillards et les auteurs d'autres crimes également graves, qui purent depuis lors et sans autre formalité, être arrachés du temple.

Saint Louis décréta qu'on ne pourrait accorder l'asile au traître et que celui qui se réfugierait dans le temple pour échapper à la mort ou à la mutilation, ne recevrait point asile à moins que le clerc ou l'abbé ne garantissent une amende. Le plupart des réfugiés devaient quitter le pays pour toujours s'ils ne voulaient tomber sous l'action de la justice laïque. La même règle fut édictée en Angleterre par le roi Edouard I.

L'omnipotente Inquisition ne put naturellement souffrir une limitation de ses pouvoirs par l'asile, et obtint ainsi du pape Jean XXII l'autorisation pour tirer des temples et lieux d'asile les juifs, les hérétiques et les apostats.

Philippe le Bel combattit l'asile: en apparence, depuis ce roi, l'asile est respecté dans la forme, mais il est toujours attaqué en vérité. Il est défendu d'arrêter un coupable au lieu saint *nisi casibus in jure permissis,* restriction, qui se prête à la plus large interprétation contre l'asile; et, il faut le dire, les parlements profitèrent d'elle dans la plus grande échelle pour refuser le droit d'asile.

Charles V de France abolit en 1356 les franchises de Tournai. et l'on peut dire que c'est à partir de cette époque que date la chute définitive de l'asile religieux et la décroissance de l'asile laïque.

Mais l'Eglise ne céda pas sans lutte: nous voyons, par exemple, que la violation de l'asile de Saint-Merry, en 1358, produisit la sédition de Marcel; et très souvent lorsque le Parlement nia la légitimité de l'asile, le clergé ferma les églises et refusa l'administration des sacrements ce qui amena l'alarme populaire et le besoin de céder de la part de l'autorité civile en rendant le coupable à l'asile. Celle-là, l'autorité civile, employait par contre des moyens plus ou moins détournés pour saisir l'asilé: on le guettait autour de l'église et, même, tel qu'on le fait couramment aujourd'hui au Maroc, on enfummait le délinquant dans le temple jusqu'à l'obliger à quitter l'asile afin d'échapper à l'asphyxie.

L'asile religieux, en effet, ne pouvait plus subsister dans le monde, car il ne pouvait avoir de force qu'aussi longtemps que tous convenaient de sa légitimité et se trouvaient d'accord pour le respecter, attendu que ce respect unanime était son unique force; dès l'instant où quelques uns commencèrent à le mettre en doute, il fut destiné à disparaître complètement, et ce fut précisément ce qui arriva. Des attaques s'élevèrent de toutes parts; si les philosophes discutèrent sa légitimité, quelques théologiens commencèrent a en douter relativement à son caractère divin; d'autre part, à mesure que la justice s'acheminait vers la règle convenable, ce droit cessait d'attirer le peuple qui le regarda avec indifférence premièrement et après, peut-être, même avec antipathie; et alors le pouvoir civil—pour qui l'asile fut, en principe, odieux,—n'usa plus de ménagements avec lui et le combattit de front.

Nous devons voir une autre cause de la suppression de l'asile religieux dans le progrès des systèmes pénitentiaires, qui établirent une gradation de peines plus ou moins proportionnées aux délits, ce qui rendit moins utile l'asile, institution de charité et de bienfaisance.

Les papes Martin V en 1418, et Jules II en 1504, dictèrent des dispositions limitatives de l'asile.

Henri VII d'Angleterre et Pierre II duc de Bretagne, s'adressèrent directement à Rome pour solliciter du pape une réglementation qui limitât l'asile et le réduisît à un état qui répondît aux besoins et aux idées de l'époque.

En 1438 le parlement français rendît un arrêt sursoyant indéfiniment sur une cause d'asile violé. Ensuite il prit l'habitude de faire amener les réfugiés devant le tribunal, sauf à les rendre après examen s'il y avait lieu; or il les rendait très rarement. Cette jurisprudence reçut l'approbation des rois.

En 1515 Louis XII abolit de sa propre autorité l'asile de quelques églises de Paris, et notamment de Saint-Jacques la Boucherie, Saint-Merry, Notre-Dame, l'Hôtel-Dieu, les Carmes de la place Maubert, les Grands-Augustins et l'abbaye de Saint-Antoine, qui perdirent alors le droit de refuge.

En 1539 François I, par une ordonnance rendue à Villers-Cotterets sanctionna définitivement la jurisprudence consacrée par le parlement à partir de 1438. François I avait, en outre, déclaré que le droit d'asile était un droit exclusif de l'autorité civile et que, par conséquent, c'est à elle seule qu'il appartenait de l'abolir ou de le conserver; ce même roi crut néanmoins qu'on ne devait pas condamner à mort ou à la mutilation celui qui avait cherché l'asile.

Quelques juristes ont vu en ce décret l'abolition totale de l'asile; mais il semblerait que le seul point qui se trouvât résolu, tout au moins en France, c'était que le droit d'asile était né et avait été maintenu par la volonté exclusive du pouvoir civil, qui était libre de l'abolir quand il le trouverait bon.

La même règle adoptée par le Parlement en 1438 et par François I en 1539, fut acceptée en 1547 par le roi Henri II, mais celui-ci alla même plus loin, car on ne trouve pas dans son ordonnance les paroles par lesquelles on disposait de reintégrer les coupables à l'asile s'il y avait lieu.

En Espagne, de même que'aux Pays-Bas, l'asile religieux existait sans limites d'aucune espèce, et son étendue était telle que non seulement il appartenait aux couvents, monastères, églises, chapitres, cathédrales et croix des routes, mais aussi à toutes les propriétés du clergé et des ordres religieux, de sorte qu'il n'y avait pas un seul criminel ou condamné qui n'alléguât un asile on une violation de l'asile pour s'affranchir du châtiment on pour en différer l'application; heureusement que les autorités ne faisaient trop d'attention, en général, à ces soi-disant violations de l'asile. Quoiqu'il en soit Philippe II, lassé d'un tel état de choses, édicta en 1570 une ordonnance royale par laquelle il abolissait complètement l'asile religieux en Espagne et dans ses possessions; toutefois ce décret ne produisit pas tous les effets attendus, et les monarques qui lui succédèrent sur le trône et, lui-même, eurent à lutter contre les résistances non seulement des moines et du clergé, mais aussi de l'opinion populaire qui voulait le maintien de l'asile. Du reste cette lutte de l'autorité civile avec l'autorité religieuse en matière d'asile et des immunités n'est qu'un chapitre, et des moindres, de la grande discussion que les deux pouvoirs soutinrent relativement à la sphère d'action, à la juridiction et au sujet des compétences et privilèges de chacun d'eux.

Cette lutte des rois catholiques avec l'autorité ecclésiastique revêtit à plusieurs reprises une acrimonie sans bornes; elle fut, par exemple, très vive dans le Milanais où saint Charles Borromée maintint, en 1573, les privilèges ecclésiastiques contre le gouverneur espagnol Don Luis de Requesens y Zúñiga, qui les disputait. La même chose se répétait quelques ans après: une lutte excessivement violente, en effet, éclatait, en 1596, entre le cardinal Federigo Borromeo et la condestable de Castille Don Juan Fernández de Velazco, au sujet des compétences.

En 1591 le Conseil royal espagnol avait défendu la publication d'une bulle, par laquelle on dérogea aux constitutions de Sixte IV et de Pie IV, constitutions qui reconnaissaient aux fonctionnaires civils le droit de tirer, par propre autorité, des églises les auteurs de délits determinés; cette bulle, de 24 mai 1591, du pape Sixte V, défendait, par contre, qu'en aucun cas l'autorité civile pût prendre le coupable de aucun délit, réfugié dans un lieu d'asile, sans une permission expresse de l'évêque ou de son délegué et sans l'intervention personnelle d'un ecclésiastique (1).

Les autorités espagnoles ne se firent à partir de cette époque aucun cas de conscience du fait de briser l'asi-

____

(1) RICARDO DE HINOJOSA, *Los despachos de la diplomacia pontificia en España* (Madrid, 1896), Vol. I, p. 339.

le; en 1677, par exemple, au moment où Don Juan d'Autriche était appelé au ministère, le favori de la reine, Valenzuela, cherchait refuge dans l'Escurial; le gouvernement ne respecta nullement l'asile du monastère-palais et Valenzuela était extradé, mis en prison et envoyé enfin aux Philippines, malgré les excommunications et censures fulminées par le pape contre les violateurs de l'asile (1).

Dans l'Amérique espagnole le décret de 1570 devait produire d'analogues résultats qu'en Espagne. Les luttes de juridiction étaient, d'autre côté, aussi vives que sur le continent européen et, par conséquent l'asile, dans les cas où il y eut application, fut comme en Espagne l'objet des plus ardentes discussions. L'autorité civile et l'ecclésiastique soutenaient leurs droits respectifs avec une jalousie qui était parfois puérile (2).

Un de ces conflits éclata, par exemple, à Quito, à cause de ce que l'évêque Alonso de Santillana avait fait blâmer publiquement, en chaire, la conduite d'un magistrat qui avait ordonné l'extraction d'un condamné asilé dans une église. Cependant il faut noter que si les autorités ne respectèrent parfois l'asile et si elles arrachèrent par la force les criminels réfugiés au temple, le peuple respecta toujours l'asile. Nous le voyons, par exemple, dans le Royaume de Quito, pendant la révolte

(1) Eduardo Chao, *Historia General de España por el P. Mariana, con la continuación de Miniana. Reinado de Carlos II* (Madrid, 1850), Vol. IV, p. 109.

(2) Nous rappellerons, par exemple, pour prouver notre affirmation, les conflits très violents suscités à Caracas pendant l'évêché du très combattif prélat Mauro de Tovar (1639 à 1653).

des métis de l'an 1765, où les autorités espagnoles s'étaient réfùgiées dans les couvents pour échapper aux colères populaires. Il fallut arriver aux temps républicains pour voir le peuple se précipiter en foule et arracher au temple le malheureux comte Ruiz de Castilla, ancien président de la royale audience, violant ainsi un asile qui jusque là avait été intangible.

En Aragon on n'avait pas besoin de demander la permission ecclésiastique pour arrêter les asilés: le juge devait, lui-même, procéder à l'extraction à condition de garder le respect dû au lieu sacré (1).

La Réforme ne modifia pas grand'chose en matière d'asile religieux aux principes de l'Eglise: chez les Anglais le *privilege of sanctuary* fut maintenu jusqu'à en 1624; en Prusse il ne fut aboli qu'en 1794 et dans le Wurtemberg seulement en 1804. On interpréta comme favorables à l'asile ces paroles de saint Jean qui disent: «c'est moi qui suis la porte; celui qui entrera par moi sera sauvé» (2); ce qui était interpréter un peu trop matériellement les paroles de l'apôtre.

En France, si depuis 1539 et 1547 l'asile exista encore, il avait néanmoins perdu grande partie de son prestige et il n'était allégué qu'avec une certaine hésitation et sans beaucoup de confiance; cela s'explique bien, car les bases qui, dans d'autres époques, l'appuyèrent, étaient déjà disparues et le seul motif, que comme raison unique, l'on fait valoir depuis ce moment, est celle de l'antiquité de l'asile, non-sens d'un traditionalisme illogique et rétrograde qui prétend, en

(1) *Novísima Recopilación,* liv. I, tit. 4, note 12
(2) *Saint Jean,* X, 9.

cette question comme en d'autres, donner ainsi une raison d'être aux anachronismes le plus grands. Mais, en disant que l'asile doit exister parce qu'il est une institution ancienne et acceptée par les hommes de tous les siècles, on oublie que l'asile ne se trouva que très rarement établi d'une manière uniforme dans le monde, ainsi que nous avons tâché de le démontrer, et que, par contre, il fut très souvent négligé, de façon qu'on peut assurer que la méconnaissance de l'asile fut presque aussi ancienne que son existence.

En 1682, Colbert se plaignait de ce que l'antique monastère et forteresse du Temple, auquel Sa Majesté avait reconnu le droit d'un asile de bienfaisance, se fût transformé en un refuge de ceux qui étaient poursuivis par la justice, voleurs, débiteurs et vagabonds, et que cet édifice, de même que le palais royal du Louvre, se trouvât infesté du rebut moral de la capitale. Louis XIV, apprenant que la même chose avait lieu dans tous les palais du domaine de la couronne, ne voulut néanmoins pas renoncer personnellement au privilège et se contenta de le restreindre en le supprimant aux palais des princes et membres de la famille royale (1684); la jalousie du prestige royal ne lui permit pas de faire plus dans ce sens. Il ordonna aussi que si le Temple recevait de nouveaux délinquants, les hommes de justice pourraient y entrer et en retirer de force le coupable. Néanmoins le mal ne dut pas cesser, car en 1704, de nouvelles plaintes, concernant les abus qui se commettaient, ayant été élevées, l'abbé de Chaulieu, accusé de les favoriser, fut sévèrement admonesté et menacé, au cas où il se refuserait de recevoir les ministres de la justice du roi.

Le coup de grâce à l'asile religieux fut porté au XVIIIe siècle. Après avoir exposé les abus qui se commettaient dans les lieux jouissant de l'immunité, où l'on gardait les objets volés, où l'on introduisait des femmes de mauvaise vie, d'où l'on organisait des agressions, faisant de l'asile un foyer de scandale, Clément XIV ordonna de transporter ces lieux d'asile à des endroits où des scandales semblables fussent plus difficiles. Il exclut en outre de l'asile ceux qui étaient coupables de crime de lèse-majesté, les faussaires, les voleurs méritant la peine de mort, ceux coupables de viol et de rapt. Il abolit la bulle de Clément XII (1735), par laquelle l'asile était accordé à ceux qui ayant moins de vingt ans étaient coupables de parricide, assassinat et autres grands crimes. Enfin les évêques devaient livrer au pouvoir civil ceux qui étaient responsables de blessures graves et mortelles, sauf restitution au cas où le blessé guérirait.

Le concordat de 23 septembre 1737, avec l'Espagne, et le bref du 14 novembre 1737, avaient stipulé que les églises rurales et les ermitages, où on ne conserve pas l'Eucharistie, même si l'on célèbre la messe, ne devaient pas jouir de l'asile.

La bulle de Clément XIV, de 12 septembre 1772, qui limita l'asile à une ou deux églises pour chaque ville, eut une immédiate application en Espagne et dans les colonies espagnoles. Nous voyons, par exemple, à Mexico que, par décret du 29 mai 1774, on désigna les églises de Saint-Michel et de Sainte-Catherine comme les seules pouvant donner asile; mais on disposa, en même temps, qu'on devait garder tout le respect et la considération aux autres églises: si un délinquant avait cherché refuge dans celles-ci, l'autorité civile était obligée à employer une formule de prière pour demander la remise.

D'accord avec ces dispositions se trouvent les lois de la *Novísima Recopilación*. Dans le livre I, «De la Sainte Eglise», loi 5, titre 4, on trouve que l'asile doit être réduit à l'église principale de chaque ville ou de chaque village.

La même loi ordonne qu'on ne puisse tirer les asilés des églises sans une permission de juge ecclésiastique, auquel le magistrat laïque devait s'adresser par parole ou par écrit.

On avait, néanmoins, accepté en Espagne, comme ailleurs, plusieurs exceptions à l'asile, exceptions fondées sur le caractère du délit commis par le réfugié; ainsi, en vertu des décrets papaux et des ordres royales, l'autorité civile espagnole pouvait tirer de l'asile les incendiaires et leurs conseillers ou auxiliaires; les ravisseurs d'enfants, les voleurs par ménace, les empoisonneurs, les assassins, les brigands de grande route et les voleurs nocturnes; ceux qui s'emparant de la qualité d'agents de justice avaient pénétré, pendant la nuit, dans les maisons pour ravir ou violenter les femmes honnêtes; ceux qui se trouvaient sous l'accusation de faux dans écritures, de faillite frauduleuse, de péculat ou de crime de lèse-majesté; ceux qui arrêtent avec violence et tirent de leurs refuges les asilés; ceux qui dans l'asile ou en sortant de l'asile ont commis des délits; les destructeurs des champs; les homicides et les contrefacteurs des lettres apostoliques (1).

(1) Loi 4 et 5, titre 11, partida 1; loi 1 et 4, titre 4, livre 1 de la *Nov. Rec.;* bulle de Grégoire XIV, de 25 juin 1591;

Les déserteurs étaient obligés à quitter l'asile avec ou sans permission préalable de l'autorité ecclésiastique, mais ils ne pouvaient être punis à cause de la désertion; l'autorité militaire était obligée, sous caution, à reintegrer l'asilé dans l'armée sans prendre note du chef de désertion. L'asile n'existait pas pour ceux qui voulaient échapper au service du roi, et le soldat qui, depuis l'asile avait élevé une réclamation à l'autorité respective, perdait tout droit à ce qu'il avait réclamé, même s'il avait la justice de sa part. En général les délinquants militaires ne pouvaient se prévaloir de l'asile; mais s'ils avaient réussi à se réfugier dans un lieu sacré, leur peine était toujours moindre de celle qui devait leur être appliqué pour son délit (1).

Une cédule royale du 9 novembre 1775 avait étendu la force obligatoire de ces dispositions à l'Amérique espagnole.

En principe, l'Eglise a réclamé toujours son droit à donner l'asile. Le concile de Trente visait le droit d'asile, en ordonnant aux princes catholiques «non seulement de consentir à ce que l'Eglise soit rétabli dans son droit propre, mais à ne pas permettre que leurs officiers ou magistrats inférieurs violent l'immunité de l'Eglise et des personnes ecclésiastiques, constituée par l'ordonnance de Dieu et des sanctions canoniques» (2). Toutefois les actes de Grégoire XIV (1591), Benoît

de Benoît XIII, de 8 juin 1725; de Clément XII, du Ier janvier 1735; concordat de 1737; encyclique de Benoît XIV, de 20 février 1750; bref de Clément XIV, de 12 septembre 1772.

(1) *Nov. Rec.*, tit. 4, liv. I, loi 3-16, notes.
(2) Sess. XXV, C. XX *De reform.*

XIII (1725), Clément XII (1735), Benoît XIV (1750), Clément XIII (1760) et Clément XIV (1772), attestent que les papes ont, peu à peu, cédé dans la rigidité de la doctrine relative à l'asile, et cela sans compter avec les concessions faites à tel ou tel pays en vertu des arrangements particuliers.

Nous dèvons cependant dire que les papes, qui soutinrent le droit d'asile dans les pays chrétiens comme chefs de l'Eglise, eux-mêmes travaillèrent comme princes temporels à le faire disparaître dans leurs Etats. Benoît XIV, par exemple, dans sa bulle de 1750 n'accorda l'asile qu'aux gens engagés par hasard dans des affaires malheureuses; ce qui était, on le voit, supprimer virtuellement l'asile.

En 1852, Pie IX, sur la proposition de la *Congregatio pro immunitate,* décréta que les malfaiteurs doivent quitter, après trois jours, l'asile de l'Eglise; dans les cas urgents les officiers de justice peuvent même, sous la conduite du clergé, pénétrer dans le lieu d'asile pour dresser procès verbal (1).

A partir du xixe siècle l'asile religieux n'existe plus

---

(1) La doctrine de l'Eglise au sujet de l'asile est résumée ainsi par Devoti: jouissent de l'asile toutes les églises, ainsi les consacrées comme les benniés, avec leurs portiques et parvis, et jusqu'au lieu où la première pierre d'un temple a été posée; jouissent également de l'asile les chapelles instituées par les évêques avec qualité de perpétuelles, mais non celles qui se trouvent dans les maisons des particuliers, mêmes si l'on célèbre la messe avec autorisation du Saint-Siège; les palais épiscopaux, les presbytères des paroisses, les maisons des chanoines ou des confréries qui se trouvent à côté des églises; les clochers qui sont à

et nous croyons peu nombreux les pays où il est reconnu dans les lois et les codes. Une loi, du 26 septembre 1835, réglementa l'asile en Espagne. Différentes
actes législatifs l'ont, par contre, aboli expressément; tel
fut, par exemple, une loi italienne de 1850 (loi Siccardi),
qui supprima absolument l'asile religieux en Italie.

Depuis les premiers jours de vie autonome la république de l'Equateur déclara qu'il ne pouvait exister
aucun lieu d'asile religieux sur son territoire: les délinquants réfugiés dans un lieu sacré, pouvaient toujours
être arrêtés par la justice, à condition d'observer les
lois édictées (1).

moins de trente pas du temple; les cimetières et hôpitaux;
les couvents de moines et les monastères des nones.

Ne peuvent jouir de l'asile: les voleurs qui exercent leurs
méfaits avec l'aide des armes; ceux qui detruisent les mois-
sons et les sémailles; ceux qui tuent ou mutilent dans l'église
au cimetière; les assassins; les homicides non involontaires;
les juifs qui s'étant convertis abandonnent après coup le
christianisme; les hérétiques, á moins que leur délit soit autre
que celui d'hérésie; les coupables de délits de lèse-majesté;
ceux qui font violence ou qui tuent les asilés des églises; les
contrefacteurs des lettres apostoliques, etc. Tous ces criminels doivent être extradés de l'église avec l'autorisation
des pouvoirs religieux et en présence d'un ecclésiastique
(JUAN DEVOTI, *Instituciones canónicas,* traduction espagnole. Paris, 1852. Liv. II, tit. VII, sect. 2, §§ 29-31).

Pour jouir de l'asile, selon les canonistes, il faut que le
délinquant soit allé volontairement à l'église, avec l'intention
de demander protection.

L'Eglise sanctionne naturellement la violation de l'asile
avec des peines ecclésiastiques, ce qui est bien son droit.

(1) DR. R. MIÑO, *La ilustración del Derecho Civil Es-*

Au xve siècle l'établissement des ambassades perma-
nentes, ayant la prétention d'être sacrées et de repré-
senter, par leurs chefs, la personne également sacrée
du monarque, fut cause de ce que l'ancien asile, de nature essentiellement religieuse, se transformât en asile
diplomatique; ce dernier se trouve donc être un enfan-
tement du premier, se prévalant comme lui du qualificatif
de sacré, renforcé plus tard par l'absurde fiction de
l'exterritorialité.

On croyait sa légitimité indiscutable et sa forme
d'existence fut telle qu'il arriva à s'étendre à tout le
quartier où demeurait l'ambassadeur et dont il était considéré comme le seigneur; c'est ce que l'on nomma en
ce temps *jus quarteriorum, franchise du faubourg*
ou *des quartiers*.

Les raisons qui justifiaient l'asile diplomatique étaient
les mêmes que pour l'asile religieux. Les passions politiques, les vengeances, la cruauté de la justice, les défauts d'une procédure moins adaptée à chercher la vérité qu'aux préjugés et aux passions de juges peu
scrupuleux et remplis de partialité, tout cela ajouté aux
haines religieuses, est utilisé pour expliquer l'existence,
à ces époques, de l'asile diplomatique.

La sympathie pour l'asile diplomatique chez les peuples où il existait et qui trouvaient parfois en lui un
refuge pour échapper aux plus cruelles vengeances,
nous indique la raison d'avoir été si faiblement combattu; cependant, nous croyons pouvoir affirmer que

pañol de Don Juan Sala, con variaciones y la correspon-
dencia de las leyes del Ecuador (Quito, 1855), t. II,
p 409.

cette sympathie ne fut jamais aussi vive que celle dont avait joui l'asile religieux; et le motif était bien simple: si d'une part l'asile diplomatique ne pouvait pas se revêtir du prestige de chose sainte et quasi-divine, instituée par des autorités plus élevées que les princes de la terre, d'autre côté on ne voyait pas toujours le besoin de son existence, avec la force qui avait créé l'asile religieux et, par contre, il était toujours une limitation pour la souveraineté locale. Quoi qu'il en soit, l'asile religieux étant tombé en décadence et ayant perdu une grande partie de son prestige, un autre genre d'asile était nécessaire pour le remplacer, et l'asile diplomatique vint suppléer à ce besoin exigé par l'habitude des peuples.

Nous ne pouvons, historiquement, voir dans l'asile diplomatique un droit acquis par les ambassades, mais seulement un privilège accordé, et cela est si vrai qu'en même temps que les rois, par déférence, reconnaissent aux ambassadeurs l'immunité de leurs demeures, ils ne la refusaient pas non plus à des seigneurs particuliers leurs propres sujets: un reste des antiques coutumes féodales faisait que ce droit d'asile particulier fut fort estimé; en Espagne les archers et les recors ne pouvaient entrer dans les palais de certains grands seigneurs ou de certains favoris à qui les rois avaient reconnu ou accordé cette faveur. Mais à mesure que les années passèrent, les ambassadeurs oublièrent l'origine de leur privilège et orgueilleux et intéressés appelèrent droit ce qui avait été une concession ou un simple acte de courtoisie, et à Rome, Madrid, Naples et Venise le *droit d'asile,* ainsi nommé, devint partie intégrante du droit diplomatique.

Au XVIe siècle les philosophes qui traitèrent des pro-

8

blèmes du droit des gens au point de vue du droit naturel, proclamèrent la règle de l'immunité des légations et
l'inviolabilité de l'asile diplomatique. Parmi ces œuvres
il faut mentionner celle de Conradinus Brunus, *De le-
gationibus,* publiée en 1548, celle d'Albericus Gentilis
et celles de Francisco Suarez, philosophe et thélogien
espagnol qui s'occupa des problèmes internationaux dans
leurs rapports avec la souveraineté et avec le droit de
punir inhérent à celle-ci (1).

Les philosophes et les écrivains de ce siècle, conformément à leur façon d'examiner les questions, se demandèrent si le droit d'asile révélait du droit humain ou
du droit divin; c'est-à-dire si les rois et les princes
avaient la faculté d'en disposer et de l'accorder ou de le
refuser, de le limiter ou de l'abolir, ce qui devait arriver
si c'était un droit humain, ou si, étant divin, les seigneurs
de la terre ne pouvaient le modifier mais seulement le
reconnaître. Naturellement les deux opinions trouvèrent
des partisans et des argüments. Les uns pensèrent que
c'ètait un droit parfaitement humain et n'ayant aucun
fondement dans les écritures saintes, et que l'autorité

(1) Les auteurs qui s'occupèrent du droit diplomatique
dans ce siècle sont peu nombreux, et ils le faisaient plutôt
incidemment, pour ne pas laisser incomplètes leurs études
de science politique ou de philosophie. En plus des ouvrages
de Machiavel, de Suarez *(De legibus et Deo legislatore),*
nous pouvons citer Francisco Victoria avec ses *Prælectiones
teologicæ* et Baltasar de Ayala avec son *De jure et offi-
ciis belli.*

Il y a une magnifique édition de l'œuvre de Gentile faite
par le professeur d'Oxford, sir Thomas Erskine Holland,
en 1877.

civile pouvait, par conséquent, le modifier et le réglementer à son gré; les autres, au contraire, le considerè-
rent comme une institution de droit supérieur, sainte et
légitime attendu qu'elle avait été établi par de pieux
personnages et que même l'asile laïque découlait du religieux et que, par conséquent, seuls l'Eglise et le représentant de Dieu sur la terre étaient aptes à y introduire des innovations.

Grotius, au siècle suivant, et tous les internationalistes qui lui succédèrent laissèrent les choses au point où
elles étaient, déclarant néanmoins l'asile création humaine et évitant les débats ennuyeux et plus ou moins
stériles qui avaient considérablement excité les écrivains
du xvie siècle (1).

Quoi qu'il en soit, si à partir du xvie siècle l'asile
religieux se trouvait amoindri et en décadence manifeste,
l'asile diplomatique ne devait pas tarder, comme nous
l'avons dit, à atteindre le point culminant dans la voie
des abus, degré auquel ni l'asile religieux ni l'asile royal
n'étaient peut-être arrivés.

Si de fait, comme nous l'avons vu, l'asile diplomatique
s'expliquait aisément, philosophiquement il était beau-

---

(1) Les écrivains du droit international et, par conséquent
du droit diplomatique, furent plus nombreux au xviie siècle;
nous citerons, outre Gentilis, Wicquefort, de Benavente y
Benavides, Kuricke, Spinosa, Zouchens, Pufendorff, Cocceji
et surtout Grotius.

Au xviiie la liste devient très longue, nous nommerons
parmi plusieurs autres, à Bynkershoek et son traducteur
Barbeyrac, Gundling, Leibnitz, Rachel, Heineccius, Burla-
maqui, Wolff, Vattel, Moser, Mably, de Real, de Vera,
Abreu, etc.

coup plus difficile à disculper: ne pouvant faire valoir quant à lui la raison de miséricorde, ni celle de la substitution d'une justice par une autre, ni celle de l'antiquité, les ambassadeurs inventèrent la plus grande absurdité juridique, la fiction d'exterritorialité, et s'arrogèrent la représentation personnelle de leur souverain pour s'attribuer le caractère sacré qu'ils assignaient eux-mêmes à leur maître. Les rois, qui désiraient conserver leur prestige à l'étranger et augmenter de toutes manières leurs droits et leurs privilèges, les rendant en particulier visibles aux autres rois et monarques, appuyèrent de toute leur force l'efficacité de l'asile. C'est pour cela, par exemple, que tandis que Louis XIV supprima l'asile religieux en certains lieux de la France, en le qualifiant de contraire à son autorité, il entreprend en 1687 une campagne vigoureuse contre Innocent XI, qui refusait de reconnaître l'asile diplomatique.

Nous avons dit que jamais aucun asile n'atteignit à des abus plus grands que ce dernier; car aucun n'avait voulu s'imposer aveuglement et sans exceptions d'aucun genre. Si dans l'asile religieux, le temple ou le cloître, le couvent ou tout au plus la porte de l'église ou une zone de quarante pas servaient d'asile, si dans l'asile laïque des villes entières furent déclarées possédant l'immunité, le premier n'était pas excessif pour l'époque ni le second n'obéissait à d'autre volonté qu'à la volonté souveraine du seigneur local, qui pouvait, dans le régime, limiter son action comme il le voulait. Dans l'asile diplomatique l'ambassadeur ne se contenta pas de le proclamer pour soi et par soi, même contre la volonté du monarque du territoire; il ne lui suffit pas de déclarer ses serviteurs et ses familiers investis d'immunité où qu'ils se trouvassent, il ne se contenta pas de l'exterritorialité de l'hôtel de l'ambassade, mais il étendit ses privilèges à des quartiers entiers, de sorte que le pouvoir local se trouvait réduit à une infime partie de la ville, et cela en chaque ville où il avait un ambassadeur, le reste étant sous la juridiction de l'autorité des ambassadeurs. A Gênes, par exemple, l'abus fut si grand que les soldats de police et les archers ne pouvaient même passer devant les ambassades, et l'histoire nous dit que ce privilège ayant été violé en 1759, l'ambassadeur de France, M. de Chauvelin, ordonna à ses gens d'empêcher par la force le passage défendu, ce que ces derniers s'empressèrent de faire, maltraitant gravement un individu qui n'était pas de la police, mais qu'ils prirent pour tel.

A Venise un statut de 1554 prescrivait que le passible de justice qui s'était réfugié dans la maison d'un diplomate, ne serait pas poursuivi et que l'on ferait semblant d'ignorer sa présence, à condition que le délit fût de droit commun et que le délinquant ne se montrât pas; mais si le délit était contre l'Etat, un vol de fonds publics ou un crime atroce, il était ordonné de prendre toutes les mesures légales pour effectuer la capture et si cela n'était pas possible, disait l'ordonnance en question, on ferait assassiner le délinquant. Plus loin on ajoutait que si le réfugié était un patricien, quel que fût son délit, on le ferait tuer sans rétard.

Toutefois si les xvie et xviie siècles furent ceux où l'asile diplomatique eut le plus de force, de la même époque date la rude campagne menée contre lui par ceux qui, avec raison, le qualifiaient d'abusif sinon d'absurde; et l'on ne saurait nier qu'ils n'eussent remporté quelques victoires, car il n'y a pas de privilège qui ait été plus

discuté et qui ait possédé un pouvoir moins constant:
tandis que Louis XIV insistait pour que ses représentants
jouissent de l'asile, il se refusait, avec un manque parfait
de logique, à ce que les diplomates étrangers possédas-
sent aucun privilège en France.

Les rois d'Espagne furent en cette question plus con-
séquents, et s'il essayèrent de limiter le droit d'asile des
représentants à Madrid, ils mirent aussi parfois des limitations aux droits de leurs propres représentants en
Europe, limitations que, si c'est vrai qui restèrent plutôt
sur le papier et sans aucune application pratique, il faut
dire qu'elles furent néanmoins édictées.

L'histoire nous enseigne les abus sans nombre que les
ambassadeurs commettaient en interprétant l'asile diplomatique, de sorte que toutes les personnes qui avaient
un délit sur la conscience s'empressaient de leur demander asile, afin de rester impunis.

Les ambassadeurs français se prévalant de la représentation personelle du monarque, furent sans nul doute
ceux qui abusèrent le plus de l'asile. En 1601, le comte
de Rocheport étant ambassadeur de France en Espagne,
un sien neveu, ainsi que quelques autres français avaient
été insultés à Valladolid au sujet de la manière indé-
cente dont ils se baignaient; pour se venger de l'injure,
ils ne trouvèrent rien de mieux à faire que d'attaquer
avec leurs épées quelques soldats espagnols, en tuant
deux et en blessant d'autres, après quoi ils se réfugiè-
rent dans l'ambassade.

Le peuple justement irrité se disposait à incendier
l'hôtel de cette dernière, quand un magistrat réussit à
calmer les esprits, entra à l'ambassade et fit prisonniers
les coupables. La cour, cependant, n'approuva pas ce

procédé et envoya le même magistrat présenter ses excuses au comte de Rocheport, bien que l'on gardât en prison les français coupables, estimant que le crime avait été commis loin de l'ambassade. Henri IV ne le jugea pas de la même manière et demanda réparation au Gouvernement espagnol, ordonnant à l'ambassadeur, qu'en cas de refus, quittât Madrid. Comme il arrivât ainsi, le roi français interdit toutes relations, même commerciales, avec l'Espagne. Philippe III soumit alors la question au jugement du pape; mais Clément VIII donna pleinement raison au roi de France, blâmant par là la violation de l'asile.

En 1621, le marquis de Bassompierre ayant été envoyé en Espagne en qualité d'ambassadeur extraordinaire du roi de France, le comte de Fargis, ambassadeur ordinaire, s'adressa à la cour afin d'obtenir un hôtel pour son collègue. Selon la coutume, on lui désigna un hôtel particulier; mais le propriétaire se refusant à le prêter, Fargis l'envahit de force à la tête de ses serviteurs et de ceux de l'ambassadeur de Venise. Le propriétaire recourut alors à la justice pour faire valoir ses droits et celle-ci ordonna la restitution immédiate de l'hôtel au propriétaire et le départ des occupants. Deux hommes de police envoyés pour notifier cette décision, furent tués par les gens de l'ambassade qui, pour manifester leur mépris, étalèrent les habits et insignes des victimes aux balcons de l'édifice occupé. Indigné de tant d'impudence, le peuple s'apprêtait à attaquer les étrangers si audacieux, quand un magistrat réussit à persuader à Fargis de quitter l'hôtel occupé par force et de rentrer dans le sien. Fargis, selon l'habitude courante, présenta le lendemain au roi une réclamation pour les injures que ses gens avaient eu à souffrir de la part des alguazils tués. Le roi d'Espagne ordonna, néanmoins, de respecter la personne de l'ambassadeur, mais d'arrêter tous les domestiques ayant pris part à l'aventure, pourvu qu'ils se fussent trouvés loin de la présence de l'ambassadeur au moment de l'arrestation. Des raisons d'ordre politique—germe fécond de tout genre d'immoralité—amenèrent le relâchement des prisonniers en l'honneur de Bassompierre, le jour de son entrée à la Cour.

En 1702 un grave conflit se produisit entre le comte de Chamilli ambassadeur de France et Scheted ministre du roi de Danemark, parce que le premier avait arraché par la force aux mains des agents de la justice le comte de Schlieben; toutefois cette fois là, le roi de France désapprouva le procédé de son représentant qui fut même révoqué.

C'est vers la fin du XVIIe siècle que la campagne contre le droit d'asile diplomatique s'accentue et c'est dans ce même siècle que la fiction d'exterritorialité et celle de la représentation personnelle du souverain commencent à perdre définitivement du terrain. Ce fut à Rome qu'une bataille fut livrée, qui enleva tout prestige à cette institution abusive et en rendit palpables les inconvénients.

Chaque ambassade accréditée auprès du pape étendait le droit d'asile sur un quartier de la ville, de sorte que les malfaiteurs, contrebandiers et bandits se trouvaient en sûreté et à couvert de l'autorité locale. Innocent XI, pontife énergique et juste, entama des négociations avec les puissances afin d'apporter un remède à cet état de choses et déclara qu'il ne recevrait à l'avenir que les ambassadeurs qui se dépouilleraient de ces prérogatives attentatoires et impossibles. La Pologne, l'Espagne, Venise, l'Angleterre et l'Autriche protestèrent d'abord contre la décision du pape, mais finirent par s'incliner devant elle; seul Louis XIV refusa absolument d'admettre que l'on privât son ambassadeur du droit d'asile et prétendait même l'imposer au pontife par la force.

Il y eut deux raisons pour cela: d'abord l'orgueil illimité du roi soleil et d'autre part la tension qui existait entre la France et la papauté, précisément pour des questions ayant eu leur origine dans des disputes relatives au droit d'asile.

En 1639 le pape Urbain VIII et le cardinal Francesco Barberini ayant eu des différends avec Richelieu, résolurent de rappeler le nonce de Paris. Le mécontentement provenait de ce que cinq esclaves de l'ambassadeur d'Espagne, réfugiés au couvent de la Trinité du Mont, qui se trouvait sous la protection française, avaient été arrachés de leur asile et livrés à l'ambassadeur espagnol par les officiers du pape. L'ambassadeur de France protesta contre la violation de l'asile, et la tension des relations pour ce motif fut extrême; mais le conflit devint surtout imminent quand un certain Biasone, sujet du pape, se trouvant au service d'un sieur Rouvrai, écuyer de l'ambassadeur, eut imaginé de placer les armoiries de ce dernier à l'entrée d'un établissement de jeu, qui lui appartenait et qui avait été fondé malgré les lois locales interdisant le jeu. L'ambassadeur, en ayant été informé, ordonna à Biasone d'enlever ses armes d'un tel lieu, ce qui fit que le serviteur peu scrupuleux fut aussitôt arrêté par la justice et condamné à galères; mais Rouvrai, considérant que les franchises diplomatiques avaient été violées, attendit le passage de la chaîne de galériens et arracha violemment son serviteur des mains des gardes, ce qui fut toutefois désapprouvé par l'ambassadeur. Rouvrai fut poursuivi et condamné à mort, mais ayant réussi à se réfugier dans le palais de l'ambassade, des négociations furent entamées à Frascati afin d'obtenir pour Rouvrai le droit de quitter sans être incommodé les Etats Pontificaux. Dans l'intervalle et pendant que se poursuivaient les négociations, Rouvrai essaya de tromper la vigilance de la police locale et de s'échapper; mais ayant été reconnu, il fut tué sur une route et sa tête exposée, par ordre du gouverneur de Rome, sur le pont Saint-Ange avec une inscription disant que c'était la tête d'un écuyer de l'ambassadeur de France. Ce dernier fit part de ce qui s'était passé au secrétaire d'Etat Chavigny, et le nonce ayant été interpellé à Paris sur ce sujet, déclara que le pape seul était maître de reconnaître ou de refuser les franchises à l'église de la Trinité du Mont, et que, de même, il était l'unique seigneur souverain compétent pour châtier tous les délits commis dans les Etats pontificaux. A partir de ce moment le nonce trouva fermée la porte de la chambre du roi.

Le roi de France ne pouvait oublier tout ceci, quand en 1677 Innocent XI édicta sa bulle supprimant à l'avenir l'asile des ambassades à Rome. Le conflit aigu ne devait néanmoins se produire que quelque temps après, à la mort de l'ambassadeur d'Estrées.

Louis XIV ayant refusé d'admettre la validité de la décision pontificale, Innocent XI prononça définitivement l'abolition des privilèges et ordonna à ses gens d'occuper le palais Farnèse, affecté à l'ambassade de France.

Le roi répondit à cela que c'était tout à fait indifférent pour lui que d'autres monarques eussent accepté l'abolition de l'asile de leurs légations à Rome, que sa couronne ne devait pas être soumise aux mêmes lois que les autres, attendu que Dieu l'avait établie pour servir de règle et d'exemple aux autres; que le fait que l'Autriche, l'Espagne, la Pologne ou Venise s'étaient inclinées devant le désir du pontife était un argument sans aucune valeur pour le roi de France, et que par conséquent il était décidé à conserver et à maintenir ses droits même contre la volonté du pape.

Le pontife, en apprenant cette réponse, lança una bulle d'excommunication contre quiconque prétendrait maintenir la franchise des ambassades à Rome, et demanda à Louis XIV de ne pas nommer de représentant jusqu'à la solution du conflit, afin d'éviter le scandale d'un prince catholique en lutte avec la papauté. Louis XIV répliqua à cela qu'il ferait ce qui lui paraîtrait le plus opportun et envoya le marquis de Lavardin comme ambassadeur à Rome, avec une suite de huit cents hommes armés, que le représentant français disposa, avec ostentation, aux environs du palais Farnèse. Le pape refusa de lui donner audience et interdit en outre à l'ambassadeur d'entrer dans l'église de Saint-Louis des Français, attachée pour ainsi dire à l'usage particulier de l'ambassade et mise pour cette raison sous la protection de celle-ci.

Lavardin fit une publication, déclarant à son tour, qu'en sa qualité de représentant du roi de France, il se trouvait à couvert de l'excommunication, le Parlement de son côté, déclara nulles et sans aucune valeur les bulles papales et en appela d'elles à un concile futur; le roi s'empara du nonce à Paris et l'emprisonna à Saint-Lazare; et, enfin, les troupes françaises rentrèrent et occupèrent Avignon, la ville papale du Midi.

Le pape, en échange, excommunia le Parlement et menaça de s'unir à la ligue, qui était en ce moment en train de se former en Europe contre Louis XIV.

Cet état de choses ne disparut qu'en 1689 à la mort d'Innocent XI; toutefois nous devons dire que la menace de ce dernier fit accepter à Louis XIV la suppression de l'asile; car, l'orgueil du roi étant sauf par suite de la mort du pape, il abandonna Avignon à Alexandre VIII et renonça aux franchises.

Nonobstant l'asile diplomatique, restreint à l'enceinte de l'ambassade a dû subsister à Rome, car, selon Aspiazu, le Saint-Siège, par déclaration de septembre 1815, limita l'asile diplomatique aux individus inculpés de simples délits correctionnels (1).

L'opposition de Louis XIV était d'autant plus illogique, qu'à cette même époque il faisait poursuivre les protestants dans les ambassades de Paris, et en 1686 il alla jusqu'à imposer aux ambassadeurs d'Angleterre, de Danemark et de Brandebourg de ne pas avoir à leur service de domestiques protestants, et en 1700, l'ambassadeur de Hollande se trouvait menacé d'expulsion, s'il ne renvoyait de son service un mauvais catholique.

Nous ne parlerons pas des conflits trop connus occasionnés en 1726 par l'asile de l'ancien ministre espagnol,

____

(1) AGUSTÍN ASPIAZU, *Dogmas del Derecho Internacional* (New-York, 1872), art. 444, commentaire.

duc de Riperdá, d'abord dans l'ambassade de Hollande et ensuite dans celle d'Angleterre; arrêté dans cette dernière, il fut cause de la rupture des relations entre l'Angleterre et l'Espagne, ce qui contribua à la déclaration de la guerre l'année suivante. Pour la même raison, d'être cité comme exemple par tous les traités de droit international, nous ne nous occuperons pas, non plus, de l'asile donné en 1747 par le colonel Guydeckens, ministre anglais à Stockolm, au commerçant Springer, ce qui fut cause d'une tension des relations entre la Suède et l'Angleterre.

L'auteur portugais da Rosa-Gama-Lobo, dans son œuvre *Principios de Direito Internacional,* nous raconte qu'en 1735, la guerre fut sur le point d'éclater entre l'Espagne et le Portugal, parce que les serviteurs de M. de Belmonte, ministre portugais à Madrid, avaient pris part à la libération d'un coupable, qu'ils abritèrent ensuite à la légation. En l'apprenant, les autorités espagnoles ordonnèrent aux serviteurs de la justice d'entrer dans l'ambassade et d'arrêter tous les serviteurs du ministre, ce qui fut fidèlement exécuté. M. de Belmonte protesta et, le ministre espagnol Patiño ne lui ayant pas donné d'explications satisfaisantes, il demanda ses passeports, pendant qu'à Lisbonne on remettait les siens au ministre espagnol, marquis de Capecelatro, non sans qu'auparavant le gouvernement portugais eut, par représailles, arrêté dans l'hôtel de l'ambassade espagnole tous les serviteurs du ministre et, par mégarde, un gentilhomme. Seule l'intervention d'autres puissances, ajoute M. da Rosa-Gama-Lobo, put empêcher la guerre qui semblait imminente.

L'asile, réduit à l'enceinte de l'hôtel de la légation,

fut défendu avec grand effort pendant le XVIIIe siècle.

L'Assemblée nationale, le 13 octobre 1789, rendit un décret supprimant les lieux privilégiés dans les limites du territoire de la République, lorsque le salut de l'Etat se trouvait compromis. Les diplomates étrangers inquiets sur l'étendue qu'on pouvait donner à ce décret, s'adressèrent au ministre des affaires étrangères, comte de Montmorin, pour le consulter à ce sujet. Le ministre à son tour s'adressa, le 11 décembre, à l'Assemblée, qui le même jour donna sa réponse disant que «L'Assemblée nationale a décidé que la demande de M. M. les ambassadeurs et ministres étrangers devait être renvoyée au Pouvoir exécutif, mais que, dans aucun cas, elle n'avait entendu porter atteinte par ses décrets à aucune de leurs immunités».

Le procédé suivi par le gouvernement autrichien en 1808 est celui qui prédomina au XIXe siècle: deux déserteurs s'étant réfugiés dans la maison du prince Kourakine, ambassadeur russe, les autorités locales ordonnèrent d'entourer l'édifice pour empêcher la fuite des réfugiés, pendant qu'on sollicitait leur remise auprès de l'ambassadeur. Ce dernier, cependant, se crut en droit de protester à ce sujet.

En notre siècle la reconnaissance d'un privilège semblable est un anachronisme. Les auteurs, les législations et la pratique diplomatique se sont mis d'accord pour sa disparition. Il n'y a personne aujourd'hui qui ait la prétention de faire valoir l'asile diplomatique pour les délits de droit commun, et si parfois on l'a mis en pratique pour les actes de nature politique, il nous semble qu'on ne doit voir en cela qu'une courtoisie extrême et peut-être exagérée.

En 1906, dans une affaire qui devint fort passionnante, celle du meurtre du secrétaire de la légation chilienne à Bruxelles, M. Balmaceda, par le fils du chargé d'affaires du même pays en Belgique, M. Waddington, de prime abord les autorités belges reconnurent jusqu'à un certain point le droit d'asile. Le meurtrier ayant cherché refuge dans l'hôtel de son père, la police locale se contenta de cerner l'édifice, pour éviter la fuite. Cela, si on n'admettait pas le droit d'asile, était complètement inutile: le jeune Waddington s'il jouissait de l'immunité personnelle, parce qu'il était le fils d'un chargé d'affaires, son arrestation était impossible dans la légation ou hors de la légation et par conséquent il n'était pas nécessaire de faire entourer celle-ci; si, par contre, on ne lui reconnaissait pas de privilège personnel et si on n'admettait pas, non plus, le droit d'asile diplomatique, il faut en conclure que la police belge pouvait arrêter le coupable dans la légation même, en se soumettant seulement aux lois locales; donc la seule conséquence qu'on peut tirer de l'attitude observée, c'est que le pouvoir local croyait avoir le droit de prendre Waddington hors de la légation, mais non de pénétrer dans celle-ci. Le procédé de la police ayant été reconnu incorrect, les autorités s'empressèrent d'ordonner la retraite des gendarmes placés aux alentours de la légation chilienne et laissèrent sans inquiéter l'inculpé jusqu'à ce que le gouvernement de Santiago autorisât le jugement (1).

Les écrivains et les diplomates européens, toutefois, niant l'existence et la légitimité de l'asile dans leurs pays

---

(1) Le procès suivi à Bruxelles, se termina par l'acquittement du jeune Waddington.

respectifs, ont eu l'illogisme et l'inconséquence de le trouver justifié et de vouloir l'imposer, pour des faits politiques, dans les pays de l'Amérique latine.

L'Espagne et la Turquie, en Europe, sont de même exceptées par certains internationalistes qui font valoir pour elles le droit d'asile des légations aux mêmes termes que pour l'Amérique latine (1).

Nous n'avons pas parlé ici de l'asile qu'offrirait le domicile d'un souverain étranger, parce que ce serait un cas exceptionnel et n'aurait d'autre base que la courtoisie, de façon que le souverain lui-même semblerait ne pas être autorisé à le réclamer. Nous rappellerons à ce sujet que Christine de Suède soutint en 1687 une lutte ouverte avec Innocent XI—qui avait supprimé les franchises—parce que cette reine avait donné asile à un délinquant arraché par la force des mains de la justice par Landin, capitaine des gardes de la souveraine. Le pape réclama non seulement la remise du réfugié mais aussi celle de Landin, ce à quoi Christine répondit par des bravades, faisant cause commune avec Louis XIV, qui en ce moment combattait le pape à cause du désir de celui-ci de donner fin à la franchise diplomatique.

Nous ne nous sommes pas non plus occupés de l'asile pouvant être accordé à bord des navires de guerre, parce que nous lui consacrerons une étude spéciale (2).

(1) La franchise des quartiers existe encore en Chine au profit des quartiers des étrangers.

(2) G. LAFAYE, *Histoire du culte des divinités d'Alexandrie;* ALEXIS MAURICE, *L'asile religieux dans l'antiquité* (Paris, 1879); DU BOYS, *Histoire du droit criminel des peuples anciens;* THOMASSIN, *Ancienne et nouvelle discipline de l'Eglise* (Paris, 1678-1679); J. DE DŒLLINGER,

Cette brève notice historique est le meilleur argument pour détruire la prétendue ancienneté de l'asile diplomatique. Selon nous l'avons déjà fait remarquer, on ne peut concevoir un empire moins constant et plus troublé que celui de l'asile interne; si celui-ci a existé depuis les temps les plus reculés, nous trouvons aussi de nombreux exemples de violation de l'asile et cela à toutes les époques et sous tous les régimes: affirmer une autre chose serait fermer les yeux à l'évidence et à la réalité des faits.

La papauté, ses origines au moyen âge, son influence jusqu'en 1870, traduction française de Giraud-Teulon (Paris, 1904); SAUVAL, *Histoire et recherches des antiquités de la ville de Paris* (Paris, 1724): chapitre sur les asiles de Paris; ROUSSET, *Histoire de Louvois* (Paris, 1872); LARREY, *Histoire de Louis XIV;* DE FLASSAN, *Histoire générale et raisonnée de la diplomatie française* (1811); BUCKLE, *History of civilization in England* (1869); COMBES, *Histoire générale de la diplomatie européenne* (Paris, 1854); GUIZOT, *Histoire de la civilisation en Europe* (Paris, 1857); CHAO, *Historia general de España por el P. Mariana, con la continuación de Miniana* (Madrid); C. DE BAUREPAIRE, *Essai sur l'asile religieux dans l'Empire romain et la monarchie française;* TEULET, *Le droit d'asile* dans «La Revue de Paris»; 1834.

CHAPITRE II

Outre l'exterritorialité que l'on fait valoir quand il s'agit de l'asile diplomatique, trois raisons se présentent d'habitude pour soutenir l'asile interne: celle de son antiquité, celle de son caractère sacré et celle de la convenance et utilité de son existence. Nous allons examiner la valeur de chacune d'elles.

Prétendre fonder l'asile sur sa qualité sacrée est pour le moins un anachronisme; car personne actuellement ne songerait de bonne foi à baser sur une raison semblable la légitimité du privilège dont nous parlons.

Ce qualificatif de saint ou de sacré attribué à l'asile est un concept assez peu précis et très mal défini: signifie-t-il que l'asile diplomatique est garanti par la religion comme chose sainte qu'il serait en vérité, ou est-il une simple fiction qui place l'asile dans une situation semblable aux choses saintes?

Dans l'un comme dans l'autre cas le concept serait erroné.

On ne saurait nier qu'il y ait obligation morale de respecter les lieux tenus pour saints; mais à l'époque actuelle, où l'asile religieux n'existe pas, la qualité de lieu saint est distincte de celle du lieu d'asile, et appliquée la dénomination aux ambassades et légations, dans le cas le plus favorable ne peut avoir d'autre valeur que celle d'une assimilation fictive aux choses saintes; les lieux d'asile, autres que ceux de l'asile religieux, entreraient, donc, dans ce catégorie de choses que les Romains appelaient *res sanctœ* et qu'ils plaçaient à côté des *res sacrœ* et des *res religiosœ*. Donc, si on prend la terme *sacré* dans son sens naturel, il ne peut être appliqué à l'asile diplomatique, et, par conséquent, l'argument qui le fait valoir pour appuyer sur lui l'existence de l'asile a perdu aujourd'hui toute son importance et toute sa force.

Il est évident que les autorités, quel que soit leur credo politique et personnel, doivent s'incliner devant les sentiments publics et respecter les croyances du peuple qu'elles gouvernent, évitant les actes politiques qui pourraient provoquer le ressentiment des croyances populaires et qui pourraient être qualifiés de profanation. Mais de là il ne s'ensuit pas que la justice doive s'abstenir de remplir son devoir pour une considération de ce genre: la tâche inéluctable de la justice étant de veiller à la fidèle observation des lois d'ordre et de moralité, son obligation étant de sauvegarder la sécurité publique et le bien-être social et individuel pouvant être atteints par le délit, l'on ne conçoit pas comment, sous prétexte de respecter un privilège dit sacré, l'on ait à créer des obstacles à l'exercice de droits au moins aussi sacrés que ce privilège, et, en tout cas, plus réels et plus légitimes que lui.

Nous ne pouvons non plus admettre qu'un droit, qui consisterait à laisser impunis des actes répréhensibles et dont l'unique fonction serait de protéger les violateurs de la loi, doive être respecté en raison d'une sainteté discutable et qui transformerait ceux qui la posséderaient en protecteurs des délinquants, faisant profession de favoriser l'impunité.

Si l'asile est réellement sacré, l'action du juge est sacrée aussi, et, entre les deux, il semble que l'acte du magistrat, retirant au nom de la morale et de la justice l'assassin du lieu où il se serait réfugié, ne serait pas plus mauvais que l'acte de celui qui se transformerait en protecteur de l'assassin et essayerait de mettre en évidence l'impuissance de la justice.

Autrefois, quand le temple était le lieu d'asile par excellence et où l'asile constituait un privilège éminemment religieux, on peut bien concevoir qu'on l'ait appelé sacré; ensuite, lorsqu'on créa l'asile laïque, on comprend de même, qu'étant donné les idées de l'antiquité et du moyen âge, la qualité de saint, jadis assignée à l'asile religieux, il ait paru indispensable de l'étendre à l'asil royal, afin d'éviter les violations que seule cette qualité pouvait éviter: ce qui était respectable se confondait avec ce qui était sacré, de sorte qu'il était nécessaire de prêter la qualité sacrée à ce qui ne l'était pas, si l'on voulait rendre effective son inviolabilité.

Mais actuellement les arguments de ce genre sont inutiles et il nous semble superflu de fonder sur une fiction ce qui possède un fondement réel, car il suffit de se baser sur lui, quel qu'il soit; seulement ces institutions qui, comme celle de l'asile, manquent de tout appui rationnel, ont besoin des fictions pour acquérir, elles aussi, une vie factice et qu'un rien suffit pour démolir et anéantir.

De plus, en supposant que de nos jours quelqu'un prétende produire une impression en parlant du caractère sacré de l'asile, · cela ne pourrait se faire que par rapport à l'asile religieux, lequel précisément est celui qui a disparu de la pratique. L'agent diplomatique qui ne peut, même en ce qui concerne sa personne, se prévaloir de la qualité de sacré pour jouir de l'immunité (car ce qualificatif n'est qu'une façon d'indiquer la respectabilité de sa personne), pourra encore moins le faire quand il s'agit de sa demeure (1).

L'asile diplomatique, ayant été déduit de l'asile religieux, nous dit M. Ribeiro dos Santos, doit logiquement suivre les vicissitudes de celui-ci: maintenant que personne veut accepter l'asile religieux, comment accorderions-nous aux hommes ce qui nous refusons à la divinité?

Une importance égale ou moindre même peut être donnée à la raison—en supposant que ce soit une raison —de l'antiquité de l'asile qui, dans l'idée de ceux qui l'allèguent, soutient, légitime et consacre le droit d'asile. C'est un argument extraordinaire, qui tuerait le progrès humain dans toutes ses manifestations et ferait maintenir les plus grands abus parce qu'ils seraient anciens, et l'on est étonné de voir que des auteurs de valeur se

(1) Voy. notre étude *Du conflit international des compétences pénales,* IIe partie, chap. III, sect. II, § I.

soient servis de cet argument comme d'une dernière planche de salut pour empêcher le naufrage d'une institution complètement condamnée d'avance.

Si au moins dans l'antiquité le droit d'asile avait existé dans la même forme et avec le même sens que ceux où il fut maintenu en des temps plus modernes, son antiquité pourrait être prise comme explication sinon comme preuve de vérité et de justice; mais ce n'est point le cas. L'asile a existé c'est certain, mais il a évolué, et l'asile égyptien est différent de l'asile romain, l'asile du moyen âge—institution de bienfaisance—est différent de celui du paganisme, qui est un droit d'origine divine, il a pris des formes nouvelles à mesure que disparaissaient les anciennes. Pour faire valoir en sa faveur la raison d'antiquité, il faudrait que les peuples, ainsi que les individus, l'eussent reconnu avec une parfaite uniformité et que tous se trouvassent et se fussent trouvés d'accord à son sujet; mais il n'en est pas ainsi: au moyen âge les mêmes partisans de l'asile, attaquent l'asile que les prêtres païens défendaient comme privilège des dieux, et les amis de l'asile diplomatique mettent en doute l'asile religieux. Les rois et les seigneurs admirent l'asile des églises parce qu'ils ne pouvaient faire autrement, les uns l'acceptèrent par religion, d'autres par intérêt, par crainte d'un blâme du pape ou par celle de leur propre peuple qui leur aurait difficilement pardonné le sacrilège. En outre, plus d'une fois ces seigneurs, eux-mêmes, violèrent l'asile, cette violation se trouvant oubliée ou étant approuvée par les peuples dont le sens moral ne se souleva pas contre une impunité manifeste.

Ce ne fut que lorsque les partisans de l'asile ne purent faire valoir son caractère sacré parce que les peuples et les seigneurs commençaient à en douter, qui se mirent à parler de son antiquité, pour la faire valoir comme argument justificatif, oubliant que les violations de l'asile —de l'asile diplomatique surtout, auquel on applique de préférence cet étrange argument,—sont aussi anciennes que l'asile lui-même, de sorte que si l'on parle de l'antiquité de l'asile il faut aussi parler, comme nous l'avons déjà dit, de l'antiquité de la violation de l'asile.

Au XVIe siècle, les philosophes qui discutèrent le caractère de l'asile, le déclarant d'institution humaine et non divine, déclarèrent en même temps implicitement qu'il pouvait évoluer et même disparaître par la seule volonté du législateur (1).

Pour ne parler que de l'asile diplomatique, c'est-à-dire de l'asile interne basé sur une idée internationale et le seul que nous ayions à étudier ici, il fut combattu dès l'instant où il fit son apparition et aussitôt que la science internationale commença à avoir une vie propre. Pascal disait déjà de lui qu'il était contraire à l'idée de l'Etat. Grotius, le précurseur du droit des gens, parlant de l'asile, dit que c'est un droit que les ambassadeurs ne pouvaient réclamer et dont l'existence dépendait exclusivement de la volonté du souverain de la résidence du ministre; c'est un droit, dit-il, qui ne peut se constituer qu'en vertu de traités spéciaux (2).

(1) Les écrivains qui soutenaient l'institution de l'asile comme divine, rapportaient son établissement à Dieu, lui-même, qui avait mis un signe au front du tueur d'Abel pour que les hommes ne lui fissent point de mal; mais le laissassent vivre avec ses remords. Selon ces écrivains, Dieu avait ainsi consacré le droit d'asile.

(2) GROTIUS, *op. cit.,* liv. II, chap. XVIII, § 8.

Wicquefort, lui-même, l'infatigable et intéressé défen-
seur des privilèges diplomatiques, doute de la légitimité
d'une institution semblable et assure qu'elle ne se base
sur aucun principe consacré par le droit international; la
maison de l'ambassadeur, dit-il, doit indubitablement être
sacrée, mais seulement en ce qui concerne l'ambassadeur qui jouira en elle d'une liberté absolue (1).

Bynkershoek trouve le droit d'asile ridicule, abominable et absurde et doute qu'il puisse exister parce que le
sanctionner équivaudrait à dire que l'on envoie les ambassadeurs pour aider et défendre les assassins et les
voleurs. Sûrement, ajoute cet auteur, si l'on consulte
les lumières de la raison, on peut douter qu'il puisse être
inventé quoi que ce soit de plus blâmable que le droit
d'asile ainsi nommé. Il y a vraiment des inventions absurdes qui s'appuient sur des raisons apparentes, mais
dans le cas en question, il n'y a même aucune apparence
de raison (2).

Les criminalistes du XVIIIe siècle disent que l'asile
est préjudiciable et contraire aussi bien à l'ordre qu'à la
morale. Beccaria, par exemple, déclare qu'il n'y a aucune différence entre l'asile et l'impunité et que, par
conséquent, celui qui accorde l'asile participe au déshonneur du délit comme un vulgaire receleur. Sanctionner l'asile, ajoute l'éminent auteur, c'est créer des abris
inexpugnables contre l'action des lois, c'est nier l'utilité

(1) ABRAHAM DE WICQUEFORT, *De l'ambassadeur et
ses fonctions* (2e édition), livre I, sect. 28.

(2) CORNELIUS DE BYNKERSHOEK, *Traité du juge compétent des ambassadeurs, tant pour le civil que pour le
criminel,* traduction française de Jean de Barbeyrac (La
Haye, 1723), chap. XVIII, § IV, chap. XXI.

de celles-ci, c'est fomenter le mal en encourageant les délits, c'est enfin donner naissance à des petites souverainetés au dedans de la souveraineté de l'Etat, où il ne doit pas y avoir aucun lieu non soumis aux lois (1).

Nous ne citerons pas lès autres publicistes qui avaient attaqué l'asile diplomatique, car ce serait nommer presque tous les auteurs de droit international; bien rares sont, en effet, ceux qui l'admettent, soit avec plus ou moins de limitations, soit comme exception.

Mais oublions un instant les faits de violation de l'asile, admettons que celui-ci est aussi ancien qu'on veut le prétendre et disons, de plus, qu'il a été uniformément respecté à toutes les époques et dans tous les pays; même s'il en était ainsi, il· faut déclarer qu'une raison de ce genre est le triste aveu de ce qu'il y a dans le monde d'abus qui se perpétuent, parce que nos aïeux n'eurent ni l'énergie ni la volonté de les détruire, et qu'il y a des institutions qui peuvent s'éterniser envers et contre les lois de la raison, lois qui furent, il faut le dire, exprimées par les écrivains et les penseurs de tous les temps.

Cet étrange argument d'ancienneté des institutions, utilisé par certains logiciens se trouvant à bout de ressources pour justifier l'existence des institutions qu'ils défendent, est l'argument de ceux qui voient avec crainte ou antipathie le développement de l'humanité, la transformation des coutumes et de la civilisation des peuples; c'est, en peu de mots, la défense de la routine et de la

(1) Marquis César de Beccaria, *De los delitos y de las penas,* d'après le texte publié en France, en 1862, par César Cantú, traduction espagnole de Pascual Vincente (Madrid, 1879), § XXI.

léthargie morale et, par conséquent, de la mort de tout progrès et de la décadence des hommes.

Nous voyons donc que le fameux argument d'antiquité, tant de fois allégué par ceux qui n'en ont pas d'autres, perd toute sa valeur comme fait et comme institution juridique, pour ce qui se rapporte au droit d'asile.

Quand il s'agit des diplomates et des souverains on a dit que l'asile est une conséquence logique de l'exterritorialité; mais nous avons déjà vu ailleurs l'importance que l'on peut donner à cette nuisible fiction, sur laquelle, avec un manque de logique incroyable, on a cherché à fonder non seulement des droits véritables qui possèdent d'autres bases réelles, mais aussi des droits faux et abusifs; et nous ajouterons que parmi ceux-ci, le plus regrettable est celui dont nous nous occupons ici; il est fécond, en effet, en conséquences déplorables pour le pays où il s'exerce, ne présente aucun avantage pour le pays représenté et nuit, enfin, au crédit de la diplomatie comme à la moralité humaine (1).

Le manque de précision qu'il existe dans tout ce qui se rapporte à la nature et à la portée de l'exterritorialité, et le désaccord des auteurs à ce sujet, à défaut d'autres raisons, fait remarquer avec justesse Fiore, seraient une cause suffisante pour obliger à rejeter cette fiction comme base de l'asile et d'autres privilèges diplomatiques juridiquement inacceptables (2).

D'accepter l'exterritorialité des légations, et comme

---

(1) Voy. *Du conflit international de compétences pénales,* IIe partie, chap. III, sect. II, §§ 2, 5 et 6, chap. IV, § 5.

(2) Fiore, *Nouveau droit international public,* traduction française d'Antoine (Paris, 1885), t. II, liv. VI, chap. VII.

conséquence le droit d'asile, il faudrait conclure à ce que quand un individu poursuivi par la justice se réfugierait dans l'hôtel d'une legation, une procedure d'extradition serait nécessaire pour l'en tirer et il faudrait admettre que les actes d'état civil concernant des naturels du pays où la légation est accréditée, ainsi que des conventions et autres actes, pourraient être faits dans l'hôtel suivant les formes usitées dans le pays de la représentation, ce que personne ne veut ni ne peut accepter (1).

Le diplomate reconnaît volontiers les lois du pays si ces lois sont favorables à ses intérêts; pour celles-là il n'y a pas d'exterritorialité diplomatique: l'agent veut qu'elles lui soient appliquées dans sa pleine vigueur, les autorités locales se trouvant obligées à les respecter et à les faire respecter sous les plus grandes menaces légales et internationales. Mais depuis le moment où le diplomate trouve un ennui quelconque pour ses caprices ou pour ses privilèges, depuis que son imagination ou sa susceptibilité a cru qu'il peut y avoir quelque chose de contraire à sa dignité, depuis lors, l'exterritorialité est mise sur le tapis et alléguée avec une ardeur digne d'une cause meilleure. Ces abus et ces interprétations arbitraires conduisent logiquement au discrédit des privilèges diplomatiques mieux fondés que sur une fiction sans aucun sens juridique, de telle manière que l'exterritorialité loin de servir d'appui aux immunités diplomatiques, les attaque et les combat.

La pratique nous montre les prétentions absurdes

(1) *Du conflit au sujet des compétences pénales,* IIe partie, chap. III, sect. II, § 2, 5, 6; ED. CLUNET, année 1882, p. 326.

des diplomates qui basent leurs privilèges dans l'exterritorialité, prétentions que confirment pleinement ce
que nous venons de dire: la police locale, les autorités
locales, le pouvoir national ont le plus grand devoir de
protéger la personne et le domicile du diplomate; mais
il y a des agents bien peu scrupuleux qui pensent qu'ils
ne doivent, en échange, se soumettre à la police, ni
obéir les règlements locaux, ni respecter les indications
des autorités. S'il n'y avait que de diplomates sachant
quelle est la véritable portée de leurs privilèges, l'exterritorialité pourrait être acceptée comme expression de
l'immunité personnelle de l'agent; mais ce n'est pas
toujours ainsi, il ne manque pas d'agents—surtout dans
ces pays mal organisés où la carrière diplomatique
n'existe pas et où un individu quelconque, ami de gouvernement, se trouve honoré avec la représentation de
l'Etat à l'étranger—qui estiment que leur immunité est
synonyme de licence et d'impunité.

Nous avons vu, en effet, surtout dans les pays de
l'Amérique latine, des agents diplomatiques trop nerveux, trop vaniteux ou bien peu scrupuleux, qu'après
avoir manqué aux règlements de police locale et après
avoir offensé les autorités du pays où ils étaient une
représentation étrangère, nous les avons vu comment,
emportés par son orgueil et par son ignorance, ont eu
encore la prétention de que leur exterritorialité avait été
brisée par les observations de la police, observations du
reste tout courtoises. Nous pourrions citer des cas, mais
nous ne voulons pas le faire, car les incidents de ce
genre disent beaucoup de mal non seulement de ces peu
scrupuleux agents, mais aussi des pays représentés qui
les conservent leur confiance.

Vattel, l'un des rares internationalistes qui acceptent l'asile, bien que très mitigé, dit que l'indépendance de l'ambassadeur, serait fort imparfaite et sa sûrété mal établie si la maison où il loge ne jouissait d'une entière franchise et si elle n'était pas inaccessible aux ministres ordinaires de justice (1). Mais en assurant ceci, l'on soutient l'abus et l'on se place du côté de l'illégalité et du manque de correction du diplomate; car ce qui importe ici, c'est que l'on ne se moque pas de la loi, que le diplomate est obligé de respecter par courtoisie et morale si non pour d'autres raisons.

Si les autorités pouvaient entrer dans la légation sous n'importe quel prétexte et si le diplomate, par son refus de livrer un réfugié qu'il déclare lui-même être présent dans sa maison, ne portait pas atteinte aux lois locales et ne faisait pas injure au pays et a ses autorités, alors, en effet, on pourrait craindre que l'indépendance diplomatique ne courre de risques d'être attaquée; mais du moment que l'on ne peut pénétrer dans l'hôtel de l'agent que par suite du refus de celui-ci de livrer le criminel, c'est le diplomate, lui-même, qui par son acte volontaire s'expose aux conséquences regrettables de son attitude peu courtoise et aux dangers que risque son prestige personnel ainsi que celui de sa représentation.

Pradier-Fodéré dit, qu'à l'égard d'un criminel, quel qu'il soit, qui se réfugie dans une légation, l'hôtel de l'agent diplomatique doit rester fermé pour la foule et

______

(1) E. VATTEL, *Le droit des gens,* revu par Pradier-Fodéré, augmenté des notes de Pinheiro-Ferreira (Paris, 1863), liv. IV, § 117.

rien ne peut autoriser la violation de la franchise dont jouit cet hôtel (1).

Nous sommes parfaitement d'accord avec l'éminent publiciste: l'hôtel du diplomate doit rester fermé pour la foule, cela est évident; mais, à notre avis, il ne doit pas l'être par rapport aux autorités judiciaires. Franchise ne peut pas signifier asile, ni l'inviolabilité personnelle du diplomate ne peut dégénérer dans un semblable abus. Pour nous, la franchise elle-même, ne peut être acceptée que sous de grandes restrictions et tout-au-plus comme un acte de simple courtoisie, sans autre fondement juridique ni réel: le fait de mettre à couvert de l'action de l'autorité locale les archives de la légation, ne peut avoir aucune relation avec le droit de protéger les malfaiteurs (2).

Klüber, Heffter et tous les publicistes qui acceptent la franchise des légations, expliquent clairement son existence sans admettre par là le droit d'asile. Le désir de respecter la franchise serait, d'après eux, suffisamment manifesté par une invitation faite à l'ambassadeur ou ministre d'effectuer la livraison du délinquant aux autorités locales ou d'autoriser les agents de police à pénétrer dans l'hôtel pour procéder à son arrestation. Au cas où cette extradition ou arrestation seraient refusées, ne voyant pas quel motif légitime pourrait alléguer le ministre pour soustraire le délinquant à l'action de la

(1) P. PRADIER-FODÉRÉ, *Traité de droit international public, européen et américain* (Paris, 1884-1906), t. III, § 1434.

(2) Voir *Du conflit international des compétences, etc.*, IIe partie, chap. IV, § 5.

justice locale, ces auteurs estiment nécessaire de satisfaire à la sûreté de l'Etat menacée, en conseillant de
passer outre et d'autoriser les agents de la force publique
à pratiquer dans la demeure tous les actes d'investigation
nécessaires. Pradier-Fodéré souscrit aussi cette opinion (1).

A franchement parler, prétendre que les franchises
diplomatiques ne pourraient exister sans le droit d'asile
pour les délinquants, serait justifier les accusations
d'immoralité dirigées contre les dites franchises, et en
raison desquelles nous nous compterions parmi leurs
ennemis s'il s'agissait de leur accorder une étendue
aussi considérable et si cette étendue était nécessaire
pour leur existence. Nous ne voyons pas aucune raison
pour croire que l'asile fût jusqu'à tel point le complément
inséparable des privilèges personnels attribués aux diplomates: assurer que le droit d'asiler les criminels est
un complément de l'inviolabilité c'est parler avec un
manque complet de logique, c'est rapprocher entre elles
des choses qui n'ont aucune relation; assurer que le droit
d'asile est une conséquence des immunités personnelles,
comme l'inviolabilité du domicile est la sanction de l'inviolabilité personnelle du simple citoyen, est employer
une comparaison inexacte. Mais admettons encore cette
comparaison comme étant juste, le plus qu'on pourra

(1) Joseph Klüber, *Le droit des gens moderne de l'*
Europe, édition d'Ott (Paris, 1874), § 208; A.-W. Heffter,
Le droit international de l'Europe, traduction de Bergson
(Berlin, 1883), §§ 42, 63 et 212; Pradier-Fodéré, *op. cit.*
VII, p. 74; Baron Alphonse de Heyking, *L'extérritoria-*
lité (Saint Pétersbourg, 1895), p. 73 et 74.

déduire sera la franchise de la légation et franchise, nous le répétons, ne veut pas dire asile des malfaiteurs et protection des violateurs de la loi.

Vattel, lui-même, après avoir exprimé son opinion favorable, en principe, à l'asile, apporte des restrictions qui modèrent beaucoup la rigidité de la règle. Il distingue, par exemple, entre les délits ordinaires «dont la punition n'est pas fort importante pour la société» et les délits graves; pour les premiers l'hôtel de l'ambassadeur peut bien servir d'asile, mais quant aux seconds, comme le châtiment du coupable est d'une grande importance pour l'Etat, le principe de justice et de sauvegarde naturels, ne peut être arrêté par la considération d'un privilège qui n'a jamais été donné pour tourner au dommage et à la ruine des Etats. Et, il ajoute, que l'immunité ne peut être établie qu'au bénéfice du ministre et de sa suite, et que donner asile aux malfaiteurs de tout genre serait contraire à tous les devoirs d'un ambassadeur, que cela serait opposé à l'esprit qui doit l'inspirer dans tous ses actes et au but qu'on eut au moment de l'accepter (1).

Quant aux distinctions des crimes, que veut Vattel, nous dirons seulement qu'elles sont dangereuses et délicates, car il manque une autorité supérieure pour la faire et une règle pour nous guider à ce sujet. Nous pouvons étendre à ce cas, en grande partie, les considérations que nous ferons bientôt, au chapitre suivant, relativement à la distinction entre crimes de droit commun et délits politiques, à ses difficultés et à ses dangers.

____

(1) VATTEL, *op. cit.*, liv. IV, § 118.

10

L'argument le plus fort, en apparence, qui soit allégué en faveur de l'asile interne est celui de la bienfaisance: l'asile interne, dit-on, doit exister parce qu'il est nécessaire pour mettre à couvert les individus qui courent le risque d'être victimes de la vengeance et qui pourraient être châtiés avec une rigueur excessive, injuste et inhumaine.

Ceci, comme on le voit, est la même raison de charité alléguée dans l'antiquité et au moyen âge pour défendre l'asile religieux; mais ce qu'oublient ceux qui s'en servent encore, c'est que les temps ont changé, que la vengeance privée n'existe plus et que la justice, indépendante du pouvoir exécutif et éloignée des luttes politiques, présente actuellement, dans les pays constitutionnels et civilisés, des garanties d'impartialité que semblent ignorer ceux qui encore font valoir de semblables arguments. La qualification des délits est, de nos jours, aussi peu arbitraire que la procédure; la division des pouvoirs, en rendant effective la responsabilité du judiciaire devant le pays, pour le actes de cruauté qui pourraient être commis, ne saurait permettre de parler de vengeance dans le sens où on le faisait jadis, ni justifier l'asile comme mesure humanitaire et nécessaire.

Un acte étant déclaré criminel par la loi, et compris dans le code pénal, et une autorité étant établie pour appliquer la peine légale, l'on ne conçoit pas qu'il puisse y avoir un fonctionnaire étranger compétent pour obliger la souveraineté à limiter son action sur le délinquant qui se trouve dans le pays. Le ministre étranger, un simple secrétaire chargé d'affaires, se transformerait ainsi en une autorité plus puissante que le pouvoir souverain local.

Le droit a été violé dans le pays, la victime a souffert du mal causé par le délit, le scandale et le mauvais exemple ont éclaté ici, sur le territoire, le malfaiteur au moment du délit était soumis aux lois locales et les autorités de l'Etat avaient juridiction sur lui, et, cependant, l'intrusion d'un étranger suffit pour suspendre l'action de la justice et pour mettre le criminel à couvert de toute poursuite. Si on n'appelle cela immoralité et absurdité, on ne saurait quel qualificatif lui attribuer. Qu'on pense dans le dommage que d'un semblable attentat contre la souveraineté locale, découle pour la justice et pour l'ordre juridique, et après qu'on accepte l'asile si encore on le trouve juste et convenable.

La justice de l'Etat, la plus noble et la plus haute manifestation de la souveraineté, se trouverait suspendue, parce que le coupable aura été assez adroit pour courir prendre refuge inviolable dans une ambassade. Est-ce que l'ambassadeur ne deviendra ainsi complice ou fauteur du délit?

La justice et le droit ne doivent jamais être interrompus, car sans eux la base de l'Etat et sa raison d'être disparaissent.

Et qu'on ne nous dise pas, nous le répétons, que ces mêmes raisons peuvent servir pour détruire l'immunité personnelle des diplomates, elle-même, car la question est différente: dans cette dernière supposition, en plus d'être tout à fait exceptionnelle, à cause du peu de personnes exemptes et de leur qualité qui fait présumer *a priori* que difficilement elles commettraient des délits, il y a une raison plus haute qui explique l'immunité judiciaire de ces personnes, et c'est la raison de se trouver investiés d'une représentation nationale qui, quoiqu'elles commettent des délits, les place hors de l'action des autorités locales.

Il n'y a aucun motif pour qu'un ministre veuille convertir sa maison en asile et soustraire les individus accusés d'avoir commis des infractions, dit Heffter (1), et Hélie ajoute qu' «il n'y aurait plus de souveraineté si au sein de chaque Etat il se trouvait un territoire indépendant qui pût servir de refuge à tous les criminels, de foyer à tous les complots et qui pût opposer sa justice à la justice du pays. L'indépendance des ambassadeurs absorberait complètement l'indépendance des gouvernements» (2). Heyking est du même avis: «L'exterritorialité de l'hôtel de l'ambassade ne peut dans aucun cas être considérée comme droit d'asile», dit-il. Et après il ajoute «qu'il serait permis de réclamer la délivrance du coupable au cas où l'ambassadeur se croirait en droit d'arrêter le cours de la justice en donnant refuge aux criminels, et si cette extradition était repoussée, de pénétrer dans l'hôtel de l'ambassadeur» (3).

Phillimore, l'éminent publiciste anglais, croit qu'aucune raison n'existe aujourd'hui pour qu'on puisse encore conserver cet obstacle à l'ordre, à la paix et à la justice. Il cite l'opinion de Merlin comme contraire au droit d'asile, et finit pour dire que cet abus doit disparaître de par le monde (4).

(1) HEFFTER, *op. cit* , § 217.
(2) FAUSTIN HÉLIE, *Traité de l'instruction criminelle* (Paris, 1866-67), t. II, § 127.
(3) BARON ALPHONSE DE HEYKING, *op. cit.*, p. 73 et 74.
(4) ROBERT PHILLIMORE, *Commentaries upon Internationnal Law* (Londres, 1871), II, CCIV.

«L'habitation de la personne jouissant de l'exterritorialité, dit Bluntschli, ne doit pas servir d'asile aux individus poursuivis par les autorités judiciaires. Cette personne est tenue d'interdire l'entrée de sa demeure aux fugitifs de toute espèce, et s'ils ont pénétré chez elle de les livrer aux autorités compétentes. Il n'est pas attaché de droit d'asile à la demeure de l'envoyé. Ce dernier est, au contraire, tenu de livrer ou d'autoriser dans sa demeure la recherche des fugitifs» (1).

Calvo, l'auteur argentin très connu, qui accepte l'asile pour causes politiques, déclare néanmoins que pour des crimes ordinaires l'asile étranger ou diplomatique ne saurait exister (2).

Comme maintenant on n'envoit pas les ambassades pour cacher les criminels—dit le marquis d'Olivart,— l'agent diplomatique doit les rendre aux autorités locales aussitôt qu'elles demandent la remise; mais, si pour un caprice il refuse d'accomplir ce devoir, il n'y a pas de doute relativement à la légitimité du droit avec lequel les agents de l'autorité peuvent entrer dans la demeure, à condition cependant de garder les attentions et les respects dus à la représentation étrangère (3).

Nous avons dit que l'asile diplomatique pour les délits communs n'existe maintenant dans aucune des nations policées du monde; les législations et la pratique

(1) J.-G. BLUNTSCHLI, *Le droit international codifié*, traduction de Lardy (Paris, 1870), § 151.

(2) CALVO, *Le droit international théorique et pratique* (Paris, 1888, 4e édition), t. III, § 1521.

(3) MARQUÉS DE OLIVART, *Tratado de Derecho Internacional público* (Madrid, 1903), t. II, § 75, p. 63

sont d'accord à ce sujet; même dans ces pays où l'on veut faire valoir le droit d'asile pour des faits politiques, personne voudra, de nos jours, soutenir l'existence de l'asile que nous réfutons ici.

Le Code d'instruction criminelle de la République de l'Equateur paraît reconnaître l'asile en indiquant, à son article 121, alinéa 3, les formalités particulières qu'il faut remplir pour effectuer l'extraction du délinquant de la demeure d'un diplomate; mais il n'en est rien, car cette disposition n'obeit qu'à une raison de simple courtoisie, comme nous l'explique bien clairement l'alinéa 5 du même article, lorsqu'il déclare qu'en cas de refus du ministre de livrer le délinquant, on considérera l'immunité locale comme non existente.

Le Code de procedure criminelle espagnol, par contre, semble accepter expressément l'asile; en tout cas les formalités qu'on doit observer avant d'arrêter un délinquant asilé sont telles que le simple respect de la demeure d'un agent étranger ne suffit pas pour les expliquer. La loi dispose, en effet, que lorsque il ait besoin d'entrer ou de faire un registre dans l'hôtel ou dans les bureaux des représentants étrangers, le juge doit auparavant leur demander la permission, en les priant de répondre dans les douze heures (article 559).

Si l'agent étranger refuse ou s'il ne répond pas, le juge doit s'adresser au ministre de la justice en le faisant savoir l'attitude du diplomate. Jusqu'à ce qu'il y ait une réponse le magistrat doit s'abstenir d'entrer dans l'édifice et de le registrer; mais il pourra adopter les mesures de vigilance qu'il croie nécessaires, comme celle de faire entourer la légation ou ambassade pour éviter la fuite du criminel (article 567 en relation avec l'article 560).

La Cour de cassation française s'est prononcée sur cette question chaque fois qu'elle a eu occasion de donner son avis sur les immunités diplomatiques. Si on refuse l'indépendance locale de l'ambassade ou légation même pour les délits commis dans l'enceinte de la dite légation ou ambassade, à plus forte raison on doit refuser l'inviolabilité locale pour de délits commis au dehors.

Lors de l'affaire Nikilschenkoff, la Cour de cassation française fit ressortir que la franchise est la sanction d'une immunité personnelle et qu'elle ne doit exister qu'au profit des bénéficiaires de l'immunité: «Mais—est-il dit,—attendu que cette fiction ne peut être étendue, qu'elle est exhorbitante du droit commun, qu'elle se restreint restrictivement à l'ambassadeur et à ceux qui, lui étant subordonnés, sont cependant revêtus du même caractère public». (Cassation, 30 octobre, 1865).

Tout dernièrement les tribunaux français eurent à se prononcer sur un nouveau cas relatif à l'exterritorialité des légations: en se déclarant compétents pour juger des faits accomplis dans la légation, ils rejetèrent par là-même, l'opinion de ceux qui veulent que les légations jouissent de complète indépendance en tout ce qui touche l'ordre pénal. Le 23 décembre 1909 une menace de morte était adréssée au secrétaire de la légation de Bulgarie à Paris, dans les bureaux de la chancellerie, par le sujet bulgare Ivan Troschanoff. L'affaire fut portée devant le tribunal correctionnel: là Troschanoff plaidait l'incompétence des juges français, alléguant parmi d'autres raisons celle d'avoir commis le délit au siège de la légation. Le tribunal refusa d'admettre un tel échappatoire pour les motifs que voici: «Attendu que si l'on admet comme exception à cette règle de droit public, d'après laquelle les lois de police et de sûreté obligent tous ceux qui habitent le territoire français à s'y soumettre, l'immunité que dans certains cas le droit des gens accorde à la personne des agents diplomatiques étrangers et la fiction légale en vertu de laquelle l'hôtel qu'ils habitent est censé situé hors du territoire de l'Etat près duquel ils sont accrédités, cependant cette fiction ne peut être étendue; qu'elle est exhorbitante du droit commun; qu'elle se restreint strictement à l'ambassadeur ou ministre dont elle a voulu protèger l'indépendance, et à ceux qui, lui étant subordonnés, sont revêtus du même caractère public».

En Allemagne on a consacré la même règle. *Le Journal de Droit International privé* cite à ce sujet une sentence du Tribunal de l'Empire du 26 novembre 1880, analogue à celles que nous venons de citer (1).

Dans le même sens on peut interpréter un arrêt du Tribunal de l'Empire, de 5 février 1905; le tribunal observe que les articles 18 et 19 de la loi d'organisation judiciaire allemande, reconnaissant en ce qui concerne la juridiction pénale et la juridiction contentieuse, le principe de droit des gens, d'après lequel aucun acte du pouvoir judiciaire ou du pouvoir de police, et en général, aucun acte de souveraineté ou de contrainte ne peut être exercé vis-à-vis des ministres étrangers, de leur famille et de leurs serviteurs étrangers en Allemagne, et d'après lequel, en règle, aucun fonctionnaire allemand ne peut pénétrer dans la demeure du ministre étranger pour procéder à un pareil acte.

La doctrine consacrée par ces arrêtés a été corro-

---

(1) ED. CLUNET, année 1882, p. 326.

borée pour le royaume de Prusse par une ordonnance du ministre de la justice, du 20 janvier 1893.

Les mêmes principes ont été acceptés en Italie; la Cour d'appel de Rome, le 30 août 1899, déclarait que «les hôtels où résident les souverains ou les ambassadeurs ne cessent pas d'être considérés comme une partie du territoire national, et ils le sont d'ailleurs en fait; aussi, sauf l'égard dû à ces personnes privilégiées il n'est contesté par aucun des bons auteurs qui ont écrit sur ce sujet, et il n'est pas nié par les traités ou les usages internationaux, que la justice pénale a le droit et le moyen de poursuivre, en cas d'urgente nécessité, les criminels jusque dans ces lieux qui jouissent d'une immunité indirecte» (1).

L'Institut de Droit International ne s'est pas prononcé dans cette question, nonobstant qu'à la session de Cambridge, 1895, lors de l'étude d'un règlement pour les immunités diplomatiques, la commission respective avait été de l'opinion d'accepter l'asile dans les termes suivantes: «Si même en dehors des personnes inviolables en vertu de l'article 2, alinéa 2, un individu qui se trouve sous le coup de poursuites pour un crime de droit commun s'est réfugié dans l'hôtel et que le ministre ne le livre pas bénévolement, le gouvernement territorial n'a pas le droit de l'y faire saisir, il ne peut que faire cerner l'hôtel de façon à prévenir une évasion et demander au gouvernement du ministre de punir celui-ci pour cause d'abus de privilège».

Mis en discussion cet alinéa, fut rejeté; l'Institut déclara qu'il n'avait à se prononcer au sujet de l'asile,

____

(1) Ed Clunet, année 1904, p. 213.

car sa mission était d'arrêter des principes généraux pour les pays soumis à l'entière application du droit international positif et non pour ceux d'une civilisation moins avancée, où les troubles civils affectent un caractère particulier, ce qui indique son intention de repousser l'asile même pour les faits politiques, et, à plus forte raison, alors, pour ceux de droit commun (1).

Le titre II de la convention de Montevideo, de droit pénal international, est consacré à l'asile. L'article 17 stipule que le prévenu de délits de droit commun, qui s'est réfugié dans une légation, devra être livré par le chef de cette légation aux autorités locales, sur la demande du ministère des affaires étrangères, lorsqu'il n'aura pas été livré spontanément.

Nous avons vu comment les autorités belges s'empressèrent, en 1906, de corriger une erreur policière qu'au premier abord avait reconnu, jusqu'à un certain point, l'asile diplomatique (2).

Après ce que nous venons d'exprimer, le droit d'asile diplomatique n'existe ni ne peut exister par rapport aux délits de droit commun; les publicistes modernes, les législations et la jurisprudence internationale se trouvent d'accord à ce sujet. Où la discussion apparaît, est lorsque on traite des délits politiques: la crainte des abus de pouvoir et de l'exercice d'une vengeance de la part des ennemis qui sont au gouvernement, a conduit certains publicistes à vouloir mitiger l'absolutisme de la doctrine qui rejete le droit d'asile. Ont-ils raison? C'est ce que nous allons voir au chapitre suivant.

(1) *Annuaire de l'Institut de Droit International,* t. XIV, p. 214 et s.
(2) Voir page 127.

CHAPITRE III

L'ASILE DIPLOMATIQUE NE PEUT EXISTER

POUR LES DÉLITS POLITIQUES

Admettons, disent certains publicistes, que lorsqu'il
s'agit de délits communs, la vengeance publique ou
privée n'aient d'influence sur l'application de la peine
et que, partant, l'asile ne soit pas nécessaire; mais il
n'en est pas de même lorsqu'il s'agit d'actes politiques,
où parfois, sinon le pouvoir judiciaire, du moins le pouvoir exécutif—contre lequel est dirigé de préférence le
délit politique—peut exercer une vengeance, obligeant
en un certain sens le pouvoir judiciaire à châtier avec
rigueur les actes de cette nature; l'asile serait alors indispensable, comme institution de charité et de bienfaisance. Calvo est de cet avis. «Nous admettons, donc,
dit cet auteur, qu'au milieu des troubles civils qui sur-
viennent dans un pays, l'hôtel d'une légation puisse et
doive même offrir un abri assuré aux hommes politi-

ques qu'un danger de vie force à s'y réfugier momenta·
nément» (1).

Pradier-Fodéré formule son opinion à peu près dans
les mêmes termes, et déclare qu'à l'égard d'un criminel,
quel qu'il soit, qui se réfugie dans une légation, l'hôtel
de l'agent diplomatique doit rester fermé pour la foule
et que rien ne peut autoriser la violation de la franchise
dont jouit cet hôtel; il examine le cas où il y a demande
régulière d'extradition par les autorités compétentes, et
il estime que dans ce cas «il y a à distinguer s'il s'agit
de délits communs ou de délits politiques. Si les auto·
rités compétentes demandent l'extradition des individus
prévenus de délits communs, je ne vois pas, dit-il, qu'il
soit possible de justifier le refus. Mais s'il s'agit d'un
réfugié politique réclamé par un parti vainqueur, qui
donc osera sérieusement prétendre que le représentant
d'une nation policée doive le livrer froidement à la rage
de ses assassins? Il faut se prononcer pour l'asile diplo·
matique en matière politique, mais pour l'asile restreint,
réglementé, purgé des abus qui sont une atteinte à la
souveraineté des Etats» (2).

Par contre la majorité des publicistes condamne le
droit d'asile soit pour les délits politiques que pour les
infractions de droit commun. Phillimore le combat avec
énergie (3); Bluntschli, le savant maître zurichois, dit à
ce sujet que «l'habitation de la personne jouissant de
l'exterritorialité, ne doit pas servir d'asile aux individus
poursuivis par les autorités judiciaires. Cette personne

(1)   CALVO, *op. cit.,* t. III, § 1521.
(2)   PRADIER-FODÉRÉ, *op. cit.,* t. III, § 1434.
(3)   PHILLIMORE, *op. cit.,* II, CCIV.

est tenue d'interdire l'entrée de sa demeure aux fugitifs de toute espèce, et s'ils ont pénetré chez elle, de les livrer aux autorités compétentes» (1).

Ce n'est pas en matière de droit d'asile diplomatique, le seul terrain où les délits politiques, où plutôt les actes de caractère politique—puisque en général il y a doute même au sujet de leur caractère délictueux—produisent une divergence d'opinion parmi les auteurs de droit international. Ces disputes ont eu lieu surtout lorsque on a étudié l'extradition et le droit d'asile externe. Les mêmes raisons présentées pour admettre ou pour combattre l'asile pour les actes politiques, sont alléguées pour combattre ou pour accepter l'asile diplomatique, qui se trouve dans cette question, intimement uni à la asile externe; nous allons, donc, exposer ces raisons afin de pouvoir fonder notre opinion personnelle à ce sujet.

L'argument, le plus fort, qu'on présente pour soutenir l'asile diplomatique pour les actes politiques, est l'argument de bienfaisance, exposé au commencement de ce chapitre. Les passions politiques sont d'habitude mauvaises conseillères de la justice, de sorte qu'il est nécessaire, pour empêcher des vengeances cruelles et injustes, de créer un refuge où les victimes d'un patriotisme fanatique ou exagéré puissent être à l'abri des haines enfantées par les différends de partis.

Mais si celui-ci est le motif le mieux fondé il n'est pas le seul. Puisque les délits politiques, dit-on, sont ceux qui attaquent le pouvoir ou l'ordre public de l'Etat, ils ont un caractère en tout point aléatoire dépendant

(1) BLUNTSCHLI, *op. cit.,* § 51.

de la victoire des idées de celui qui les perpètre. Le fait tenu la veille pour criminel et punissable, peut le lendemain devenir méritoire et digne de louanges. Comment, alors, l'agent diplomatique d'une république accrédité auprès d'une monarchie, pourrait-il livrer aux autorités locales comme un vulgaire criminel celui qui partage ses propres idées et voudrait convertir une monarchie en république?

Pour cette raison Funck-Brentano et Sorel disent que l'extradition des délinquants politiques ne saurait être organisée qu'entre des Etats ayant un statut politique commun (1); et Geyer croit qu'avant d'extrader le criminel politique il faudrait savoir si la constitution et le pouvoir demandeur sont légitimes, ce qui revient à dire que l'extradition n'est pas possible, cette investigation ne l'étant pas (2).

Pour légitimer l'asile dans ces délits il faut examiner le caractère du délit politique. Le délinquant ou le soi-disant délinquant politique, ne peut être soumis aux mêmes lois que le criminel vulgaire et il serait inhumain de lui refuser l'asile comme il faut le refuser à un délinquant de ce genre. Schmalz ajoute que ce serait un moyen facile, à profiter pour le despotisme, pour arracher de leur asile des hommes injustement poursuivis et pour priver ainsi les innocents de sa derniére ressource contre l'oppression, la fuite (3).

(1) FUNCK-BRENTANO ET SOREL, *Précis de droit des gens,* p. 186.

(2) WOOLSEY, *Introduction to the study of International Law,* p. 129.

(3) SCHMALZ, *Droit des gens,* liv. IV, ch. III, p. 160.

Son acte n'est criminel qu'aux yeux d'un nombre réduit de personnes. Le délinquant politique est un ami du bien public, c'est un patriote; son action bien que blâmable, peut se justifier comme un acte d'enthousiasme aveugle et de noble révolte; un criminel de ce genre est partisan d'une transformation qu'il croit utile et bienfaisante et qui peut améliorer les conditions politiques du pays; au fond ses intentions sont louables et son unique défaut est peut-être celui de vouloir aller trop vite et de se servir des moyens violents et illégaux (1).

Il manque, donc, l'intention de faire du mal, c'est-à-dire l'intention criminelle et, par conséquent, l'immoralité du délit politic n'existe pas ou si elle existe elle se trouve très atténuée.

De l'avis de Ferri, le délinquant politique n'a pas la même immoralité que le délinquant ordinaire; la sienne n'est que relative, elle dépend des lieux, du temps, des institutions; elle est passagère parce que son acte est inspiré par de nobles sentiments; le criminel politique est plutôt un vaincu qu'un criminel. L'action pénale à son égard n'est pas l'action de défense sociale, mais seulement de caste et de parti (2).

Les crimes politiques s'accomplissent dans des circonstances difficiles à apprécier; ils naissent de passions si ardentes qui sont leur excuse; et dans la matière qui nous occupe il faut tenir compte que l'assistance donnée à un gouvernement étranger pour la répression des délits doit être telle qui tende toujours à assurer le triomphe

(1) LOMBROSO, *L'uomo délinquente,* p. 87 et s.; LOMBROSO ET LASCHI, *Le crime politique et les révolutions.*

(2) FERRI, *La sociologie criminelle,* § 63.

de la justice; or, en matière politique, il faut craîndre les entraînements de la passion des parties; la partialité est souvent à rédouter. Dans ces conditions un Etat ne peut se faire l'auxiliaire d'un autre Etat (1).

La plupart de ces raisons attaquent, comme on peut le voir, le caractère même délictueux du délit politique: souscrire à ces arguments c'est arriver à ce que l'acte politique ne peut être jamais délictueux ou tout au moins que son caractère délictueux se trouve tellement attenué que presque il n'existe pas.

Nous n'entrerons pas à réfuter une semblable opinión, car cela nous entraînerait sur le terrain du droit pénal pur, terrain que nous considérons étranger pour nous. En tout cas, nous dirons seulement que cette opinion a subi plus d'une variation au cours du développement du droit: Lammasch observe, en effet, que dans des autres époques les délits politiques étaient précisément considerés comme les plus graves de tous, jusqu'au point qu'ils étaient le plus fortement punis et qu'eux, et seulement eux, autorisaient l'extradition. Les crimes et.les délits de droit commun, à cause du manque de communications et de vie internationale sociale, n'avaient le plus souvent aucun retentissement en dehors du pays où ils avaient été commis ou s'ils en avait quelqu'un il était si petit qu'on pouvait bien le mépriser. Du reste, cela était naturel étant donnée la manière de considérer la peine comme l'expression de la vengeance: l'Etat lèsé, en vertu de cette idée de vengeance, n'hésitait pas à mettre tout en œuvre pour s'emparer du délinquant po-

(1) Bomboy et Gilbrin, *Traité pratique de l'extradition* (Paris. 1886), p. 52.

litique; quant au délinquant commun son intérêt n'étant jamais par trôp grand il l'oubliait volontiers. C'est pour cela que les délits politiques étaient qualifiés comme les plus dangereux pour l'Etat et qu'on n'admettait que bien difficilement des circonstances atténuantes (1).

Un traité signé en 1609 entre le czar Basile Ivanovitz Chouisky et le roi de France Charles IX, stipulait l'extradition des sujets russes coupables de trahison envers leur patrie. De même en vertu d'un traité entre Charles II d'Angleterre et les Pays-Bas, ces derniers s'obligaient à remettre à l'Angleterre les personnes compliquées dans la mort du roi Charles I (2).

En 1801 la ville d'Hambourg livra aux autorités anglaises trois Irlandais impliqués dans une insurrection dans leur pays. Napoléon, qui avait protesté de cette extradition et qui avait accusé le Sénat hambourgeois d'avoir violé les lois de l'hospitalité et d'avoir commis un acte indigne même d'un sauvage, fit arrêter hors de la frontière le malheureux duc d'Enghien accusé de délit politique.

Les idées de la révolution française en s'imposant devaient changer cet état de choses, et au xixᵉ siècle la Suisse la première, et après elle l'Allemagne, la Belgique et la France, commencent à regarder les délits politiques sous un point de vue tout-à-fait différent et à les excuser parfois (3).

(1) LAMMASCH, *Auslieferungspflicht und Asylrecht.*

(2) F. DE MARTENS, *Tratado de Derecho Internacional,* traduction espagnole de J. Fernández Prida (Madrid, édition de «La España Moderna»), t. III, p. 82.

(3) ED. CLUNET, année 1881: Roguin, *Le droit d'asile en Suisse,* pags. 285 et s.

11

On fait remonter au gouvernement de juillet 1830 l'acceptation définitive du principe de la non extradition des délinquants politiques; les Anglais, cependant, réclament pour eux cet honneur: les efforts de réaction qui suivirent le traité de Vienne, de 1815, avaient crée de persécutions sans nombre en Europe; l'Angleterre et les Etats-Unis reçurent toujours chez-eux les victimes de ces persécutions et les conspirateurs contre la réaction. Les Belges, de son côté assurent que c'est son pays qui a été le premier en donner le pas définitif sur ce terrain, consacrant, en 1833, au moyen d'un acte législatif, la règle de la non extradition des réfugiés politiques (1). Quoi qu'il en soit, en 1829 le ministre de Charles X, Martignac, avait déclaré la justice de cette règle: un sujet napolitain, Galotti, affilié aux Carbonari, poursuivi pour délits politiques, avait cherché un refuge en France. Le gouvernement napolitain ne tarda pas à demander son extradition, ayant pris le ministre, prince Castelciada, l'engagement formel que Galotti ne serait jugé que pour des infractions de droit commun. L'extradition fut accordée; mais le gouvernement français appris à la suite que les faits incriminés n'étaient que des faits politiques. Une interpellation fut adressée le 9 juillet 1829, et l'opposition obligea le ministre Martignac à dire qu'il faut toujours établir la distinction entre les crimes politiques et les crimes communs en matière d'extradition. La restitution de Galotti fut demandée au gouvernement de Naples, demande renouvelée par le cabinet de M. de Polignac, qui succéda à celui de M. Martignac (2).

(1) PRINS, *Science pénale,* § 160.
(2) BOMBOY et GILBRIN, *Op. cit.,* p. 50 et 51.

Le traité d'extradition entre la France et la Suisse, de 18 juillet 1828, enumère parmi les faits paisibles d'extradition, les crimes contre la sûreté de l'Etat; mais le 30 septembre 1833, une déclaration, signée à Zurich, modifiait ce traité en excluant les délits politiques (1).

La règle néanmoins ne fut accéptée avec uniformité parfaite: un traité signé le 4 janvier 1834 par l'Autriche, la Prusse et la Russie déclara que «tout individu qui dans les Etats signataires se serait rendu coupable de crime de haute trahison, de lèse-majésté ou de rébellion à main armée, ou qui aura fait partie d'une société dirigée contre la sûreté du trone ou du gouvernement, ne trouvera ni protection ni asile dans les deux autres Etats». Les trois Etats s'obligeaient réciproquement à ordonner l'extradition de ces individus (2).

En 1849, au cours des négociations engagées entre les grandes puissances à l'occasion du refus de la Turquie de livrer à l'Autriche quelques individus compromis dans l'insurrection hongroise et réfugiés en Valachie, lord Palmerston accepta expressément, le 6 octobre, la règle de la non extradition des délinquants politiques.

Cependant dans ces derniers temps, un mouvement de recul commence à se dessiner en cette matière: en présence des faits d'indiscutable immoralité auxquels seule le passion donne une couleur politique, les législations commencent à se méfier de la manière actuelle de considérer le délit politique, et des conventions interna-

(1) DE CLERQ, *Recueil des traités conclus par la France, 1713-1904*, t. III, p. 492; t. IV, p. 260.

(2) MARTENS, *Nouveau recueil des traités et conventions*, t. XV, p. 44.

tionales et des lois internes vont peu à peu qualifiant de crimes de droit commun certains faits jusqu'à hier douteux ou dits politiques (1).

Même dans l'Angleterre, le pays classique de l'asile, on commence à établir des exceptions à la non extradition des délinquants politiques. Westlake, lord Cockburn, lord Stanley, lord Grey et d'autres publicistes, magistrats et hommes d'Etat anglais ont exprimé leur opinion de limiter l'asile pour les auteurs des délits politiques qui menacent la bonne entente des peuples (2).

Il faut aussi remarquer que la jurisprudence anglaise a admis toujours la règle d'accorder aux colonies britanniques l'extradition des délinquants politiques réfugiés dans la métropole.

Quoi qu'il en soit, l'intention de l'agent ne peut, en général, justifier le fait immoral et pour cette raison nous croyons que le délit politique n'est point, en soi, comme on le dit, moins grave que celui de droit commun; le péril social que fait courir une infraction politique est même, par règle, plus grand que celui qui résulte des délits de droit commun et les effets sont, en tout cas plus sensibles et si l'on peut dire ainsi, plus désastreux. Lorsqu'on commet un délit de droit commun c'est le particulier seul qui en souffre le mal immédiat et les conséquences ne peuvent s'étendre au plus qu'à une famille; tandis que lors qu'il s'agit des délits politiques, c'est tout l'Etat qui en souffre, et c'est tout l'Etat qui se

(1) PRINS, *Science pénale,* § 161.

(2) RENAULT, *Etude sur l'extradition en Angleterre* (Paris, 1879), p. 18; *'Report of the Royal Commission on Extradilion* (Londres, 1878), p. 7.

trouve en danger: le nombre de victimes peut ainsi être innombrable (1).

Pour le jurisconsulte et depuis le point de vue du droit—dit F. de Martens,—le crime sera toujours un crime et les motifs politiques qui l'ont influencé n'ont aucune importance. Les difficultés qu'il existe pour savoir si des motifs politiques ont inspiré ou non l'agent, suffisent pour dépouiller de toute importance pratique la distinction que l'on crée entre délits communs et délits politiques. Ces distinctions confondent le droit et les principes juridiques avec la politique (2).

Un acte étant déclaré criminel par la loi et compris dans le code pénal et une autorité étant établie pour appliquer la peine légale pour cet acte, l'on ne conçoit pas qu'il puisse y avoir un fonctionnaire étranger compétent pour obliger la souveraineté à limiter son action sur le délinquant qui se trouve dans le pays. Le ministre étranger, un simple secrétaire chargé de affaires, se transformeraient ainsi en une autorité plus puissante que le pouvoir souverain local.

Si c'est le caractère éminemment local du délit politique ce qui explique l'asile concédé à son auteur, alors il faudrait en conclure qu'aussi les délits communs qui n'ont pas de répercussion hors du pays doivent suivre les règles qu'on veut appliquer pour les politiques, et, alors, on imagine les conclusions immorales qu'on peut déduire d'une telle manière de raisonner.

Nous ne méconnaissons pas la force au moins d'une partie de ces arguments, que l'on fait valoir surtout pour

(1) *Pandectes françaises:* Extradition.
(2) F. DE MARTENS, *Derecho Internacional,* t. III, p. 89.

maintenir, outre la non-extradition, l'asile dans les pays
hispano-américains; mais une discutable sécurité personnelle du délinquant politique ne peut servir de base
pour détruire le droit public d'un pays, et, qui plus est,
pour mettre des limitations à sa souveraineté. Il est très
bien que des raisons d'humanité induisent à créer un
port de salut pour ceux qui sont poursuivis pour les passions politiques; mais ne serait-ce point donner origine
à une intervention étrangère choquante en faveur d'un
parti, que d'admettre l'asile diplomatique pour des faits
politiques? Ne serait ce pas dénaturer la mission diplomatique qui doit compter avec la confiance des pouvoirs
publics constitués, si on l'autorisait à favoriser les ennemis de ces derniers?

Croire que l'asile diplomatique pour les délits politiques doit exister, parce que du contraire il s'ensuivrait
l'absurde cas d'un représentant républicain dans une
monarchie, qui livrerait ses coreligionnaires au gouvernement local, n'a pas de la valeur; le contraire serait
plus absurde encore; car, avec quel droit l'agent étranger
pourrait agir pour favoriser un régime qui, quoique
analogue à celui de son pays, est reprouvé par les institutions locales? Admettre une autre règle serait consacrer la non-existence de rapports diplomatiques entre
les pays de régimes divers, car chaque Etat refuserait,
avec beaucoup de raison et de justice, d'agréer un ministre étranger qui viendrait favoriser la révolte chez-lui.

Les raisonnements exposés en faveur de l'asile, au
point de vue de la nature des délits politiques, nous
montrent le beau côté des actes politiques; mais, par
malheur, dans la plupart des délits politiques ainsi
nommés, il y a un autre aspect qui est le plus commun,

on peut même dire, courant: sous le masque d'un patriotisme plus ou moins habilement simulé, se cachent d'habitude les passions les plus basses et d'autant plus criminelles qu'elles mènent à leur suite un cortège de maux publics et de délits communs, qui sont commis à la faveur de la tourmente révolutionnaire. A côté du patriotisme qui conduit au sacrifice et jusqu'au crime, il y a d'habitude la soif insatiable du pouvoir, de mesquins calculs d'intérêt, l'ambition de s'enrichir, de s'engraisser du sang que le pays perd à se débattre dans les convulsions d'une agonie politique. De là, qu'il soit contraire à la réalité ce fait de parler du motif qui a fait agir l'agent pour soustraire le délinquant politique aux règles applicables à ceux de droit commun, car ce motif est plus d'une fois très loin d'être pur. L'ambition, la paresse, la jalousie sont, plus souvent que le patriotisme et les soi-disant convictions politiques, les véritables causes des délits politiques.

Il peut y avoir et il y a des gens qui vont de bonne foi à la révolte; il y a, nous sommes d'accord, des gens qui sont poussés par l'amour du pays et pour le bienêtre de la société qu'ils aiment; mais, par contre, à côté d'eux, combien d'aventuriers—n'ayant rien à perdre et, par contre, beaucoup à gagner—ne se jetent aux champs de la lutte fratricide, avec la conscience du mal et pour des raisons qui sont tout différentes de celles qu'ils avouent; combien d'ignorants, sans idées politiques, sans morale et sans pudeur, qui n'ont d'autre religion que leur propre égoïsme et la satisfaction de leurs passions immodereés.

Mais qu'on pense un moment aux conséquences du délit politique, et on ne tardera pas à le blâmer même dans ce cas exceptionnel où il obéît à la justice, au patriotisme ou à l'amour de la liberté; qu'on pense que le délit politique est cause des douloureux déchirements que la guerre civile produit d'habitude dans la dignité nationale, de l'arrêt, du discrédit et de la ruine financiè-re, de la faillite des richesses morales et matérielles du pays; voudra-t-on, par conséquent, poser, comme règle générale qu'un crime politique doive toujours trouver une complicité dans les diplomates étrangers, qui pour-raient même produire un conflit international plutôt que de permettre à l'autorité de se défendre efficacement en appréhendant l'auteur de ces œuvres de destruction?

On nous dira que si le bien public, qui si le bonheur de l'Etat ne peut s'acquérir qu'avec la révolte, celle-ci laisse d'être un délit; quoique cette doctrine soit très discutable, admettons-la, à quoi est-ce que nous serions parvenus avec elle? A rien, car il sera toujours un pro-blème que les amis du *droit d'insurrection* doivent ré-soudre d'avance, celui de déterminer *a priori,* quand est-ce que le droit d'insurrection peut être légitime. Il ne faut pas dire, comme on le répéte très souvent, qu'il soit permis de se révolter contre l'autorité chaque fois que elle devient tyrannique, ou une fois que la tyrannie devient son habitude; cela est très vague. Il faut dé-montrer d'avance, que le bonheur du peuple ne peut être acquis qu'au moyen de la révolution et une fois que tous les autres moyens ont été épuisés. Mais, qui sera-t-il apte pour nous dire avec certitude que la révo-lution dans un tel cas n'est pas encore criminelle? Qui, sera-t-il juge pour déclarer qu'il n'y a pas d'autre moyen à employer? Nous ne le savons pas au juste, car le peuple lui-même, ni aucun individu du peuple peut le faire. Le peuple ou un membre quelconque du peuple sera toujours une partie intéressée dans la question et déjà un vieil aphorisme de la plus rudimentaire morale juridique nous apprend qu'on ne peut pas être juge et partie dans une même affaire. Donc, si nous ne voulons pas assassiner l'Etat en prêchant l'intervention et la surveillance d'une autorité étrangère—quelle qu'elle soit,—il faut en conclure que le fameux droit d'insurrection ne peut être appliqué sans crainte de commettre un abus et un crime, et par conséquent, il n'y a pas de règle pour savoir quand est ce que le délit devient acte légitime, ou tout au moins, acte excusable.

On fait une campagne louable pour arriver à supprimer du monde la guerre internationale, et cependant en admettant des privilèges pour les délinquants politiques, on favorise ce qui est pire que la guerre de deux Etats, la guerre civile. «Est-il quelque chose de plus horrible que l'assassinat en masse de gens qui ne se connaissent pas, qui ne se sont jamais vus?—dit un publiciste américain.—Est-il quelque chose de plus terrible que les dévastations des campagnes, que la démolition des usines, que la destruction des ponts, des routes, de l'œuvre lente de la civilisation? Y aura-t-il quelque chose de pire que le bombardement des villes, où le malade gît à l'hôpital, l'enfant dans son berceau, le vieillard et la femme au foyer dépouillé de pain et de feu, qui traîne le jeune homme au combat où il sera victime ou meurtrier? Peut-il y avoir quelque chose de plus effrayant que la guerre entre ces grandes collectivités que nous appelons les nations? Oui; il y a pire, et beaucoup plus: la guerre dans laquelle pas même la gloire ne ceint de couronnes le front de l'héroïsme patriotique. La guerre dans laquelle·on ne défend pas le territoire; dans laquelle ne se lave pas la tache des traces d'un conquérant; dans laquelle ne se venge pas un insulte; dans laquelle on ne meurt pas pour la nation, mort désirée par le patriote. Oui; il y a quelque chose de pire encore que la guerre internationale: la guerre civile. Celle dans laquelle les bandes furieuses se cherchent avec la haine biblique de Caïn; dans laquelle les hommes s'abhorrent davantage parce qu'ils se connaissent; dans laquelle les cœurs sont imbus du venin de l'envie, de la rivalité, de l'antagonisme des idées; dans laquelle se détruisent les améliorations physiques et les progrès moraux pour l'obtention misérable d'un emploi, d'une rente ou de quelques galons militaires, moins honorables que la corde au cou d'un pendu ou dans la main du bourreau. Là, dans les horribles carnages de nations contre nations, l'artiste trouve des sujets de tableaux, de statues ou d'épopées; ici, dans les assassinats de frères contre frères, de fils contre pères, le philosophe affligé ne rencontre que la cupidité, les vengeances, la servilité, la bassesse, la délation, l'espionnage domestique, en un mot les crimes qui dégradent le plus l'homme» (1).

Et c'est le délit politique qui conduit là, et c'est ce même délit celui qui est la cause de tout cela!

La paix publique et le respect dès institutions étrangères exigent que l'on réagisse contre l'absurdité de voir dans le délinquant politique un homme toujours patriote et allant au propre sacrifice en bien des idées

(1) CARLOS R. TOBAR, *Une affaire digne d'être traitée au Congrès de la Paix à la Haye* (Barcelone, 1907), p. 15 et s.

et des institutions publiques, qu'on y voie un martyr
digne non seulement de l'asile externe, mais encore de
l'asile diplomatique. Si les criminalistes de nos jours,
les plus modernes, nous l'avons dit, commencent à
évoluer en ce qui concerne la sympathie que leur inspi-
raient certains délits politiques, déclarant moins excusables ceux qui sont dirigés plutôt contre la société et
l'humanité que contre un parti, il faut que l'asile évolue
lui aussi et réagisse contre ce qu'aujourd'hui il croit
devoir favoriser, oubliant que la fin peut difficilement
justifier les moyens.

Les délinquants politiques se trouvent placés dans
une position favorisée et pour l'explication de laquelle
quelques-uns seulement pourront alléguer des excuses
tant soit peu légitimes parce qu'ils sont de bonne foi; car
la majorité, nous l'avons dit, sont des agitateurs profes-
sionnels, des soldats corrompus et corrupteurs qui se
font un piédestal à l'aide de matériaux arrachés au cadavre de la nation, de coupables ambitieux, mus par le
désir d'arriver au pouvoir par n'importe quel moyen,
d'où il s'ensuit que leur impunité serait regrettable et
disproportionnée à l'œuvre de destruction en laquelle ils
mettent leur gloire. Sanctionner leur impunité, comme
on l'a fait jusqu'à présent, c'est aggraver les maux du
pays par une ironie suprême.

L'unique semblant d'explication que l'on pourrait
alléguer en faveur de l'asile politique—et nous insistons
là dessus—est que les lois ont coutume de réprimer ces
délits par des peines exagérées et que l'asile politique
s'exerce quand le pouvoir se trouve entre les mains de
tyrans. Nous ferons remarquer pourtant qu'en avançant
ces raisons on constitue les diplomates étrangers juges

des lois nationales et arbitres de la légalité ou de l'illégalité du procédé des gouvernements, ce qui serait tout
au moins risqué, si ce n'était contraire à tout principe
politique et international. La meilleure manière d'enlever
le prestige aux délits politiques serait de faire perdre à
leurs auteurs l'auréole du martyre, en faisant en sorte
que la justice en régularise la répression, et pour cela il
faut que le pouvoir exécutif abandonne les facultés préventives ou l'étendue des facultés préventives qui lui sont
accordées de nos jours; il faut limiter le plus possible la
déclaration de l'état de siège; il faut transformer la police en organe judiciare et donner au juge les pouvoirs
que s'arrogent, avec plus ou moins de droits, certains
gouvernements peu scrupuleux.

Au lieu de consacrer l'asile pour les délits politiques
comme un mal nécessaire, il faudrait obtenir que les
gouvernements despotiques, qui châtient arbitrairement
et sans pitié toute révolte, remplacent leurs procédés
non civilisés par d'autres, justes et exemplaires, mais
modérés et en tout cas dictés par le pouvoir judiciaire et
non par le pouvoir exécutif: il est nécessaire que les
gouvernements s'efforcent de corriger, mais non d'ex-
terminer leurs ennemis, et alors le prestige des révolutions disparaîtrait en grande partie. La liberté bien en-
tendue, la tolérance politique, vertu sans prix dans l'Etat
moderne, le patriotisme bien compris, le suffrage universel, le *self-gouvernement,* la liberté d'opinion favo-
riseraient l'évolution politique et sociale, soupape de
sûreté contre les révolutions.

Que l'humanité puisse aller plus en avant dans la voie
de la pacification intérieure est indubitable; pourquoi, en
effet, n'arrivera-t-il pas en politique ce qui est arrivé sur

d'autres terrains? Qu'on se souvienne, par exemple, des guerres de religion qui, trois siècles auparavant châtièrent l'Europe, et qu'on compare cet état des choses avec la tolérance plus chrétienne et plus rationnelle prêchée, et plus ou moins pratiquée, aujourd'hui dans les pays civilisés. Si à notre époque on ne peut pas comprendre que les hommes aient pu se tuer pour imposer, par force, leurs idées confesionnelles aux autres hommes, et si l'on trouve absurde qu'on pût employer la violence pour conquérir les âmes pour les cieux, il faut espérer aussi, qu'il viendra un jour où les hommes seront étonnés de ce que leurs ancêtres aient conçu qu'on ne pouvait faire une politique utile qu'à l'aide de fusils et de canons, et qui aient voulu convaincre de la bonté de leurs idées au moyen de tueries et de saccagements. De même que nous trouvons étrange qu'on se soit haï jusqu'à la mort entre Catholiques et Huguenots, de même on ne voudra pas croire que les différends de conception politique aient conduit les hommes de nos jours jusqu'aux champs de bataille et jusqu'à l'assassinat, et que cela ait été non seulement excusable, mais même bon·et digne de louanges.

Nous ne pouvons, cependant, nous faire trop d'illusions à ce sujet; car, pour parvenir tout à fait à ce résultat il faudrait encore aboutir à ce que la politique soit réduite à la catégorie de simple administration de l'Etat, c'est-à-dire qu'au lieu d'être une tendance vers un certain but de parti et vers un intérêt plus ou moins déguisé de bande ou même individuel, ne comporte que l'expédition des affaires qui intéressent le bien-être de la communauté tout entière; et cela ne peut arriver que lorsque le développement des forces vives de la nation soit tel qu'il permette l'organisation de tous les efforts sociaux au bien de la même société tout entière; résultat qui doit être la conséquence d'une évolution lente et progressive et non l'avortement de la violence et de la révolte. Et voila que nous nous sommes trouvé en présence du problème le plus délicat des temps modernes, problème qui se montre comme la source de révoltes les plus cruelles et terribles: le *problème social*.

Les haines entre pauvres et riches, la fameuse lutte entre le capital et le travail, et entre l'ouvrier et le bourgeois, semblent maintenant être destinées à devenir en Europe et dans le monde entier le germe fécond de la révolution de demain, révolution de sang, de ruines et de destruction, avec l'anéantissement total de tout ce qui existe, avec la reconstruction d'une société tout nouvelle. Mais, s'il y a des hommes aveuglés par la passion et des fous, qui veulent renverser tout par la force, détruire tout dans un cataclysme universel, purifier dans un incendie immense et sans merci la société actuelle et étouffer tout ce qui existe de la machine sociale dans un lac de sang, il faut reconnaître qu'ils ont tort: une société bâtie sur de telles bases serait dévouée à une mort certaine, car dans la nature tout ce qui est viable nait d'une gestation naturelle, c'est-à-dire soumise aux lois du temps. Les enfantements prématurés sont des avortons lorsqu'ils ne donnent pas naissance qu'à des cadavres. L'évolution est, dans tout ordre d'idées, beaucoup plus bienfaisante et en tous cas plus féconde; les hommes et les peuples ont besoin de s'accoutumer aux réformes, pour apprendre à les apprécier et pour qu'elles devienent durables. Du reste que l'évolution sociale s'effectue est indubitable; elle sera peut-être lente, très lente, mais elle se réalise néanmoins. Le sort du prolétaire n'est plus ce qu'il a été jadis; nous n'avons ni l'esclavage ni cette autre institution du servage, qui plaçait l'ouvrier dans la misère; nous n'avons plus de plébéiens deshérités, ni parias, ni manants, ni roturiers, ni vilains honnis. Les lois reconnaissent aujourd'hui le droit du travailleur au pain et à la vie, la journée de travail maxima et le salaire minimum; elles veillent contre les abus aux quels peuvent être soumis les enfants et les femmes dans les usines; elles ont crée l'assurance obligatoire pour le patron, les délais de congé, la retraite de vieillesse et de maladies; l'Etat a favorisé ou a établi des refuges, des institutions de charité et de bienfaisance; il a reconnu les bourses de travail, les syndicats et confédérations d'ouvriers, les sociétés de secours mutuels, les coopératives; il ne blâme en principe ni le boycottage des patrons ni le droit de grève; pourquoi est-ce qu'alors le rêve des esprits avancés, s'il est bon, ne pourrait se réaliser avec le temps, et sans ruines, sans incendies et sans convulsions?

Les révolutionnaires—nous parlons de ceux qui sont de bonne foi—qu'ils pensent à tout cela. Eux, qui blâment la guerre extérieure, le militarisme et jusqu'à l'idée de patrie, comme attentatoires aux droits de vie et concorde humaines, eux qui veulent la fraternité des hommes et l'égalité de tous, eux mêmes doivent réfléchir aux horreurs et aux conséquences de la guerre civile.

S'ils sont de bonne foi, qu'ils pensent à tout ce qu'il y a d'inconséquent de blâmer la guerre extérieure et de prêcher la guerre civile; qu'ils réfléchissent à tout ce qui s'origine dans la révolte; qu'ils pensent que les criminels, avec qui ils ne peuvent se solidariser, profitent de ces circonstances pour commettre leurs maifaits: la Commune et plus récemment les incendies de Barcelone, au mois de juillet 1909, nous rappelent ce que les bas fonds d'une ville doivent jeter à la surface le jour de la grande révolte. Nous avons vu ces frénétiques se ruer avec bestialité sur ceux qui ne pensent comme eux; mais nous avons vu à la suite qu'eux-mêmes, et qu'avec eux des fanatiques, plus à plaindre qu'à blâmer, sont tombés sous le coup de leurs propres extorsions en vertu d'une loi naturelle de violente réaction.

Seul un égoïsme criminel, le désir de profiter nous aussi du bien qu'on devine ou qu'on croit deviner, peut porter à prêcher la lutte brutale et le martyre; les peuples ont plus longue vie que les individus et ils peuvent attendre, de manière que si nous pouvons sacrifier la révolte au temps, épargnons les victimes et attendons avec calme que l'évolution pacifique donne à nos petits-fils, ce que nous voulons arracher à coups de poignard et à éclats de bombe.

Nous ne croyons néanmoins pas que les exagérés laissent d'accomplir dans cette matière, comme dans d'autres un rôle pour l'évolution, car leurs menaces et leur attitude agressive favorisent l'évolution, réveillant de la léthargie les éléments conservateurs, qui, d'autre manière, sans le danger de la révolte, feraient éternel le *statu quo* qu'ils aiment tant.

En résumé croire que cette évolution pacifique de l'humanité vers la raison et vers une politique bien comprise est impossible, traiter ceci d'utopie et prétendre que ces améliorations ne soient réalisables, c'est dire que le manque de raison et la brutalité doivent durer toujours;

c'est juger l'humanité pire de ce qu'elle est, parce que c'est croire qu'elle est incapable de progrès dans le domaine de la justice et du droit; c'est faire injure aux institutions actuelles des peuples, parmi lesquels, il faut l'avouer, les gouvernements tyranniques et brutaux sont des exceptions. Fonder l'asile pour les délits politiques à cause des abus des gouvernements serait baser sur ces exceptions une règle générale.

Bon, on peut nous dire; si les abus n'existent qu'exceptionnellement, l'asile n'existera pas non plus qu'exceptionnellement, et le jour où toutes les nations seront parfaites, ce jour là disparaissant la cause, l'effet disparaîtra aussi; mais alors, attendons ce bon jour et conservons l'asile comme exception pour des cas exceptionnels.

Oui, nous croyons qu'un tel argument est logique; mais il n'évite pas le plus grand des inconvénients pour pouvoir accepter l'asile. Qui sera apte pour déterminer si le cas d'appliquer l'exception est ou non arrivé? Admettre, sans plus, ce raisonnement serait aller à l'anéantissement de la souveraineté locale et à son assujétissement à une autorité étrangère, celle du diplomate.

Quoi qu'il en soit, la vengeance, dont on parle tant, n'expliquerait d'aucune façon l'asile comme un obstacle à ce que le pouvoir judiciaire puisse exercer son action: l'asile, même dans les cas exceptionnels dont nous avons parlé, et en admettant qu'on puisse éviter toutes les difficultés qui se présentent, ne serait que momentané, alors que le ressentiment du pouvoir national durerait, mettant en danger la justice et menaçant d'enfreindre les lois par une vengeance inhumaine contre le réfugié. L'action qu'il s'agirait d'éviter est l'action administrative

12

plus que l'action judiciaire, et cela contribuerait à faire ressortir le caractère exceptionnel et limité de l'asile et comme nous venons de l'exprimer, la difficulté de savoir quand il y aurait lieu de l'appliquer. Encore une fois, nous ne nierons pas que l'asile exceptionnel et momentané n'ait parfois été utile; mais nous ne pouvons admettre qu'il soit possible de l'établir comme règle générale ni même le légitimer dans le domaine théorique ou dans le pratique, où il constitue une absurdité internationale et un déplorable attentat contre la souveraineté locale.

Consacrer l'asile comme règle générale pour tous les actes politiques, serait proclamer l'impuissance de l'autorité à se défendre contre les charlatans n'ayant d'autre loi que leur audace et qui font de la politique et de la démagogie une carrière lucrative et personnelle.

Mais les inconvénients exposés ne sont pas les seuls qu'il y aurait, à proclamer l'asile interne pour les actes politiques. Il n'y a pas, en effet, une règle pour déterminer quels sont les délits politiques, comme il n'y a pas non plus une définition, une véritable définition du délit politique: législations et auteurs sont, à ce sujet, absolument en désaccord.

Il n'existe, en effet, aucun critérium pour signaler les actes qui doivent être compris parmi les actes politiques; cela paraît aussi impossible que de fixer d'avance les caractères essentiels de ceś actes. D'autre part, même si nous pouvions déterminer quels son les actes politiques, il serait inutile de le faire dans la matière qui nous occupe, si l'on n'arrive pas à une entente internationale, entente d'autant plus difficile que les délits politiques se trouvent intimément liés aux régimes des gouvernements, de sorte que les pays de régime différent doivent apprécier de façon différente les délits politiques. Sans sortir d'un même Etat, une énumération limitative des délits politiques est très variable; chaque régime, chaque gouvernement, chaque ministère cherche à étendre le cercle de ce qu'il nomme délits politiques, parce qu'il trouve dans leur répression un moyen efficace de défense personnelle et de protection de son fonctionnarisme. Au contraire les partis d'opposition cherchent, suivant les circonstances, à discuter la qualité délictueuse de leurs actes pour pouvoir attaquer sans danger le gouvernement, ou l'admettent quand les ennemis peuvent tomber sous l'action pénale, ou bien quand par là, ils peuvent obtenir une amnistie avantageuse. L'incertitude sur ce point serait féconde en conséquences pernicieuses et contraire à la stabilité qui doit caractériser la loi pénale plus encore que toute autre loi.

L'instabilité augmente aux temps de troubles, c'est-à-dire précisément lorsqu'on commet des délits politiques ou lorsque ceux-ci sont le plus fréquents, car les gouvernements tendent à traiter de délinquants tous les citoyens ayant des sympathies avec les partis d'opposition.

Mais dans le domaine abstrait, lui-même, comme nous l'avons dit, il n'existe pas d'accord dans le critérium de qualification des délits politiques; alors que certains auteurs assignent cette qualité à un grand nombre de faits, d'autres les restreignent considérablement; un assez grand nombre de publicistes confondent le délit public avec le délit politique, tandis qu'il y en a d'autres qui attribuent le caractère politique au délit qui tend exclusivement à attaquer un régime ou un gouvernement. Voyons quelques-unes de ces opinions.

Filangieri, le notable publiciste et jurisconsulte italien du XVIIIe siècle, pense que les délits politiques sont tous ces attentats dirigés contre la constitution du gouvernement et contre la souveraineté (1).

Pour Carmignani la personnalité des citoyens se confonde avec la personnalité de l'Etat, et cette dernière a une somme de droits et d'obligations qui fortifient son existence indépendante. De là il déduit qu'il peut avoir des délits susceptibles d'attaquer l'Etat exclusivement dans sa personnalité juridique: ces délits seront les délits politiques. Mais cette personnalité de l'Etat a besoin, d'un autre côté, d'institutions, sans quoi sa vie serait impossible; les délits commis contre ces institutions nécessaires de l'Etat appelle Carmignani délits politiques indirects ou délits sociaux.

Pour Ortolan, il y a délit politique aussi souvent qu'on se trouve en face d'actes ayant pour but, par des moyens contraires à la loi et frappés de peines par elle, soit de renverser ou de modifier l'organisation des grands pouvoirs de l'Etat, soit de détruire, d'affaiblir ou de déconsidérer l'un de ces pouvoirs, soit d'étendre ou de restreindre la part que les divers membres ou que certains membres de l'association sont appelés à y prendre, soit d'exercer, dans un sens ou dans un autre, une action illégitime sur le jeu de leur mécanisme ou sur la direction générale et suprême qui en résulte pour les affaires de l'Etat, soit de transformer en quelqu'un de leurs éléments ou en tous, les conditions sociales faites par la constitution aux individus, soit, enfin, de

(1) FILANGIERI, *Scienza della legislazione,* liv. III, IIe partie, chap. XLIII.

susciter des troubles, des haines ou des luttes de violence dans la société à propos de l'un ou de l'autre des
objets qui ont été exposés; ces actes, tous puisés à une
idée commune d'atteinte à l'ordre social ou à l'ordre
politique établis, seront qualifiés de délits politiques (1).
Et après il ajoute, que pour admettre un délit politique,
il faut répondre à ces trois questions: quelle est la personne directement lèsée par ce délit? Dans quelle sorte
de droit l'Etat se trouve-t-il lèsé? Quel genre d'intérêt
a-t-il à la répression? (2).

Pour Haus les infractions politiques sont les crimes
et les délits qui portent uniquement atteinte à l'ordre
politique de l'Etat et qui tendent à le renverser, à le
changer ou à le troubler. Ainsi, pour que cette qualification soit applicable aux faits délicteux qu'il s'agit
d'apprécier, il ne suffit pas que l'intérêt de sa répression
touche à l'ordre politique, que le fait trouble cet ordre
ou le mette en péril; il faut que sa criminalité dépende
exclusivement de son caractère politique. L'ordre politique a pour objet, à l'extérieur, l'indépendance de la
nation, l'intégrité du territoire et les rapports de l'Etat
avec les autres Etats ou les relations internationales. A
l'intérieur, cet ordre comprend la forme du gouvernement, établié par la constitution et l'autorité constitutionnelle des pouvoirs publics, c'est-à-dire des chambres
législatives, du roi et de ses ministres, l'inviolabilité de
la personne du monarque et les droits constitutionnels

(1) ORTOLÁN, *Eléments de droit pénal* (Paris 1874),
§ 699.

(2) ORTOLÁN, *op. cit.,* § 716.

de sa dynastie, la force obligatoire des lois et, enfin, les droits politiques des citoyens (1).

Pour Carrara les délits contre la sécurité publique sont ceux qui constituent une attaque contre la société dans son autorité ou dans ses membres. Les premiers sont les délits politiques directs ou proprement dits, car le dommage est subi par la personne morale de l'Etat; les deuxièmes sont les délits politiques indirects ou sociaux, car ils attaquent des droits ou des intérêts qui n'existent que pour le fait de l'association (2).

Garraud pense qu'on ne peut appeller infraction politique que celle qui non seulement a pour caractère prédominant, mais pour but exclusif et unique, de détruire, modifier ou troubler l'ordre politique dans un ou dans plusieurs de ses éléments. Cet ordre comprend alors, d'après cet auteur, la indépendance, l'intégrité et les rapports internationaux de l'Etat; la forme du gouvernement, les pouvoirs politiques et les droits politiques des citoyens (3). Il ajoute, encore, que cette énumération ne peut être que très vague, car le nombre d'infractions politiques est infini; cependant, on doit considérer comme délits purement politiques, le fait d'entretenir des intelligences avec l'ennemi, de porter les armes contre son pays, les conspirations pour chan-

(1) HAUS, *Principes généraux du droit pénal belge,* § 346 et s. et *Cours de Droit criminel,* § 113.

(2) CARRARA, *Programa del curso de Derecho Criminal,* traduction espagnole de Béeche et Gallegos (San José de Costa-Rica, 1899), t. I, § 155 et s.

(3) GARRAUD, *Précis de droit criminel* (Paris, 1906 et 1907), t. I, § 96.

ger la forme des gouvernements, l'affiliation à des sociétés illicites, les délits de presse (sauf les attaques contre les personnes), les infractions aux règles relatives aux élections, aux réunions publiques et tous ces délits qui lèsent seulement le droit et l'intérêt politique.

Bluntschli dit que les crimes politiques sont nécessairement dirigés contre la constitution d'un seul Etat (1).

Fiore pense que sont délits politiques ceux qui troublent l'ordre établi par les lois fondamentales de l'Etat, la distribution des pouvoirs, les limites de l'autorité de chaque citoyen, l'ordre social, les droits et les devoirs qui en dérivent, car un acte quelconque de cette nature porte une atteinte directe à l'existence de l'Etat, et, par suite, á son existence politique (2).

Pour Curet un délit est politique s'il réunit les deux conditions suivantes: 1.º si la justice a été blessée par ce fait que l'agent a manqué aux devoirs d'action ou d'inaction que lui imposait l'organisation politique de l'Etat; 2.º si l'intérêt de la société à la répression du délit est un intérêt qui touche à cette même organisation (3).

Billot pense que tous ces actes qui ont pour but de porter atteinte, par des moyens contraires à la loi, à l'ordre politique ou à l'ordre social établi dans un pays, doivent être qualifiés de délits politiques (4).

---

(1) BLUNTSCHLI, *Op. cit.,* § 396, note.

(2) FIORE, *Du Droit pénal international,* IIe partie, § 404, p. 592.

(3) CURET, § 459.

(4) BILLOT, *op. cit.,* p. 102.

Brusa comprend sous cette dénomination tous faits contraires aux institutions essentielles de l'Etat considéré comme établissement politique, que ces institutions soient appelées à fonctionner en temps de paix ou en temps de guerre (1).

Pour von Bar les actes punissables qui naissent manifestement de la tendance à renverser illégalement l'Etat ou ses institutions, ou qui peuvent être envisagés comme une défense, dépassât-elle les limites de la légalité, contre les actes du gouvernement formellement illégaux ou contraires aux principes fondamentaux de justice et d'équité, ces actes là sont des délits politiques (2).

Pour Pacheco le délit politique est simplement celui qui est dirigé contre la constitution de l'Etat. Les autres délits dirigés contre la personnalité morale de l'Etat sont des délits publics, mais non de délits politiques (3).

Selon Grivaz la détermination du caractère politique d'une infraction s'attache principalement à l'élément objectif. Sans doute l'intention et le but, qui forment l'élément subjectif doivent aussi être pris en considération à des degrés divers, mais l'élément objectif reste le plus important. L'élément subjectif, en effet, n'est nécessaire que dans certaines hypothèses, tandis que l'élément objectif, quoique quelquefois insuffisant est quand même nécessaire. Par conséquent ce qui caractérise ou non le délit politique c'est la nature du droit

(1) Brusa, *Del delitto politico,* p. 103.

(2) Von Bar, *Das internationale private und Strafrecht,* p. 592.

(3) Pacheco, *Estudio de Derecho Penal* (Madrid, 1887), leçons X et XI.

auquel ce délit porte atteinte, et alors, ce qui demande d'être examiné, c'est la nature du droit atteint par le fait. D'une manière générale le délit politique est dirigé contre la chose publique, contre l'Etat, mais si l'Etat est le sujet passif de tout délit politique, il n'en résulte pas que toute attaque contre un Etat constitue un délit politique. Il faut distinguer parmi les droits de l'Etat, ceux qui se rattachent à sa fortune, à sa qualité de propriétaire ou de créancier et ceux qui se lient à son organisation sociale ou politique. Une violation des droits de la première catégorie ne saurait constituer un délit politique (1).

Weiss croit que le délit politique est tout acte illicite dirigé contre l'organisation politique et sociale d'un pays déterminé et dont la répression intéresse cette même organisation politique ou sociale.

Pour von Ihering le délit politique a pour caractéristique une atteinte aux conditions d'existence de l'Etat.

Selon Prins les infractions politiques sont les crimes et les délits qui portent uniquement atteinte à l'ordre politique de l'Etat. Ces délits sont, au point de vue extérieur, ceux qui attaquent l'indépendance de l'Etat, l'intégrité du territoire et les relations de l'Etat avec les autres Etats; au point de vue intérieur, ceux qui portent atteinte à l'existence ou au fonctionnement des pouvoirs politiques, ceux qui, troublant ou entravant l'intervention de la nation dans la formation de ces pouvoirs, portent atteinte aux droits politiques des citoyens (2).

Pour Bomboy et Gilbrin, délits politiques sont ces

(1) Grivaz, *op. cit.,* p. 592.
(2) Prins, *Science pénale,* § 155.

actes qui ont pour but de porter atteinte, par des moyens contraires à la loi, à l'ordre politique ou à l'ordre social établi dans un pays (1).

L'avis de lord Denman est qu'il n'est pas nécessaire ni même désirable, d'établir une définition complète comportant l'ensemble des éléments, ni chacun des éléments qui constituent le caractère politique d'une infraction. Il y a là seulement une question de fait (2).

On voit ainsi que les publicistes se trouvent loin d'être d'accord relativement à ce qui doit s'entendre pour délit politique et sur la nature de celui-ci, et de là il faut en conclure qu'un nombre infini de difficultés doit se présenter si nous voulons baser sur des faits si peu précis des distinctions qui doivent à la fin avoir un caractère international.

Sans vouloir entrer dans le fond du problème, que nous considérons étranger à cette étude, et sans avoir la prétention de donner notre opinion sur une question par rapport à celle que chacun a présenté la sienne, nous allons seulement dire ce qui nous entendons par délit politique.

Il faut avant tout, à notre avis, ne pas confondre le *délit public* avec le *délit politique;* le premier est, si l'on peut ainsi dire, le genre et le deuxième l'espèce, de telle manière que si tous les délits politiques sont au même temps délits publics, le contraire n'est pas tou-jours vrai.

Les infractions publiques par opposition à celles appelées privés, sont celles qui sont dirigées directement

(1) BOMBOY et GILBRIN, *op. cit* , p. 49 et 50.
(2) ED. CLUNET, année 1909, p. 105.

contre l'intérêt général d'une nation ou d'une société publique, et où la lésion de cet intérêt est plus importante que tout intérêt privé, même dans le cas où cette infraction cause en même temps un préjudice privé.

Le dommage dans ces délits est un dommage social. Dans ce sens sont délits publics ceux commis contre l'Etat, contre l'ordre social, contre l'ordre religieux, etc.

Délits publics seront, par exemple, outre les délits proprement politiques, l'insurrection de l'armée pour des raisons autres que celles d'un ordre politique, l'usurpation des attributions de l'autorité la falsification des monnaies, la contrebande des matières défendues, etc. En aucun de ces faits on ne peut trouver en première ligne, l'offense privée ou l'offense contre un particulier, quoiqu'il y en ait un particulier qui souffre du mal indirectement, comme serait, par exemple, la personne qui a été trompée avec de la fausse-monnaie, ou le commerçant qui serait préjudicié par la contrebande. Les offensés en premier lieu sont tous les membres de l'association, c'est la communauté qui est menacée, c'est la société entière, c'est l'Etat qui est la victime. C'est ainsi qu'on peut résumer les délits publics en délits contre l'existence de l'Etat, délits contre son indépendance, contre sa dignité, contre son crédit, contre ses autorités, contre la richesse publique, contre la confiance publique, contre la morale publique, contre la religion de l'Etat ou contre la religion que l'Etat protège, etc.

Par contre sont délits politiques, ces actes qui tendent à attaquer directement la personne politique de l'Etat, et pour lesquels l'organisation politique de celui-ci est indispensable.

La caractéristique de ce délit est que l'atteinte soit uniquement et exclusivement dirigée contre l'ordre politique.

Par conséquent, ces faits dirigés contre un acte d'administration ni tous ces délits dirigés contre l'Etat, ne sont pas des délits politiques. Pour devenir politique l'attaque de ce genre doit viser un élément de l'organisation politique du pays, c'est-à-dire le gouvernement, l'existence du pouvoir ou un acte émané des autorités politiques (1). En d'autres termes il doit menacer la constitution politique ou le régime politique de l'Etat, ou, plus simplement, ce qu'on appelle *la politique de l'Etat*.

Cette conception du délit politique ne correspond pas à celle de l'antiquité et ont tort, ceux qui confondent les faits à cause de l'unité de dénomination. M. de Holtzendorff fait observer à ce sujet que dans l'antiquité, on ne considérait comme délit politique que l'agression contre les libertés populaires et contre l'existence d'institutions politiques libres. Le crime politique c'était le parjure des fonctionnaires, des généraux ou des chefs élus par le peuple libre, la trahison vis-à-vis du peuple, les entreprises violentes de l'autorité contre le peuple souverain, tandis qu'il n'était pas de même de la réaction violente du citoyen contre l'autorité puissante (2). Mais après, cela change, l'autorité (roi, empereur ou seigneur) possède l'immunité, elle ne peut pas pécher; c'est le citoyen que se révolte contre elle qui es le seul coupa-

(1) PRINS, *Op. cit.*, § 156.
(2) HOLTZENDORFF, *Die Auslieferung der Verbrecher und des Asylrecht* (Berlin, 1881).

ble. Le crime de lèse-majesté et le *perduellio* des romains correspondent à nos délits politiques (1).

Quoi qu'il en soit, et si l'on fait valoir l'asile pour les délits politiques et le si l'on veut le refuser pour ceux de droit commun, quel principe suivre pour arriver à cette délimitation?

Comme on a pu remarquer, deux critériums ont été employés: d'après un premier système subjectif, on considère comme délit politique, le délit qui va contre l'ordre politique seulement s'il a été commis dans un but politique; d'après une autre théorie objective, le délit politique reste caractérisé par son objet externe, ou soit par le seul fait de s'attaquer à l'ordre politique établi. De nos jours, c'est cette deuxième opinion qui l'emporte; cependant nous n'insisterons pas davantage ici à ce sujet, car ces différences ont plus d'intérêt lorsqu'on s'occupe des délits relatifs, desquels nous parlerons à la suite. La seule conclusion que nous devons tirer ici, c'est que le manque absolu de précision quant à la nature et à la existence de la distinction entre délits politiques et délits de droit commun, ne permet pas de fonder là-dessus une différence pour l'application ou la non-application du droit d'asile.

Les législations ne se sont aucunement préoccupées de définir les délits politiques. Il faut croire qu'elles se sont heurtées avec le manque de précision qui emporte le terme délit politique. Les codes ont enumeré les délits attentatoires contre l'Etat sans les grouper sous le titre de délits politiques; néanmoins on peut citer

(1) Revue de droit international: ROLIN, *Les infractions politiques,* année 1883, p. 420.

comme délits politiques purs, au moins en théorie, le fait d'entretenir des intelligences avec l'ennemi, la trahison, l'espionnage, la portée d'armes contre son pays, l'appel à l'insurrection, la conspiration pour changer le régime du gouvernement, l'affiliation à des sociétés secrètes, l'offense aux autorités, les infractions électorales, etc.

Ni l'Angleterre, ni la France, ni la Suisse, n'ont pas une énumération des délits politiques, ni une définition; seulement les traités d'extradition contiennent des listes plus ou moins incomplètes à cause de ce que les Etats contractants ont traité, en général, de mettre d'accord leurs constitutions respectives. Cependant nous trouvons en France, en Belgique, etc., des lois particulières qui énumèrent des faits qui peuvent expliquer une extradition à cause de son caractère politique; mais ces lois obeissant aux tendances de chaque pays, ne peuvent servir de règles internationales. L'Autriche, selon Lammasch, a une énumération assez complète dans la loi du 23 mai 1873. La France en avait une dans celle du 8 octobre 1830, mais cette loi, selon Weiss, n'a plus de valeur (1).

Mais ce n'est pas tout: même s'il y avait une règle uniforme et fixe pour savoir ce qu'on doit entendre par délit politique, les difficultés pratiques apparaitraient néanmoins étant donné les différents procédés et les moyens distincts que les Etats employent pour arriver à

---

(1) La loi française du 8 octobre 1830 chercha à définir les délits politiques dans son article 7; mais il arriva ensuite qu'on laissa cet article inachevé, parce que des lois subséquentes apportèrent de nouveaux titres non prévus par les législateurs de 1830 et en supprimèrent d'autres.

connaître la nature des faits. Nous l'avons déjà constaté aujourd'hui, en matière d'extradition: l'institution qui est appelée à règler la question, et, par conséquent, à déterminer la nature des faits, varie d'un pays à un autre: en Angleterre, par exemple, les affaires d'extradition relèvent du pouvoir judiciaire, tandis qu'en France c'est toujours le pouvoir exécutif celui qui doit connaître et décider relativement à ces questions.

La difficulté monte encore en degré si l'on tient compte qu'il existe des délits où le caractère politique se trouve jusqu'à un tel point confondu avec celui des délits ordinaires, qu'il est difficile et même impossible quelques fois d'arriver à savoir quel est le véritable caractère de l'acte.

Le délit politique, nous venons de le dire, se distingue du délit commun en ce qu'il n'attaque l'Etat que dans son organisation politique, tandis que le délit commun lèse des droits autres que ceux de l'Etat politiquement considéré. Mais il peut se trouver et il se trouve fort souvent, que le délit attaque aussi bien les uns que les autres et présente un caractère relatif ou mixte; qu'un acte unique, indivisible dans son exécution, se trouve être une offense des deux genres, ainsi qu'il arrive pour le régicide; qu'au point de vue objectif le délit lèse le droit d'un individu ou de l'Etat comme personne privée, bien que subjectivement il obéisse à un mobile politique; enfin, que le délit commun ou politique se trouve connexe à d'autres délits politiques ou communs, unis par un lien tel que les uns soient engendrés par les autres, qu'ils s'appuient réciproquement par le rapport qu'il y a entre les moyens et les fins.

Ces délits sont les délits politico-relatifs qui ont,

comme on peut le concevoir, une grande importance dans la matière qui nous occupe.

Les auteurs de droit criminel distribuent ces délits en deux groupes: les délits *connexes* et les délits *complexes*.

Sont délits complexes ceux qui lèsent tout à la fois l'ordre politique et un intérêt privé; ils constituent ainsi en même temps qu'une atteinte à l'ordre politique, de véritables infractions de droit commun. Ils constituent un fait délictueux unique au point de vue matériel, mais ils attaquent des droits placés dans le double ordre de choses politique et commun. Le type de ce délit est l'assassinat d'un chef d'Etat, dans un but politique; autre délit politique complexe serait le cas que dans une émeute, on forçât la boutique d'un armurier pour s'emparer des armes s'y trouvant. Comme on peut voir pour les exemples ci-dessus présentés, dans un délit de ce genre, il y a d'une part un droit politique violé mais simultanément un droit privé qui en souffre. Dans le premier exemple il y a, en outre du délit proprement politique, une violation du droit de sécurité personnelle, comme dans le second il y a une violation au droit de propriété et à l'inviolabilité domiciliaire.

Les délits *connexes* sont ceux dans lesquels il y a plusieurs faits délictueux se rattachant les uns aux autres et violant des droits individuels dans un but politique. Ici, il n'y a pas confusion avec des infractions d'un ordre purement politique, mais des faits s'y rattachant par des liens plus ou moins étroits; en d'autres termes, dans les délits connexes il y a plusieurs faits délictueux se rattachant les uns aux autres comme des moyens à la fin; ce lien est celui de la connexité.

Quelle est la portée de la distinction entre les délits complexes et les délits connexes? Les uns, on dit, impliquent un concours simplement idéal, tandis que pour les autres il y a un concours un peu plus grand, un concours matériel. Nous voulons bien croire que cette distinction existe; mais elle est dépourvue d'importance pratique et parfois subtile; nous estimons donc préferable de ne pas en tenir compte. Spécialement dans la matière que nous occupe, un telle distinction ne devrait avoir aucune valeur, car elle peut donner lieu à des discussions sur la nature de l'acte, dans le cas de faire quelque distinction entre délits connexes et complexes. Il faut, en effet, remarquer que la distinction est fort imprécise, car les auteurs qui la soutiennent, eux mêmes, ne sont nullement d'accord quant au caractère de tel ou tel acte. En outre si le lien politique qui unit les deux faits, le délit commun et le politique pur, est plus étroit dans le cas de complexité que dans celui de connexité et si par cette cause le jugement qui, par hypothèse, ne doit pas regarder le fait politique, est possible dans le deuxième cas et impossible dans le premier, il faut conclure que la justice et la science du droit sont choses absolument matérielles ce qui est contraire à la réalité: l'avocat, le juriste, le juge, seraient ainsi incapables d'arriver à une séparation idéale, ils ne pourraient dépasser le terrain d'une séparation purement matérielle. C'est vrai que les éléments idéals de l'acte appartiennent plutôt à la morale qu'au droit; mais, néanmoins, le juriste ou le magistrat, pour ne pas tomber dans l'injustice, doivent toujours ultrapasser les bornes de la matérialité des faits, soit pour déduire de ceux-ci l'innocence ou la culpabilité de l'acteur, soit pour con-

13

naître la nature même de l'action: celle-ci est le mouvement d'un être rationnel et, par conséquent, il serait absurde de s'en tenir seulement à la matérialité des choses, sans remonter un peu plus haut aux véritables causes qui ont produit en réalité le fait.

Mais, acceptons cette absurdité, c'est que cette séparation matérielle, cette véritable délimitation existe-t-elle dans les délits connexes? Non, car ils sont unis comme des moyens à la fin, et sous peine d'être illogiques et de juger comme des automates, seulement pour ce que les yeux voient, nous devons appliquer une même règle aux délits connexes qu'aux délits complexes.

Si l'asile devait avoir lieu pour le délit complexe et non pour le délit connexe, la séparation en pouvant se faire d'une manière idéale pour le premier, comme elle se fait, de fait, pour le deuxième, une distinction juridique à se sujet devient absurde. Nous rejetons, en conséquence, toute différence, en matière d'asile, pour les deux groupes et nous voulons leur appliquer une même et seule règle.

Cela étant on veut que ces délits mixtes ou relatifs, suivent les mêmes règles que les délits politiques purs en matière d'asile, et que, une fois qu'on accorde l'asile à ceux-ci, ceux-la jouissent aussi des mêmes avantages au point de vue du châtiment et du refuge.

Les mêmes raisons qui obligent à accepter l'asile pour les délinquants politiques, les mêmes obligent à l'accorder à ceux qui ont commis des actes relatifs, dit-on, car les mêmes raisons ont de valeur dans l'un et dans l'autre cas: la justice locale sûrement ne pourra jamais juger avec l'impartialité nécessaire ces délits. Plus encore, si on accepte la quasi légitimité du délit politique, parce que celui-ci a un caractère ambigu—à cause de ce qu'il peut être parfois un acte de défense, lorsque le gouvernement a manqué à ses devoirs,—si l'acte politique peut avoir ce caractère de légitimité, il est certain qu'il devient un devoir et alors il justifie le délit de droit commun concourant avec lui Néanmoins, nous devons dire qu'affirmer cela c'est aller trop loin. Sous peine d'accepter la règle la plus immorale que ce soit, il faut admettre que même dans le cas où le délit politique doive rester impuni, le délit connexe avec lui, ne peut aucunement l'être: un délit qui ébranle l'ordre moral absolu, qui attaque les droits privés et sociaux, qui est *mala in se*, un fait de cette nature, demande une sanction, et défendre son impunité est plaider pour le triomphe de l'immoralité. Cela est si clair que les partisans du refuge pour les délits politiques n'ont pas voulu aller aussi loin, et alors on a eu recours à différents moyens plus ou moins pratiques, pour résoudre ou pour éviter la difficulté.

Le premier de ces moyens est celui de la séparation des éléments du délit, de telle manière que le délinquant puisse être livré aux autorités locales, mais seulement à la condition d'être jugé pour le délit ordinaire et non pour le fait politique, ou pour l'aspect politique du délit (1).

Bien que ce système soit celui de savants internationalistes, et qu'il ait été adopté en matière d'extradition, nous le croyons fort défectueux et même injuste. Il est, en effet, contraire à la nature des choses que de séparer l'acte du mobile de l'acte ou de diviser un acte uni-

(1) BLUNTSCHLI, *op. cit.*, § 401; WEISS, *op. cit.*, p. 174.

que dans deux actes, à cause des aspects divers que cet acte unique peut présenter. Il est injuste, car il doit être nécessairement faux le jugement qui ne tiendrait compte que de certains actes ou d'un certain aspect de l'acte, sans s'occuper des autres actes qui l'accompagnent, ou des autres côtés du fait, sans tenir aucun compte des motifs qui furent peut-être la cause du délit, du but, ou des faits dont l'acte dépend. Nous ne voyons pas comment un jugement pourrait être équitable s'il commence par diviser un acte indivisible et par séparer des choses qui doivent aller ensemble, dans le but unique d'infliger une peine à son auteur. Les partisans de cette doctrine sont, enfin, illogiques car s'ils acceptent la distinction des éléments, c'est pour éviter à la auteur une peine par trop forte, ce qu'il serait à craindre à cause de la vengeance qu'on suppose dans le juge local; mais en séparant l'élément politique de l'élément de droit commun, il faut ne pas tenir compte du but du délinquant, but qui devant un tribunal juste—et c'est la supposition dans laquelle nous nous devons placer— doit tenir comme circonstance atténuante. Dire le contraire, c'est admettre les tribunaux injustes et vindicatifs comme règle et les tribunaux justes et équitables comme une exception.

Les défauts manifestes de cette théorie a conduit à une autre, non moins imparfaite. On a dit qu'il faut tenir compte de l'élément prépondérant dans le délit relatif pour le classer, selon le cas, dans le domaine politique ou dans le commun (1); mais, quelque facile que ce soit

(1) Billot, *Op. cit.*, p. 104; von Liszt, *Zeitschrift fur die gesammte Strafrechtswissenschaft,* t. II, p. 73.

en théorie, cela ne l'est pas dans la pratique, car dans la plupart des cas, il est très difficile d'arriver à découvrir l'élément principal, de même qu'il est difficile de connaître le mobile véritable ou le délit principal auquel sont subordonnés les autres que lui sont connexes. Les passions politiques et les intérêts de parti ne contribuent pas peu à faire repousser ce système, car il ouvre toute grande la porte aux abus et aux jugements intéressés qui léseraient l'un et l'autre côté, portant sur le terrain politique des délits de droit commun et vice-versa; et que cela soit possible, nous avons des exemples sur d'autres matières que celle de l'asile interne; nous avons vu, par exemple, qu'au moment de la Commune, de simples assassinats, vols, et autres délits de droit commun, furent qualifiés de politiques ou de politiquement connexes, dans le but de les soumettre aux tribunaux militaires; ainsi, par contre, nous avons aussi vu que les démarches, plus ou moins officieuses, du gouvernement français pour obtenir l'extradition, en 1871, des coupables de droit commun sont restées sans résultat, parce que les pays de refuge des délinquants qualifièrent ces délinquants, de communistes. En 1893 la France refusa de même au gouvernement espagnol l'extradition du curé Santa-Cruz, qui s'était acquis la plus triste célébrité lors de l'insurrection carliste; et le même refusa celle de Famelingo, *cabecilla* carliste, nonobstant que le gouvernement espagnol demanda sa remise du chef de viol. Ortolán reconnaît las graves difficultés qu'il y aurait pour admettre ce système, pour lequel il a néanmoins des sympathies, «on ne saurait, dit-il, se figurer à première vue, combien ce signe est difficile à trouver et à définir. Après y avoir longtemps réfléchi, tourné et retourné le problème, dressé la liste de faits, suivi leurs variations possibles et cherché à en saisir le trait commun, on sera loin encore d'arriver à une formule qui puisse prévenir toute hésitation» (1).

On a essayé de trancher la question en disant qu'il faut appliquer dans la circonstance les lois et usages de la guerre. Ce système appartient aux jurisconsultes américains et anglais et il semble avoir été accepté par l'Institut de Droit International, au moins pour ces faits qui ont été commis pendant une insurrection. L'Institut, en effet, en sa session d'Oxford a dit que «pour apprécier les faits commis au cours d'une rébellion politique, d'une insurrection ou d'une guerre civile, il faut se demander s'ils seraient ou non excusables par les usages de la guerre». Et, à Genève, il a ajouté: «En ce qui concerne les actes commis au cours d'une insurrection ou d'une guerre civile, par l'un ou l'autre des partis engagés dans la lutte et dans l'intérêt de sa cause, ils ne pourront donner lieu à extradition que s'ils constituent des actes de barbarie odieux et de vandalisme défendus suivant les lois de la guerre et seulement lorsque la guerre civile a pris fin».

Ce système assimile la guerre civile à la guerre internationale et il a le grand avantage qu'il veut appliquer à celle-la les règles plus ou moins humanitaires acceptées pour la seconde; mais il est fort incomplet car il laisse en dehors de toute réglementation les actes commis indépendamment de toute insurrection ou de toute guerre civile, défaut d'autant plus grave qu'il peut conduire à la fausse idée de croire que la simultanéité du fait avec l'in-

(1) Ortolán, *Op. cit.*, § 725 et s.

surrection suffit pour donner de la connexité à l'acte. L'Institut de Droit International, du reste, a reconnu la défectuosité du système lorsqu'il a traité de le compléter avec d'autres dispositions: «L'extradition ne sera pas admise non plus—a t'on dit en 1892, à Genève,—pour infractions mixtes ou connexes à des crimes ou délits politiques, aussi appelées .délits politiques relatifs, à moins, toutefois, qu'il ne s'agisse des crimes les plus graves, au point de vue de la morale et du droit commun, tels que l'assassinat, le meurtre, l'empoisonnement, les mutilations et les blessures graves, volontaires et prémeditées, les tentatives de crimes de ce genre et les attentats aux propriétés, par incendie, explosion, inonda-tion, ainsi que les vols graves, notamment ceux qui sont commis à main armée et avec violences» (article 21).

Comme on le voit la doctrine de l'Institut a été sen-siblement modifiée; mais nous la trouvons non moins défectueuse, car l'énumération des délits graves est et doit être par nature toujours incomplète.

Le système de l'assimilation, autrement dit de la *neutralité,* en admettant que tous les crimes de droit commun qui seraient légitimes s'ils se produisaient dans une guerre internationale, seront absorbés en quelque sorte par le crime politique d'insurrection, dont ils sont des nécessités ou des accidents (1), a le tort de mettre dans un pied de complète égalité la guerre civile et la guerre internationale. Nons voulons, nous venons de le dire, humaniser aussi celle-là comme on humanise celle-

---

(1) Clarke, *A Treatise upon the Law of Extradition,* p. 170; American Law Review: Adems, *Our State Depart-ment and Extradition,* juillet, 1886.

ci; mais elle est et restera toujours moins justifiable et plus criminelle que la seconde, et, par conséquent, ses fauteurs devront toujours être plus sévèrement jugés que ceux qui luttent sur un champ de guerre internationale.

Les graves inconvénients de ce système se présentent encore plus accentués dans celui de ceux qui pensent que le délit politique doit toujours primer; cela équivaut à supprimer la douleur en supprimant le membre malade; pour éviter la difficulté ceux qui l'ont imaginé se sont contentés de la sauter. Accepter une telle manière de penser serait risquer de tomber dans le danger de déclarer politiques tous les délits commis avec des prétextes plus ou moins vagues ayant des relations avec la politique, et l'on finirait par légitimer l'asile pour tous les délits communs, ce qui serait simplement inique.

Nous ne sommes pas, nous le répétons, partisans de l'asile pour les délits politiques; mais si on accepte, au moins pour certains pays cet asile, nous croyons nécessaire de le limiter le plus possible, en l'enfermant dans les limites de la raison et de la science.

Certains *humanitaires,* qui admettent la dernière des théories exposées, croient que le juge local ne pourra jamais faire abstraction complète du caractère politique de l'acte pour juger le délinquant et c'est précisément ce que nous croyons, bien que ce ne soit pas pour faire disparaître le délit commun devant le délit politique, mais pour que le coupable soit jugé pour tous les deux en même temps, comme étant des actes ou d'aspects de l'acte inséparables, dont le magistrat doit tenir compte pour prononcer une sentence équitable et satisfaisante.

Quoi qu'il en soit, une fois déterminée la nature du

délit relatif, il faut que nous sachons d'une manière bien définie quel est le lien qui doit joindre ses deux éléments pour pouvoir lui donner ce qualificatif.

Nous savons déjà que le délit complexe lèse á la fois l'ordre politique et un intérêt privé, et que le délit connexe se relatione avec un délit politique comme le moyen à la fin, mais comment saurons-nous que les deux ordres sont violés? Comment arriverons-nous à déterminer ce rapport des moyens et des fins?

Nous devons, avant tout, dire qu'un simple rapport de temps entre un délit de droit commun et des événements politiques ne peut absolument suffire pour donner à ce délit de droit commun le caractère de délit relatif.

L'opinion contraire a cependant une grande faveur: nous avons vu que l'Institut, à Oxford et même à Genève, l'a souscrite en principe. Stuart Mill l'adopta, le 3 aôut 1866, lorsqu'au Parlement il définait les délits politiques: *A political offence is any offence committed in the course of furthering on civil war, insurrection or political commotions,* les délits commis dans le cours d'une guerre civile, d'une insurrection ou d'un mouvement politique, soit en vue de ces événements ou dans le but de les amener; ce qui comprendrait tout délit de droit commun commis pendant une émeute, insurrection ou guerre civile.

C'est vrai que cette définition avait été désautorisée à la suite par son auteur, mais il est non moins vrai qu'elle correspond assez bien à la conception qu'une bonne partie des publicistes a, et surtout, avait des délits relatifs.

En 1877 la commission anglaise, composée de lord

Cockburn, lord Selborn, lord Stephen et Phillimore, accepta cette manière de penser, et jugea que lorsque, pour atteindre quelque but politique, ou prétendu politique, un crime abominable, comme un assassinat de souverain, un incendie, etc, vient de se produire, ce délit doit être rangé parmi ceux de droit commun, car il n'y a pas d'exception á faire; bien que le délit soit inspiré par de motifs politiques, il entre dans la catégorie des délits de droit commun.

Faire dépendre de la simultanéité des faits le caractère relatif du délit, est absurde, car alors on ne saurait expliquer des faits commis hors des émeutes quoique obéissant à des buts ou à des mobiles de caractère politique, et parce qu'il serait absurde de comprendre parmi des délits politiques, faits qui n'ont aucune relation avec la politique pour le seul fait d'avoir coïncidé quand au temps avec l'émeute.

Du reste ce mot émeute, lui-même, se prête à plusieurs interprétations et son sens, jusqu'à maintenant est loin d'être fixé dans l'idiome. Selon Hatzfeld et Darmesteter, l'émeute est le soulèvement populaire; pour Littré est un tumulte séditieux; mais dans la pratique et le langage courant il est synonyme de sédition, émotion, commotion, mutinerie, insurrection, rébellion, révolte, soulèvement, troubles, tumultes, pronunciamientos, etc. En tout cas, parler d'émeute qui, a notre avis, est beaucoup moins que l'insurrection, pour faire dépendre d'elle, le caractère relatif des délits de droit commum commis au même temps est exagéré: si l'insurrection est déjà l'action du peuple qui conspire et se lève pour détruire son gouvernement, l'émeute n'est qu'un rassemblement tumultueux par lequel une certaine partie du peuple témoigne son mécontentement passager, sans dessein préalable, sans armes et sans chefs.

Si la simple coïncidence des faits ne suffit pas pour déclarer le délit relatif, il faut dire qu'il y a besoin pour cela de quelque chose en plus, et nécessairement nous devons arriver au rapport causal. En d'autres termes, il faut que dans les faits, communs et politiques, il y ait un lien tel que les premiers doivent bénéficier de la faveur des seconds, à cause d'avoir obéi en certaine manière à ceux-ci. Mais, ce raisonnement est-il juste? Le caractère politique du motif qui a fait agir le délinquant suffit-il pour le soustraire aux conséquences dans lesquelles il serait tombé pour que son délit soit purement de droit commun? Il y a des auteurs pour qui cela suffit, le motif c'est tout; c'est ainsi que la démolition de la colonne Vendôme d'ordre du peintre Courbet est qualifié par eux de délit politique (1).

Une autre opinion, par contre, veut qu'au motif politique, vienne se joindre l'intention d'atteindre un but politique; de manière que le but doit aller ensemble avec le motif. Haus dit à ce sujet que les crimes et délits communs, qui ont été commis dans un but politique, constituent des infractions mixtes, ou des faits connexes à des délits politiques (2).

Celle-ci est aussi l'opinion du Tribunal fédéral suisse, qui dans plusieurs affaires d'extradition, a déclaré que le caractère de délits politiques, des faits qu'intéressent en outre le droit commun, dépend de trois éléments: des circonstances dans lesquelles ces faits ont été com-

______

(1) BRUSA, *op. cit.,* p. 108.
(2) HAUS, *Cours de droit criminel,* § 113.

mis, mais, en particulier, des motifs et du but qui ont guidé leurs auteurs (1).

Lammasch considère ainsi comme crime inspiré par une passion politique et non par un but politique, le meurtre de la l'archevêque de Paris, Mgr. Affre, pendant les journées de juin 1848; mais il considère comme délit politique relatif la destruction de la colonne Vendôme.

Mais si les publicistes ne sont pas d'accord dans cette question il n'a pas, non plus, de conformité d'opinions en ce qui touche les faits mêmes, car il est très difficile de savoir si un fait obéit ou non à un but politique, c'est-à-dire savoir si le fait, lui-même, est ou non politique, ou s'il a été simplement inspiré par des motifs politiques.

Hélie croit qu'il n'est pas nécessaire de distinguer entre les délits purement politiques, tels que complots, actes séditieux, délits de presse, et les délits communs connexes aux délits politiques, tels qu'incendies, violences, pillages et meurtres, qui se commettent dans des moments de discordes civiles et pour lesquels on peut invoquer une cause politique et l'intérêt d'un parti. Il suffit qu'un délit commun ait été inspiré par un inté-

----

(1) *Entscheidung des Schweizerischen Bundesgerichtes,* année 1891, t. XVII, arrêt 71, 11 septembre, 1891, affaire Malatesta, p. 456.—Année 1901, t. XXVII, 10, 30 mars, affaire Jaffei.—Année 1906, t. XXXII, 18 juillet, affaire Belenzow, p. 531.—Année 1907, 12 février, affaire Keresselidzé et Magaloff.—Année 1907, 7 mai, affaire Kilatschitski, p. 403 et s.—Année 1908, 13 juillet, affaire Wassilieff.

rêt exclusivement politique, dit-on, pour que son caractère change tout au moins au point de vue international, parce que ce délit n'a pas le caractère de perversité qui rend l'auteur criminel devant toutes les nations; *sans l'excuser, l'élément politique diminue* néanmoins l'aspect menaçant du délit. L'incertitude sur le caractère des actes, les passions mêmes, les compliquent et les protègent (1).

En un tel cas le but de l'agent est tellement différent du but poursuivi par l'auteur d'un délit de droit commun, qu'il dépasse la sphère de celui-ci et l'élément qui le constitue reste comme effacé devant le caractère d'acte politique. On cite volontiers comme exemple le cas d'un insurgé qui tue, dans un combat de rues, un soldat; en un tel cas le but de l'agent ne peut aucunement être comparé à celui d'un assassin vulgaire et ainsi personne ne songerait même à considérer un tel meurtrier comme un délinquant ordinaire.

Délits politiques relatifs, dit Vidal, sont ceux qui, au point de vue objectif, lèsent un individu ou l'Etat considéré comme personne privée; mais qui, au point de vue subjectif, dans l'intention de leurs auteurs, ont la politique pour mobile, pour but *ou* pour occasion (2). La définition de cet auteur conduit à croire qu'à son avis il ne faut pas le concours du but, du mobile et de l'occasion, mais qu'un quelconque de ces trois éléments suffisent pour déclarer le fait connexe.

Le Tribunal fédéral suisse, dans son arrêt du 12 fé-

____

(1) HÉLIE, *Traité de l'Instruction criminelle*, t. II, p. 687.

(2) VIDAL, *op. cit.*, Ie partie, ch. II, § 76.

vrier 1907, sur l'affaire Keresselidzé et Magaloff, semble exiger trois conditions pour que le délit relatif soit tel et jouisse des avantages des délits politiques. «La question, dit-il, se résume à savoir si le délit qui est reproché aux inculpés et qui, en soi, réunit incontestablement les éléments d'un délit de droit commun—du crime de vol à main armée—n'emprunte pas cependant le caractère de délit politique *aux motifs qui l'ont inspiré, au but qu'il devait permettre de réaliser ou d'atteindre, ainsi qu'à toutes les circonstances dans lesquelles il a été exécuté, et au nombre desquelles il faut spécialement ranger la situation politique de l'Etat sur le territoire duquel le délit a été perpétré».* Ces trois conditions seraient, donc, le but, les motifs et les circonstances qui entouraient l'agent.

Nous sommes du même avis, que le Tribunal fédéral nonobstant que le troisième élément ne puisse être considéré que comme signe pour apprécier les premiers.

Nous sommes aussi d'accord avec l'opinion de Hélie lorsqu'il veut qu'on ne sépare pas les deux aspects du délit, et nous le sommes aussi dans le désir que l'acte *vraiment* politique soit jugé d'une façon bénigne, comme doivent être jugés tous ces actes qui obéissent à une passion aveugle, qu'elle soit politique ou non; mais cela ne veut pas dire que nous cédions sur le question de l'asile interne. Au contraire, en disant que le délit politique ne doit pas être séparé du délit connexe commun, nous comprenons qu'il n'y a pas de raison de justice pour laisser le délinquant impuni parce qu'il aurait eu l'habilité de se prévaloir d'un prétexte politique et de s'être ensuite réfugié dans une légation. Nous ne croyons pas, non plus, nous le répétons, qu'une cause politique puisse abolir la responsabilité, bien qu'elle puisse l'atténuer jusqu'à un certain point; assurer le contraire serait immoral, car ce serait favoriser l'accomplissement d'actes criminels sous prétexte de délits politiques; si cette théorie était adoptée, tous les délits se trouveraient permis sous un prétexte plus ou moins politique et sous la protection de l'insurrection.

La difficulté de savoir à coup sûr si l'acte provient d'un mobile, s'il obéit à un but politique ou si la politique n'y est qu'un simple prétexte, ne reste pas moins réelle: il serait inadmissible de croire que tous les actes commis à un moment de révolte puissent revêtir le caractère politique, cela nous l'avons déjà dit; le mobile de l'acte et le but que l'auteur a eu en vue en l'exécutant, étant la règle dont on doit se servir pour qualifier le délit, il est extrêmement difficile de savoir à science certaine sa nature, attendu que cette norme est d'ordre interne et ne peut être reconnue que d'après des manifestations plus ou moins mensongères et plus ou moins trompeuses.

Nous sommes d'accord, nous l'avons exprimé, en ce que l'état de révolte du pays, soit un signe qui peut servir pour arriver à une juste interprétation; mais que dire des actes isolés de tout mouvement politique? de ceux qui ont lieu loin du théâtre même de la sédition? ou de ceux qui préparent la sédition?

L'impossibilité presque absolue de déterminer *a priori* la condition d'un acte commis dans de telles circonstances, son caractère de crime isolé, d'habitude froidement calculé, est précisément la cause de ce qu'on soit arrivé à croire qu'il ne peut avoir de délits politiques que dans les moments de révolte et d'insurrection. Cette opinion, acceptée, comme nous l'avons vu, par

Stuart Mill et par la commission anglaise composée de lord Cockburn, lord Selborn, lord Stephen et Phillimore, et nonobstant qu'elle tend au but louable de faire disparaître ces délits froidement prémédités sous un prétexte politique, nous la croyons fausse, car dans un délit de ce genre il peut y avoir aussi de l'impulsion du mobile politique. Nous ne reviendrons pas sur ce que nous avons déjà dit à ce sujet.

Parmi les crimes qui peuvent revêtir le caractère de politico-relatifs, le plus discuté est, sans doute, l'assassinat ou le meurtre politique, auxquels les uns assignent un caractère exclusivement politique, alors que d'autres veulent qu'ils soient considérés comme délits communs.

L'assassinat politique et, en spécial, le meurtre du chef de l'Etat, dit-on, doit être toujours considéré comme un délit purement politique (ou relatif avec prédominance du caractère politique). L'existence du souverain ou du chef de l'Etat étant intimement liée avec l'organisation politique du pays qu'il gouverne, les intérêts sociaux— dont il est le gardien et la personnification la plus élevée, —se confondant à un haut degré avec ses propres intérêts, les partisans de cette opinion veulent qu'on fasse abstraction du crime de droit commun contenu dans l'attentat et n'envisagent que le crime politique. Plus encore, un assassinat de ce genre, on nous l'assure, a un but essentiellement politique, car il est le moyen d'arriver au but de supprimer l'obstacle qui se présente pour le triomphe des idées d'opposition, de prévenir la guerre civile en supprimant le tyran; l'*exécuteur,* en ce cas, tranche tous les intérêts politiques, les haines, les cruautés qui se trouvent concentrées en la personne du chef de l'Etat ou du fonctionnaire public qu'on supprime;

c'est la vie du régime que l'on attaque, le meurtre de l'individu n'étant qu'une conséquence accessoire, incidentelle, bien que nécessaire: sa vie était un obstacle qui disparaît au mouvement politique et à la transformation sociale, sa mort constitue une digue qu'on rompt; l'assassinat n'est pas commis pour tuer un individu, mais pour supprimer une tendance politique.

Pour d'autres, au contraire, l'assassinat politique est le pire des crimes, parce qu'il constitue non seulement le suprême attentat contre l'ordre privé, mais l'assassin commet en outre un attentat contre l'ordre public; le crime d'assassinat se trouve aggravé par la qualité de la personne et par les conséquences et les troubles qui peuvent résulter pour le pays; la révolte et la guerre civile peuvent être les conséquences de ce crime contre toute loi et contre toute moralité, et quelles conséquences, celles de la guerre civile! Si l'on qualifiait l'acte de politique, dit-on, les personnes haut placées se trouveraient moins protégées, en ce qui concerne leur vie, que les simples particuliers, ce qui ne serait ni rationnel, ni convenable, ni juste.

Enfin, il ne manque pas une troisième théorie qui a adopté le chemin du milieu. Ce délit, dit-elle, est un délit relatif dans lequel peut prédominer l'élément politique, comme il peut prédominer l'élément de droit commun; et alors toute la théorie des délits relatifs revient en entier.

Ceux qui trouvent qu'un délit de droit commun devient politique lorsqu'on le commet au moment d'une insurrection, exigent cette condition pourque l'assassinat politique soit considéré comme délit politique; c'est ainsi, par exemple, que les tribunaux anglais appliquèrent la règle adoptée par la commission de 1877, lors de l'affaire Castioni. Dans le cours d'un mouvement insurrectionnel du Tessin, le 11 septembre 1890, au moment où la foule venait à forcer les portes du palais du gouvernement à Bellinzona, le conseiller d'Etat M. Rossi fut tué d'un coup de révolver. L'auteur présumé Angelo Castioni, s'étant réfugié en Angleterre, le gouvernement suisse demanda son extradition. La Haute Cour de justice de Londres, le 10 décembre 1890, décida alors que pour déterminer la nature de l'acte, il ne suffisait pas que le crime ait été commis par des motifs politiques, ou qu'il se soit produit au cours d'une insurrection ou d'un mouvement politique, mais qu'il fallait à la fois: 1° que le crime ou délit ait eu lieu au cours d'une insurrection ou d'un mouvement politique; et 2° qu'il soit un élément ou une partie intégrante. Le juge Denman alla encore plus loin, car, d'après lui, il importe peu de savoir si, au moment, où il s'est produit, l'acte était nécessaire; mais seulement si l'inculpé l'a exécuté comme faisant partie d'une foule insurgée.

Ceux qui pensent que la caractéristique du délit politique est le motif qui conduit le délinquant à agir, croyent qu'il suffit d'étudier celui-ci, et selon sa nature, déclarer l'assassinat crime politique ou crime de droit commun. C'est ainsi, par exemple, que l'assassinat de Marat par Charlotte Corday a été qualifié de délit politique.

Par contre ceux qui croyent qu'il faut aussi tenir compte du but de l'agent, ont conclu qu'on ne saurait tirer que sont des délits politiques les attentats dirigés contre les gouvernants ou contre certains hommes publics, à raison de leur attitude politique à moins que ces attentats ne poursuivent un but politique. Ces faits ne sauraient constituer un délit politique que si leur auteur s'était proposé, en les commettant, d'exercer un mouvement sur l'attitude politique ou sur la situation publique de l'Etat ou des dirigeants de l'Etat (1).

«Les attentats contre le souverain et les personnes revêtues de dignité politique peuvent être des délits politiques—dit Fiore,—s'ils sont dirigés contre la personne morale qui exerce le pouvoir suprême, ou, en d'autres termes, si ce sont des attentats dirigés contre la souveraineté. Mais si le délit était dirigé contre l'homme et si du but qu'on voulait atteindre, ainsi que des circonstances de temps et de lieu, il résultait qu'on ne cherchait pas à renverser la souveraineté ni à s'émparer du pouvoir, on ne devrait plus alors donner à l'attentat la qualification de politique» (2).

Mais le défaut annoté, du manque de moyens pour arriver à connaître de manière exacte le motif ou le but qui ont induit l'agent à agir, apparaît avec une gravité très grande étant données les conséquences que la qualification de l'acte peut avoir. Si la jurisprudence n'est d'accord quant les règles de qualification et quant la base qui doit servir pour la faire, il n'y a pas non plus d'accord d'opinions en ce qui touche les faits eux-mêmes, c'est-à-dire sur la question de savoir si étant donné un fait particulier il a été motivé ou non par des considérations politiques ou s'il a obéit ou non à un but politique; c'est ainsi que nous avons vu considérer comme délits communs les mêmes faits que d'autres ont qualifiés délits politiques. Lammasch cite parmi autres faits de ce

<hr>

(1) LAMMASCH, *Op. ct.*, p. 56.
(2) FIORE, *Droit international public,* IIe partie, p. 592.

genre le meurtre de Lincoln par Booth et celui de Gar-
field par Guiteau.

Mais supposons qu'on puisse arriver à un accord
parfait relativement aux caractères que l'homicide doit
avoir pour être qualifié de délit politique, même dans ce
cas nous trouvons difficile que le but ou que l'intention
de l'agent puissent lui créer une situation aussi favorisée,
comme celle dans laquelle on veut le placer. «Il n'y a
pas de crime politique, par cela seul que le fait a été
commis dans un but politique ou sous l'empire de la
passion politique—dit Renault, l'éminent professeur de
Paris. Par exemple, en dehors de toute lutte ouverte,
un individu persuadé que la vie de telle personne met
obstacle à la réalisation de ses espérances politiques,
tue cette personne ou tente de la tuer; il n'y a pas là un
crime politique dans le sens où l'expression doit être
prise ici; il y a un assassinat commis sous l'empire de
la passion politique, ce qui est bien différent. Pourquoi
la passion politique, aurait-elle plus d'effet que toute
autre passion qui pourrait être au moins aussi excusable?
Au point de vue juridique, il n'y a plus d'assassinat politique qu'il n'y a à distinguer, suivant que l'assassinat
est commis par vengeance, ou par cupidité, etc., le fait
est toujours le même, quelque variées que puissent être
les circonstances dans lesquelles il se produit». Ceux
qui ont tué le président Lincoln, le duc de Berry, Rossi,
etc., ont commis des assassinats ou des tentatives d'assassinat, la conscience nous dit cela, quoique la passion
politique puisse parfois induire à le nier. «Au point de
vue moral—ajoute M. Renault,—il a pu y avoir des différences entre ces individus, comme il peut y en avoir
entre ceux qui agissent sous l'empire des passions non

politiques; ils n'en sont pas moins tous des assassins ou des meutriers dans toutes les langues et dans toutes les législations. L'indulgence pour le criminel qui sacrifie sa vie pour assurer le triomphe de ses idées, la sympathie pour ces idées, l'antipathie pour sa victime et le régime qu'elle représente ne doivent pas faire illusion, sans quoi toute notion de droit et de justice disparaît» (1).

La propagation de certaines idées prêchant la légitimité de l'assassinat comme moyen politique pour atteindre un but, et la répétition extrêmement fréquente, de nos jours, de crimes de ce genre, ont eu pour résultat que les législateurs et les magistrats leur assignent de préférence le caractère commun.

Cette théorie a été suivie dans plus d'une occasion dans la pratique. C'est ainsi, par exemple, que la France obtint de la Prusse, en 1835, l'extradition de Bardou complice dans l'attentat dirigé par Fieschi contre Louis-Phillipe. De même en 1845 la France aurait obtenu de la Suisse l'extradition d'un individu accusé de tentative de régicide (2).

En France le régicide, quoique placé parmi les crimes politiques, était puni de la même peine que le parricide (article 86 du code pénal, modifié par la loi du 10 juin 1853); ces dispositions sont considérées abrogées depuis la chute de l'Empire, d'où il faudrait déduire que l'atten-

(1) Ed. Clunet, année 1880: Renault, *Les crimes politiques en matière d'extradition,* p. 55 et s.

(2) Ce cas, très cité par les auteurs qui ont traité de l'extradition n'a pu cependant être constaté pour nous; nous n'avons rien trouvé à son sujet, dans les publications officielles de la Confédération.

tat contre la vie du président de la République tombe sous l'article 295 et suivants du code pénal et, en fait, ce fut ce qui fit la Cour d'assises du Rhône lors du jugement de Caserio, l'assassin du président Sadi-Carnot.

Le code pénal italien, article 117, et le code allemand se trouvent d'accord avec l'ancienne législation française.

La Cour de cassation belge, le 12 mars 1854, déclara au sujet de l'extradition de Jacquin, complice dans un attentat contre Napoléon III, réclamé par le gouvernement français, «qu'il est évident dès lors que le législateur de l'article 6 de la loi du 1 octobre 1833 (qui interdit l'extradition pour délit politique ou pour fait connexe au délit politique), n'a pas entendu par délits politiques que les faits dont le caractère exclusif est de porter atteinte à la forme et à l'ordre politique d'une nation déterminée, et par faits connexes à ces crimes, que les faits dont l'appréciation sous le rapport de la criminalité peut dépendre du caractère purement politique du fait principal, auquel ils se rattachent; mais que dans aucun cas cette disposition ne peut s'appliquer à des faits qui, quel que soit le but que l'auteur ait voulu atteindre et quelle que soit la forme politique de la nation où le fait a été commis, sont réprouvés par la morale, et doivent tomber sous la répression pénale, dans tous les temps et chez toutes les nations. Considérant que d'après l'arrêt attaqué lui-même, les faits qui ont motivé l'arrestation provisoire du défendeur constituent un attentat contre la vie de l'Empereur des Français et une tentative contre les personnes qui eussent fait partie du convoi impérial, considérant qu'il est impossible de considérer ces faits comme ayant exclusivement un caractère politique, dans le sens de l'article 6 de la loi, etc.».

Le 22 mars 1856 les Chambres belges décrétèrent que «ne sera pas réputé délit politique, ni fait connexe à un semblable délit, l'attentat contre la personne du chef d'un gouvernement étranger, ou contre celle des membres de sa famille, lorsque cet attentat constitue le fait soit de meurtre, soit d'assassinat, soit d'empoisonnement».

Dans un cas récent, les tribunaux belges décidèrent qu'un homicide pouvait être qualifié de délit politique: le gouvernement russe avait demandé à la Belgique l'extradition d'un étudiant polonais, Schinamski, qui était inculpé de meurtre d'un agent provocateur, commis en 1908. La Chambre des appels correctionnels de Bruxelles, déclara, le 11 avril 1911, que le délit reproché à Schinamski n'était pas un délit commun et refusa l'extradition.

Dans le cas de Jacquin, déjà cité, malgré les considérations exposées dans l'arrêt repoduit en partie, Jacquin, après avoir été mis en prison à Bruxelles, fut relâché en considération de ce que son délit pouvait être qualifié de politique.

La loi néerlandaise du 6 avril 1875 comprend entre les infractions passibles d'extradition «l'attentat contre la vie du souverain et celle des membres de sa famille, ou contre la vie du chef d'une république» (art. 2, numéro 1er).

En Angleterre l'opinion des juristes semble considérer, par règle, comme prédominant l'élément de droit commun. L'acte d'extradition de 1870 ne contient, cependant, pas de réserves en ce qui touche l'assassinat politique.

Malgré cette opinion prédominante parmi les juristes

anglais, l'Angleterre considéra comme délits politiques les complots dirigés contre Napoléon III, afin de refuser de livrer leurs auteurs au gouvernement français; nous venons aussi de citer l'affaire Castioni, qui reçut une solution identique. En 1876, lord Westlake, l'internationaliste bien connu, déclara qu'il fallait livrer aux Etats-Unis l'assassin de Lincoln, attendu que la politique ne saurait jamais autoriser un acte aussi immoral qu'un assassinat.

L'Italie, nonobstant les efforts de la France, n'avait pas voulu mettre la clause d'attentat contre les souverains ou chefs d'Etat dans le traité franco-italien du 12 mai 1870; la raison était celle de que «l'attentat contre la vie du chef de l'Etat ou d'un membre de la famille royale, ne constituant pas un délit commun, on ne pouvait pas admettre dans un traité une règle contraire à la législation italienne».

La même règle fut rejetée dans le traité franco-suisse de 9 juillet 1869, à cause, cette fois, de la différence des constitutions des deux pays et de ce que la Suisse croyait qu'une clause semblable originerait des difficultés internationales et internes chaque fois qu'elle ne resterait pas lettre morte.

La règle de que l'attentat contre la personne du chef d'un Etat étranger ou contre celle des membres de sa famille, lorsque cet attentat constitue le fait soit de meurtre, soit d'assassinat, soit d'empoisonnement, etc., a été acceptée par plusieurs traités internationaux; nous citerons, par exemple, outre le traité franco-belge du 15 août 1874, déjà signalé, la convention franco-chilienne du 11 avril 1860, la convention franco-hollandaise de 1860, celle de 1869 entre la France et la Norwège, celle

de la même année entre la France et la Bavière, entre
le Luxembourg et la France en 1875, la principauté de
Monaco et la France en 1876, la Danemark et la France
en 1877, l'Allemagne et l'Espagne en 1878, l'Allemagne,
la Suède et la Norwège en 1878, la Russie et la Belgique en 1872, la Russie et le Grand duché de Hesse en
1869, la Russie et la Bavière en 1869, la Russie et l'Autriche en 1874, la Russie et l'Espagne en 1877, la Russie et l'Hollande en 1880, etc. (1).

La loi suisse du 22 janvier 1895 n'a pas résolu directement le problème, car elle a laissé l'appréciation de
chaque cas particulier au Tribunal fédéral.

La jurisprudence suisse est, par conséquent, et doit
être fort diverse à ce sujet, car comme le Tribunal fédéral, lui même, l'a déclaré à plusieurs reprises, en matière de délits politico-relatifs, l'on ne saurait exiger
d'une part ou d'autre des preuves matérielles, tangibles,
absolues, dont l'apport serait le plus souvent impossible
quoique nécessaire. Dans la recherche des motifs ou
du but ou des circonstances de un acte semblable, a-t-il
dit, le Tribunal fédéral doit apprécier librement les faits
de la cause tels qu'ils lui sont révélés par les pièces
versées de part et d'autre au dossier, et par les témoi-
gnages recueillis pour compléter l'information (2).

La Suisse a reconnu le caractère de délit commun

(1) CARPENTIER, *Recueil de traités, conventions et dé-
clarations de droit international* (Paris, 1909); F. DE MAR-
TENS, *Recueil des traités et conventions.* DE CLERCQ,
Recueil des traités conclus par la France.

(2) *Entscheidung des Schweizerischen Bundesgerichts,*
année 1907, arrêt du 12 février, dans la cause Keresselidzé
et Magaloff, p. 169 et s.

d'un assassinat politique ou commis sous un prétexte politique: ainsi elle livra sans difficulté aux autorités russes un sujet russe Netchaieff, réfugié à Zurich en 1869, et accusé d'avoir poussé à l'assassinat d'Ivanoff à Moscou. Le 7 mai 1907 le Tribunal fédéral déclara que le fait qu'un meurtre a été accompli en vertu d'une décision et sous l'ordre d'un parti politique révolutionnaire ne suffit pas à imprimer à ce meurtre un caractère politique (1). De même le Tribunal fédéral, le 13 juillet 1908, consentit à livrer le sujet russe Wassilieff, auteur de l'assassinat du chef de police de Pensa, Kandaourow, aux autorités russes qui l'avaient réclamé. Cet arrêt nonobstant les raisons sur lesquelles le haut tribunal suisse s'appuie, fut l'objet des plus vives critiques, tant en Suisse que hors de la Confédération hélvetique. La Ligue des droits de l'homme, de Paris, fut émue et fit une grande campagne, du reste sans portée pratique aucune, contre la résolution du Tribunal suisse. Elle appuya sa campagne notamment sur l'opinion de Rivier, Ulmer, de Salis, etc., qui croyent que tous les délits mixtes doivent être considérés comme politiques pour jouir des avantages dont jouissent ceux-ci en droit international. Elle publia pour réfuter la résolution fédérale suisse des articles ou déclarations de personnages suisses remarquables, notamment de M. Adrien Lachenal, ancien président de la Confédération, et Eugène Borel le professeur bien connu à Berne (2).

(1) Dans cette même occasion, affaire Kilatschitsky, il déclara que la grève ne compte pas comme une émeute.

(2) *Bulletin officiel de la Ligue des droits de l'homme*, année 8, n.º 13, 15 juillet 1908, p. 926.

Quoi qu'il en soit, dans la sentence qui ordonne la remise de l'inculpé aux autorités russes, il est dit qu'«on ne saurait sérieusement prétendre que l'acte dont Wassilieff est accusé, soit un crime politique pur, c'est-à-dire un crime dirigé uniquement contre l'Etat; en effet, le meurtre est, dans son essence, et par sa forme même, en tant que dirigé contre la vie d'un homme, un crime de droit commun; ce ne sont que des circonstances étrangères à l'acte lui-même qui peuvent lui donner le caractère d'un crime politique relatif».

Un peu avant le Tribunal avait exposé ce qu'à son avis doit servir de règle pour connaître le caractère de l'acte: «La doctrine et la législation, est-il dit, se servent de deux critériums, l'un objectif, l'autre subjectif, pour reconnaître si un fait constitue un crime politique ou un crime de droit commun. Le critérium objectif réside dans la qualité officielle de la victime ou dans les circonstances de temps et de lieu dans lesquelles le fait s'accomplit, ou dans le résultat que le fait même devait produire; le critérium subjectif réside dans l'intention de l'agent et dans le but poursuivi par son acte visant au renversement de l'ordre politique ou social établi, ou à la légitime défense contre les actes du gouvernement contraires à la légalité ou aux principes généraux de la justice et de l'équité» (1).

Le procès du sujet russe Rudowitz à Chicago, donna

______

(1) *Arrêt du Tribunal fédéral suisse statuant, en scéance plénière du 13 juillet 1908, sur l'opposition faite par Victor Platonowitch Wassilieff, à son extradition demandée par le Gouvernement russe* (Lausanne, 1908), p. 11 et 12.

occasion aux juges américains de se prononcer en faveur du caractère politique du meurtrier d'un individu et de deux femmes sans défense qui avaient été accusés d'avoir trahi les plans révolutionnaires contre le gouvernement russe. Rudowitz ne fut, par conséquent, pas extradé (1).

Nous ne croyons pas que la fin puisse justifier les moyens et nous ne croyons pas, nos plus, que l'assassinat politique, ainsi nommé, cesse pour cela d'être un assassinat et que son auteur laisse d'être criminel pour se transformer en agent de parti, digne de louanges et de la reconnaissance publique. Il serait absurde d'assimiler la condition légale des Polonais faisant des complots ou combattant pour leur indépendance, avec celle de Luccheni, le répugnant assassin de l'impératrice Elisabeth d'Autriche; mais il n'est pas possible d'oublier que si l'acte mérite réprobation, le mobile peut servir de circonstance atténuante, que le délit peut être le résultat du désespoir, d'un fanatisme patriotique ou d'une véritable folie politique qui atténueraient subjectivement la gravité du fait en soi. Qu'on pense dans les phénomènes de suggestion mutuelle auxquels se trouvent soumis les sociétés révolutionnaires russes, qu'on considère le degré d'excitation maladive auquel arrivent ces jeunes gens hypnotisés par des tableaux faits avec du sang dans le milieu le plus suggestif; qu'on tienne compte du déséquilibrage mental auquel peuvent arriver des jeunes filles qui voyent dans le tyrannicide un acte louable et qui se dévouent au bien d'un avenir aussi lointain que mensonger, qu'on pense à tout cela et on trouvera que

(1) Ed. Clunet, année 1909, p. 1015.

l'assassinat politique tout en étant un crime répugnant et cruel, ses auteurs sont par fois plus dignes de la maison de fous que de la guillotine. Et si nous avons exposé ainsi notre manière particulière de penser à ce sujet, c'est pour dire qu'il nous paraît difficile de résoudre la question *a priori* et, en tout cas, s'il est irrationnel de considérer l'assassinat politique comme délit purement politique, il est injuste de lui assigner d'avance et pour toujours la qualité de délit commun; de même que nous trouvons aussi un grand danger et un manque d'équité au fait de séparer ces deux éléments, tous deux ayant contribué au délit. Si de fait et moralement ils sont distincts et séparables, il est néanmoins nécessaire que devant la justice, qui doit peser les mobiles et les circonstances de l'acte, ils se présentent unis.

Pour finir déjà avec cette question, qui nonobstant est seulement incidentelle dans notre étude, nous allons reproduire la doctrine suisse contenue dans l'arrêt du Tribunal fédéral, relatif à l'affaire Wassilieff, déjà cité. Le Tribunal a examiné le problème en théorie et a exposé la doctrine, qui autorisée par lui, a dorénavant une nouvelle force, celle de former la jurisprudence d'un des tribunaux les plus éclairés de l'Europe. Le Tribunal fédéral en abordant le problème à fond, étudie ce qu'il faut, à son avis, entendre par élément politique en un délit connexe et aussi quel doit être la valeur de la connexité avec un délit politique.

«Pour juger cette question, est-il dit, pour déterminer si un acte criminel complexe constitue un délit politique relatif, il faut faire application des principes généraux posés par la doctrine, principes que le Tribunal fédéral a suivis dans une jurisprudence constante.—A teneur de ces principes, un acte ne peut être considéré comme revêtant le caractère d'un délit politique relatif, que s'il a été commis dans le but de préparer ou d'assurer la réussite d'un délit politique pur, c'est-à-dire d'un acte criminel dirigé contre l'organisation politique ou sociale de l'Etat. Lammasch résume ces principes en ces termes: «La caractéristique du délit politique relatif réside en »ceci, que l'auteur n'accomplit pas le délit commun, qui »coexiste avec le crime politique, pour l'accomplir, ni »pour produire le résultat que ce délit commun entraîne »immédiatement, *il ne tue pas pour tuer quelqu'un...;* »le but que l'acte vise, dépasse les résultats immédiats »qui suffisent pour déterminer l'existence d'un délit »commun; ce but réside dans l'exécution ou la prépara-»tion d'un acte criminel dirigé contre l'existence ou l'or-»ganisation politique d'un Etat» *(Auslieferungspflicht und Asylrecht,* p. 294).

»Il ne suffit pas que le but poursuivi revête un caractère «politique» au sens étendu et imprécis de ce terme, c'est-à-dire qu'il soit le but d'un parti politique quelconque existant dans l'Etat. En effet, le but officiel d'un parti peut, dans certains cas, servir de manteau aux passions les plus misérables et les plus répréhensibles. Le refus d'extradition, et l'octroi de l'asile qu'il implique, ne se justifient que lorsque l'auteur du crime a placé son idéal plus haut, lorsqu'il a pu espérer que son acte aurait pour conséquence une amélioration de l'organisation politique ou sociale de l'Etat. Ce n'est qu'alors que, grâce au but élevé poursuivi par le criminel, son acte se présente sous un jour plus favorable, circonstance qui peut aller jusqu'à excuser le délit de droit commun dont l'accusé s'est rendu coupable. Lammasch, dans son

ouvrage déjà cité (p. 295), dit à ce sujet: «Mais il ne
»faut pas donner aux mots de *but politique* une portée
»vague et générale; il faut prendre ces termes dans leur
»sens clair et précis. Ces mots supposent l'intention de
»commetre ou de préparer un délit politique au sens
»restreint, c'est-à-dire un délit politique pur».

»Mais pour que l'asile puisse être accordé et l'extradition refusée, une seconde condition doit être remplie:
ainsi que le Tribunal fédéral l'a déjà jugé le 7 mai 1907
dans l'affaire Kilatschitski, il faut qu'il y ait un *rapport
direct* entre le crime commis et le but poursuivi par un
parti, de modifier l'organisation politique ou sociale de
l'Etat; il ne suffit pas que ce rapport soit plus ou moins
perceptible, il doit être clair et net.

»C'est à l'accusé, qui s'oppose à la extradition, qu'
incombe la charge d'établir des faits dont le juge puisse
déduire l'existence de ce rapport direct et conclure que
le but poursuivi était réellement un but purement politique. S'il résulte des preuves apportées que le but politique était lointain, si lointain que l'auteur ne pouvait
raisonnablement pas supposer que son acte aurait ou
pourrait avoir un effet politique direct, perceptible
également pour les tiers, tout motif d'accorder l'asile
disparaît.

»Plus le rapport existant entre l'acte criminel en lui-
»même et l'entreprise politique projetée est lointain,
»moins aussi cet acte paraît en général de nature à pré-
»parer la réalisation de cette entreprise, et moins il peut
»être considéré comme un délit politique. Par exemple,
»le pillage de caisses publiques, opéré dans l'intention
»de ne faire usage du produit du vol qu'après plusieurs
»années, n'est plus à notre avis un délit politique. Seul

»un fanatisme qui ne tient compte de rien et ne mérite
»dès lors aucune considération, pourrait prétendre ap-
»pliquer ici le principe que la fin sanctifie ou tout au
»moins justifie les moyens» (Voir von BAR, *Zur Lehre
von der Auslieferung,* Gerichtssaal, 1882, p. 500).

»C'est évidemment en s'inspirant de ces principes
qu'en octobre 1872 déjà, avant la conclusion du traité
d'extradition russo-suisse actuellement en vigueur, le
Conseil fédéral a extradé à la Russie le nommé Netchaieff, qui était poursuivi pour incitation au meurtre et
s'était opposé à l'extradition en soutenant qu'il n'avait
commis son crime que parce qu'il craignait que la victime
ne trahît l'existence d'un complot révolutionnaire, donc
dans un but purement politique (Voir *Journal de droit
international privé*, 1880, p. 76).

»Il y a enfin une troisième condition à remplir: lorsque même le but final poursuivi est un but politique, au
sens étroit du terme, l'élément de droit commun peut,
cependant, encore l'emporter sur le caractère politique
du délit, à raison de l'atrocité du moyen employé pour
atteindre le but visé. Cet élément doit incontestablement
être pris en considération; c'est là la volonté du législateur suisse, telle qu'elle ressort des travaux préparatoires
de la loi fédérale d'extradition; il suffit pour s'en convaincre de lire le message du Conseil fédéral du 9 juin
1890. Ce message repousse, il est vrai, la thèse adoptée
par l'Institut de Droit International, dans sa réunion
d'Oxford, en 1880, aux termes de laquelle aucun assassinat, aucun incendie, aucun vol ne devrait être excepté
de l'extradition à raison seulement de l'intention politique
de son auteur; il repousse aussi l'opinion présentée par
Lammasch, non seulement comme la sienne propre,

mais encore comme celle de la plupart des auteurs,
suivant laquelle pour le moins tout *assassin* devrait être
extradé. (RENAULT, *Journal du Droit International
privé,* 1880, p. 78).

»Mais si le message n'a pas fait sienne cette manière
de voir, c'est qu'il n'a pas voulu déclarer que certains
crimes de droit commun seraient, en tout état de cause
et sans exception possible, exclus de l'immunité accordée aux délits politiques; il a voulu laisser la porte
ouverte aux exceptions, rares il est vrai, mais qu'on
peut concevoir, «où les intérêts en jeu ont plus de prix
»pour l'humanité que la vie d'un individu». Ce n'est que
dans ces limites que le Conseil fédéral a admis qu'un
assassinat pût avoir le caractère prépondérant d'un délit politique et être considéré comme délit politique relatif. Il n'est pas douteux que, des motifs invoqués par
lui à la appui de l'article 10 actuel de la loi fédérale
d'extradition, il ne découle que le Conseil fédéral condamne et réprouve les partisans de ces groupes extrêmes «qui ne considèrent pas le crime comme la res-
»source extrême, comme l'*ultima ratio,* d'un parti pour-
»suivi et persécuté, n'ayant plus d'autre moyen de dé-
»fense, mais qui l'emploient comme un moyen de lutte
»ordinaire, voire même comme unique arme dans le but
»de terroriser les populations».

»En admettant le projet de l'article 10 de la loi, tel
qu'il leur était soumis par le Conseil fédéral, les Chambres ont approuvé cette manière de voir; elles n'ont
donc pas voulu admettre que tout délit commun ayant
un teinte politique fût considéré comme delit politique
relatif pouvant justifier un refus d'extradition.

»C'est en partant de ces principes que le Tribunal
15

fédéral a jugé, dans l'affaire Belenzow, le 18 juillet 1906, que la base du droit d'asile suisse repose sur cette idée: que l'asile doit être accordé à l'étranger digne de protection qui a combattu pour ses *convictions politiques* et est recherché pour ce motif, mais que cette faveur ne doit profiter qu'aux individus qui en sont dignes» (Voir BEAUCHET, *Traité de l'extradition*, Paris, 1899, p. 230 et s.).

Cette idée de refuser le qualificatif de politiques à ces délits d'un telle gravité, que son caractère de délits communs laissent pour ainsi dire dans l'ombre, le caractère politique de l'infraction a été déjà proposée par certains juristes dès beaucoup de temps avant; ainsi on a voulu que, outre l'assassinat, l'empoisonnement et le meurtre, ne puissent jamais avoir la qualité de politiques, les délits contre l'humanité. Ces infractions dirigées non contre le système politique d'un Etat déterminé ou contre telle organisation ou telle forme de gouvernement, mais contre les bases de toute organisation sociale se trouvent dans le même cas; les crimes les plus graves au point de vue de la morale et du droit commun tels que les mutilations, blessures graves et prémeditées, etc. Mais, comme le dit Prins, ces formules indiquent des tendances et non des solutions (1).

L'Institut du Droit International a accepté aussi la théorie que lorsque le délit est très grave, la qualité politique du fait doit disparaître devant le délit commun. Dans sa session de Genève, en 1892, il déclara que «ne sont point réputés politiques, au point de vue des règles qui précédent les faits délictueux qui sont dirigés con-

____

(1) PRINS, *op cit.,* § 161.

tre les bases de toute organisation sociale et non pas seulement contre tel Etat déterminé ou contre telle forme de gouvernement».

Un projet de loi voté par la Chambre des députés française, le 6 juillet 1895, et par le Sénat en première délibération, le 11 juillet 1898, enlève aux crimes de trahison contre la patrie son caractère politique, en les frappant de la peine de mort (1).

Quoi qu'il en soit, l'étude précédente nous montre combien il est difficile de déterminer ce qu'il faut entendre par délit politique et nous fait voir qu'il y a une infinité d'opinions à ce sujet, ce qui donnerait lieu à des discussions sans fin, ennuyeuses et dangereuses au plus haut degré pour la bonne harmonie des peuples, si l'on se résolvait à faire valoir l'asile diplomatique pour les délits politiques.

Et qu'on ne nous dise pas que le même problème existe pour l'extradition et que cependant dans son application rationnelle en excluant les délits politiques, il n'y a pas les difficultés annotées. Mais si, ces difficultés existent, nous l'avons vu plusieurs fois et nous venons de citer l'affaire Wassilieff qui souleva des protestations et exaspéra certains esprits; cependant acceptons qu'il soit ainsi et que l'asile externe pour les délinquants politiques n'ait jamais crée aucun ennui aux gouvernements, le cas par rapport à l'asile interne n'est pas le même: ici le délinquant reste dans le pays et sa présence peut être non seulement préjudiciable au gouvernement local, mais même l'irriter dans son impuissance, exaspération qui le portera à considérer l'agent diplo-

(1) VIDAL, *op. cit.,* Ier partie, liv. II, chap. II.

matique qui a donné l'asile comme son ennemi et comme complice de l'asilé. Cela est une question de fait indiscutable.

Qui serait compétent pour déclarer si le délit est ou n'est pas politique—le pays de refuge, conformement à ce qu'il arrive pour l'extradition, ou bien celui qui a intérêt à poursuivre le délit?

Cette question est aussi difficile à résoudre que la précédente. Ce ne pourra être le pays du coupable, celui près lequel le diplomate se, trouve accrédité, dit-on, qui sera apte à juger de la nature de l'acte commis par le réfugié dans la légation: l'intérêt de conservation du gouvernement le conduira à juger toujours l'acte comme un délit commun afin de pouvoir réclamer la remise du coupable pour le soumettre à ses propres tribunaux, qui le jugeront avec sévérité, soit en vue d'assurer la défense sociale en faisant un exemple, soit pour prendre d'une certaine façon leur revanche de l'insulte que l'asile leur a infligé. La passion politique y contribuerait efficacement, en aveuglant les autorités et en leur faisant méconnaître le vrai mobile de l'acte. Si l'acte est tant soit peu complexe, le pays étranger et neutre dans la lutte est le seul capable de considérer le délit avec une impartialité véritable et de découvrir si le caractère prédominant est politique.

Les adversaires de cette façon de penser répondent à cela qu'adopter une règle semblable serait consacrer la méfiance envers l'Etat lèsé, méfiance qui serait extrêmement injurieuse pour ce dernier. C'est lui le seul compétent pour qualifier le délit de politique ou de commun, car c'est lui qui peut le mieux connaître les circonstances, les mobiles de l'acte, les antécédents du coupable, en deux mots, toute l'atmosphère entourant le délit. Adopter la règle que ce soit le pays représenté qui doive signaler la nature du fait, serait commettre un attentat contre la souveraineté locale, en laissant à une autorité étrangère le droit de qualifier un délit intéressant l'Etat non seulement dans son droit, mais aussi dans son organisation politique, pour déclarer ou pour nier sa compétence judiciaire à l'égard d'un acte commis sur le territoire, c'est-à-dire pour lui permettre d'exercer un droit annexe à la souveraineté. Consacrer cette règle serait accepter une réforme législative exceptionnelle faite par un autre que le législateur, attendu qu'un fonctionnaire étranger se mêlerait des affaires intérieures les plus délicates, pour déclarer que le législateur s'est trompé en qualifiant l'acte de délit commun alors qu'à son avis il était politique.

Et à quelles lois se soumettra l'Etat qui doit qualifier l'acte commis à l'étranger: est-ce à sa propre loi ou à celle du pays du délinquant? Si c'est à la première on pourrait aboutir à ceci d'absurde qu'un Etat démocratique aurait à décider d'après sa législation si un acte commis dans une monarchie absolue est attentatoire ou non au régime et si les mobiles de l'acte sont ou ne sont pas délictueux, quelle que soit la législation de l'autre Etat. Si la loi applicable était celle du pays du coupable, on aurait l'étrange spectacle d'un juge constitutionnel interprétant les lois d'une autocratie, ce qui ferait que la question ne se trouverait jamais résolue selon l'esprit de la loi, ou, en d'autres termes, que l'application de la loi étrangère se trouverait toujours être hypocrite et trompeuse.

Mais admettons cependant que la qualification de

l'acte appartienne au pays de la légation, ainsi que le veulent la plupart des auteurs qui acceptent l'asile pour les délits politiques: à qui assigner l'exercice de ce droit, est-ce à l'agent diplomatique ou bien aux autorités de son pays?

L'accorder à l'agent serait absurde, car ce serait mettre entre ses mains un pouvoir immense qui finirait par rendre odieuses toutes les ambassades; ce serait lui attribuer une autorité supérieure à celle des tribunaux les plus élevés; ce serait lui donner la qualité d'un juge irrégulier, mais capable néanmoins à défaire, par sa propre autorité et sa seule volonté, tout ce qu'ordonnent ou pourraient ordonner les juges réguliers; ce serait lui concéder le pouvoir de décider de la portée des fonctions de ces derniers, en les déclarant soit aptes à appliquer la peine, soit incompétents pour juger le coupable; et cela, serait un pouvoir trop vaste pour le mettre entre les mains d'un seul fonctionnaire et d'un fonctionnaire étranger, qui peut, sans nul doute, être tres capable et très honorable, mais qui peut aussi parfois ne pas offrir toutes les garanties qu'exigerait l'exercice de fonctions aussi délicates.

Sera-ce peut-être le pays qui donne asile qui, par l'organe de ses autorités judiciaires et exécutives, décidera si, oui ou non, le délit est politique? Il y aurait alors un risque d'erreur encore plus grand, celui de voir les autorités étrangères, éloignées du pays de l'acte, dont elles ne connaissent que de seconde main l'état politique venir à juger un acte commis à l'étranger sans avoir aucun intérêt dans la relation juridique: de quel droit pourront-elles obliger les autorités étrangères à accepter leur avis? Serait-il possible que leur décision fût juste, étant donné les circonstances dans lesquelles elle est dictée et l'ignorance des faits ayant motivé le délit et l'état d'âme du coupable qui n'a pas été vu? Ne serait-ce pas une façon détournée pour que le diplomate lui-même résolve la question attendu que son témoignage aurait un grand poids pour la décision définitive des autorités?

Dans l'extradition nous avons déjà remarqué quels sont les inconvénients multiples du système, cependant que le problème est plus simple, car là il y a les autorités supérieures du lieu d'asile qui peuvent entendre l'inculpé, sa défense et son accusation; dans notre cas le réfugié restant dans la maison de l'ambassade, c'est l'ambassadeur, lui tout seul, qui, en definitive, résoudra la question.

Quel que soit donc le système qu'on adopte, les inconvénients sont des plus graves et il nous semble, nous le répétons, qu'il y a autant de bonnes raisons pour attaquer l'un des procédés qu'il y en a pour attaquer le procédé opposé.

Ce qui vient d'être dit nous conduit à penser que l'asile interne, aussi bien pour toutes les sortes de délits, que limité aux seuls délits politiques, ne saurait être accepté de nos jours, comme étant contraire à l'état de notre civilisation, au concept rationnel de l'Etat et à la nature du pouvoir pénal.

Nous ne nions pas, encore une foi, que l'asile diplomatique ait pu exceptionnellement rendre parfois des services utiles à la cause de l'humanité, en sauvant de rancunes politiques des innocents et des victimes; mais ce sont là des cas exceptionnels, qui ne sauraient en aucune façon autoriser à baser une règle générale, reconnaissant que tout asile, ou du moins que tout asile pour cause politique, est juste et recommandable.

En émettant l'avis que l'asile devrait exister pour les délits politiques, Calvo voulut peut-être justifier quelque peu l'abus que dans l'Amérique latine on fait de cet asile; ou peut-être, étant hostile, comme nous le sommes nous-mêmes, à la existence d'une exception humiliante et ridicule pour les pays américains, et se voyant impuissant à guérir le mal ou ne voulant pas l'entreprendre de sa propre autorité, il prétendit au moins généraliser le principe, essayant de légitimer l'illégitimable, afin de rendre universel ce qui actuellement constitue une règle d'exception.

Nous allons nous permettre de citer ici l'avis de quelques hommes d'Etat, qui considéraient les inconvénients de l'asile, surtout au point de vue pratique, d'après les ennuis que l'institution leur avait causés.

Lord Palmerston, l'éminent politicien anglais, en réponse au gouvernement espagnol, au sujet de quelques asilés politiques dans l'ambassade britannique de Madrid, déclara «que le gouvernement de Londres était tout prêt à reconnaître qu'une telle pratique était en principe sujette à critiques».

Mr. Hollister, ministre des Etats-Unis à Port-au-Prince disait, en 1868, que «le droit d'asile fait en général plus de mal que de bien et que la pratique qui en est faite favorise les troubles civils» (1).

Mr. Fish, secrétaire d'Etat des Etats-Unis, à propos de l'asile accordé à des révolutionnaires espagnols dans la légation américaine, en 1875, déclara que cet asile politique est toujours une cause d'ennuis pour les re-

____

(1) Dépêche á son gouvernement, de 8 mai 1868.

présentants dont les légations sont utilisées comme refuge, et un dommage pour les pays où il a lieu, car l'asile encourage les conspirations et les complots en vue de changer de ministres et de gouvernements (1).

L'Institut de Droit International, nous l'avons déjà dit, n'a pas donné son avis sur cette question, nonobstant qu'à la session de Cambridge, 1895, lors de l'étude d'un règlement pour les immunités diplomatiques, la commission respective ait adopté dans son projet la séparation entre délits politiques et délits de droit commun. Ce projet déclarait que «nul agent de l'autorité publique, administrative ou judiciaire, ne peut pénétrer dans l'hôtel du ministre public pour un acte de ses fonctions que du consentement exprès du ministre». On faisait en suite une distinction, refusant le droit d'asile pour les délits communs (2); mais ce texte donna lieu à un vif débat entre M. M. Lehr et F. de Martens, qui appuyaient le texte proposé, et Mr. von Bar, qui croyait qu'on ne devait pas faire aucune distinction entre le crime politique et celui de droit commun. M. Westlake reconnaissait que l'on ne doit pas soustraire les délinquants politiques à la justice ou l'injustice de son pays, mais il ajoutait qu'il ne peut être tout à fait mauvais de laisser les agents diplomatiques en liberté de protéger les citoyens du pays où ils sont accrédités, lorsqu'ils peuvent être victimes de violences soudaines, de telle manière qu'une protection passagère, peut être utile pour laisser agir la réflexion et éviter ainsi des actes de

---

(1) WHARTON, *A Digest of the International Law* (2e édition), t. I, § 104.

(2) Voir le texte de ce projet p. 153 et 154.

sauvagerie irréparables. Mr. Stoerk, à son tour, déclara que, à son avis, l'alinéa que nous avons copié, était suffisant pour empêcher les intrusions du pouvoir local dans les légations et qu'il était peut-être utile de parler de refuge dans le règlement, quoiqu'il fût aussi rare qu'improbable dans la pratique européenne. La disposition contenant la distinction fut, néanmoins supprimée, et l'Institut déclara que sa mission était d'arrêter des principes généraux pour les pays soummis à l'entière application du droit international positif et non pour ceux d'une civilisation moins avancée, où les troubles civils affectent un caractère particulièrement grave et presque barbare; il ne voulait pas se prononcer sur la question de l'asile politique, qui intéresse ces derniers pays (1).

En Europe, à l'exception de l'Espagne, de l'Empire ottoman et peut-être du Portugal, l'asile diplomatique pour délits politiques ou communs n'a pas été appliqué depuis le commencement du XIXe siècle. Les cas les plus notables d'asile politique sur le continent et, peut-être les seuls, sont les suivants. Citons, en premier lieu, les asiles accordés, en 1841 et 1843, par le chargé d'affaires du Danemark à Madrid, le chevalier d'Alborgs, aux ennemis du régent Espartero, parmi lesquels se trouvait le duc de Sotomayor. Ce service valut à M. d'Alborgs d'être crée baron de l'Asilo, avec la grandesse d'Espagne, lorsque les asilés arrivèrent quelque temps après au pouvoir. Le duc de Sotomayor, devenu à la suite ministre des affaires étrangères, reconnaissait, en 1848, dans une entrevue avec l'ambassadeur

(1) *Annuaire de l'Institut,* t. XIV, p. 214 et s.

anglais sir Bulwer, l'usage du droit d'asile, à la seule condition que les réfugiés ne continuent pas dès son refuge leurs manœuvres révolutionnaires, chose que l'agent diplomatique est tenu d'éviter (1).

Dans le même pays, en 1873, l'ambassadeur anglais M. Layard, donna asile au général Serrano, qui était poursuivi après la chute du roi Amédée.

En 1875 le ministre des Etats-Unis, Mr. Cushing, donna asile à Mr. Castro, «en vertu de la pratique usée en Espagne».

Pendant la révolution grecque de 1862 nous voyons plusieurs fois faire usage du droit d'asile.

En Turquie les cas d'asile sont plus fréquents dans les légations et ambassades. Nous citerons celui de Mavroyéni Pacha, médecin particulier du Sultan, qui accusé de trahison, chercha et trouva refuge dans l'ambassade de Russie.

Au moment des troubles dans l'Arménie, au mois de décembre 1895, l'ancien grand vizir Kioutchouk-Saïd Pacha, croyant sa vie en péril, quoique aucun acte délictueux pouvait lui être reproché, s'asila, avec son fils, à l'hôtel de l'ambassade anglaise à Constantinople. Le Sultan le fit réclamer; mais l'ambassadeur, avec l'appui de tout le corps diplomatique, répondit qu'il ne pouvait forcer l'ex-vizir à quitter son palais. Saïd Pacha quitta plus tard bénévolement l'hôtel de l'ambassade, sur une lettre du Sultan l'assurant que sa vie ne courait aucun danger et qu'il serait libre de s'en aller où il voudrait et d'habiter où il lui plairait. L'ambassadeur britannique

(1) *British and Foreign State Papers*, XXXVIII, p. 928 et 1050.

prit le soin de constater, à ce moment, par lettre au ministre des affaires étrangères de Turquie, que Saïd Pacha n'avait quitté l'ambassade que sur les garanties promises par le Sultan (1).

Izzet Pacha aurait trouvé asile, en 1908, dans l'ambassade britannique; il serait après parti dans une chaloupe de l'ambassade pour rejoindre le navire anglais *Maria*. Ce bateau fut arrêté a son passage des Dardanelles, d'ordre du nouveau gouvernement turc qui envoya des navires de guerre à la suite du *Maria*. Des officiers ottomans essayèrent alors de décider Izzet Pacha à quitter le bord. Le consul anglais intervint et informa l'ambassadeur, qui fit de démarches pour que Izzet pût continuer son voyage, démarches qui aboutirent complètement.

Le 29 juillet de la même année Sélim-Melhamé Pacha, familier d'Abdul-Hamid trouva également asile à l'ambassade italienne, laquelle lui donna une chaloupe pour se rendre à bord d'un paquebot italien en partance pour l'étranger.

Nous devons cependant dire que chaque fois que l'asile diplomatique a été appliqué en Turquie, la Sublime-porte a protesté comme d'un abus intolérable, mais le besoin de ne pas se créer des ennuis l'a fait sans doute respecter les prétentions des ambassades à ce sujet.

La dernière révolution portugaise, qui proclama la république, nous a donné quelques cas douteux d'asile, ou, au moins, de respect—plus ou moins grand—des légations.

(1) BÉNEZET, *Etude théorique sur les immunités diplomatiques* (Toulouse, 1901), p. 69.

Le 7 octobre 1910, lorsque des bandes armées et formées de soldats, de matelots et de civils donnaient la chasse aux prêtres, un groupe assez nombreux avait voulu pénétrer dans un collège congréganiste, à Lientra, où résida le nonce du pape et doyen du corps diplomatique Mgr. Tonti, prétendant rechercher des armes cachées ou des combattants réfugiés là. Le nonce refusa l'entrée du collège en faisant valoir son caractère diplomatique. Sous le conseil du maire de la localité, les républicains ne se livrèrent à aucune attaque, attaque qui dès le commencement semblait devoir se produire, mais ils demandèrent au nonce l'autorisation de pénétrer dans l'établissement et de faire des recherches. Mgr. Tonti céda à cette demande et la visite se termina sans autre incident. Il est à noter que le nonce avait arboré à l'occasion le pavillon papal.

Il est indubitable qu'étant donnée l'excitation et l'attitude menaçante des bandes, cet incident prouve qu'elles reconnaissaient l'immunité de la demeure du doyen du corps diplomatique lorsqu'ils écoutèrent les sages conseils du maire de Lieutra. A notre avis, si de fait l'asile fut méconnu, le principe en lui-même fut admis.

Nous citerons encore, à cette même occasion, le refuge donné à la légation espagnole par le ministre marquis de Villalobar à quelques religieux, afin qu'ils puissent quitter après le Portugal.

Il est à présumer que la même conduite fut observée par les autres légations, surtout en ce qui concerne leurs compatriotes respectifs; en tout cas le suicide d'une religieuse anglaise, miss Tipping, qui affolée à la suite des événements, se précipita d'une fenêtre de la maison du secrétaire de la légation anglaise, M. Gaisford, prouve que le cas des religieux asilés n'était pas seulement limité à la légation espagnole. Le gouvernement républicain connaissait ces refuges et les permit sous condition que les asilés quitteraient le Portugal dans un très court délai.

Hors de l'Europe et de l'Amérique l'asile politique a été exercé plus d'une fois et même avec la plus grande fréquence. Nous n'entrerons pas à énumérer tous ces cas d'asile, nous ferons seulement mention de l'asile accordé en 1908 par la légation italienne en Perse au ministre de finances et quatre députés, à la suite des conflits entre le Schah et le parti constitutionnel.

Le ministre d'Allemagne à Téhéran proposa l'asile de sa maison au Schah, mais Mohamed-Ali, après la défaite de ses troupes, préféra, le 16 juillet 1909, aller se réfugier chez le ministre de Russie.

A cette occasion l'Angleterre approuva les asiles donnés par la légation anglaise et même protesta de ce que le gouvernement victorieux ait fait poster des troupes autour de la légation.

Il est à remarquer qu'un traité signé en 1856 entre les Etats-Unis et la Perse, prive la République américaine de tout droit de protection, publique ou secrète, et partant du droit d'asile, pour les sujets persans.

CHAPITRE IV

On assimile aux délits politiques d'autres délits spéciaux tels que ceux de presse et les délits militaires.

Pour faire admettre l'asile interne par rapport à ce genre de délits, on allègue les mêmes raisons dont on se sert quand il s'agit de délits politiques: ils ne s'attaquent pas, dit-on, à l'humanité, ni ne sont attentatoires aux immuables principes d'équité et de morale universelle; leur caractère délictueux dépend exclusivement des lois particulières de chaque pays, de simples.règlements administratifs basés sur une utilité locale plus que sur un principe de justice. Le déserteur, par exemple, n'est pas nécessairement un individu dangereux, son délit même est une preuve irrécusable de·son caractère timide et inoffensif; c'est un malheureux plutôt qu'un délinquant.

Mais nous devons observer que le délit spécial de presse n'est appelé spécial que parce qu'il se trouve généralement puni par des lois spéciales. Il est un délit ordinaire et sa seule caractéristique spéciale c'est d'être un délit de pensée, ce qui oblige à soustraire le délinquant à toute action préventive; mais une fois son culpabilité déclarée il faut le soumettre aux lois des délits ordinaires et par conséquent lui refuser l'asile, même au cas où les délits politiques ou spéciaux feraient exception. La connexité dans ces délits est plus fréquente qu'on ne le pense et on peut même dire qu'il n'existe presque pas de délit de presse qui ne se trouve connexe avec un délit puni par le code: la calomnie personnelle, l'excitation au meurtre, au pillage, etc., etc., sont au fond délits communs qui prennent le caractère de délits de presse par le seul fait de figurer dans des feuilles imprimées; dans ces conditions si nous refusons l'asile pour les délits communs du même genre, il faut conclure que nous devons aussi le faire pour les délits de presse.

Quant aux délits militaires, c'est-à dire ceux qui ne peuvent être commis que par des militaires et qui consistent dans un manquement de leur devoir professionnel, il convient de se demander à quelles conséquences on arriverait si on créait une situation favorisée pour les délinquants de ce genre. N'y aurait-il pas attentat contre la discipline si l'on favorisait sans exception les déserteurs? En acceptant une ligne de conduite semblable, un pays ne s'exposerait-il pas à des maux sans nombre? Le diplomate d'un pays rival n'arriverait-il pas ainsi à empêcher la libre circulation d'un navire de guerre, à obtenir la démoralisation d'une armée? Ne réussirait-on pas de cette façon à fomenter, au moyen de l'asile donné aux militaires, l'affaiblissement de tout le pays? L'asile, à notre avis, même s'il s'agit d'actes de ce genre, offre des inconvénients si grands que la meilleure bonne volonté ne suffirait pas pour le faire accepter, et nous préférons adopter comme règle générale la non-existence de cette périlleuse institution.

Du reste nous devons dire, quoiqu'il semble excusé, que le délit militaire peut se trouver connexe avec des délits de droit commun, et alors toutes les difficultés exposées lorsqu'on a parlé des délits politico-relatifs, renaissent et prennent corps.

L'asile externe, qui a une grande analogie avec l'interne, lui-même, a été parfois refusé aux délinquants militaires à plus forte raison devra l'être l'asile interne, dont l'exercice est moins explicable et beaucoup plus dangereux. Cependant nous devons dire que depuis 1830 l'extradition ne s'applique pas aux délits purement militaires, et notamment à la désertion, traités à ce point de vue comme délits politiques. Quant aux délits connexes avec les délits militaires, l'extradition continue à avoir de la valeur, sauf quelques cas exceptionnels, tels que dans le vol commis par le déserteur des effets d'équipement appartenant à l'Etat, effects avec lesquels il a passé la frontière.

Nous répétons que l'extradition à pour nous, une grande valeur d'analogie, et ainsi nous ne trouvons pas inutile d'indiquer ici les règles adoptées par le congrès international de Montevideo et l'Institut de Droit International, à ce sujet.

Le congrés sud-américain de Montevideo, au titre II de la convention de droit pénal international avait déclaré que «sont exceptés de la règle établi dans l'article 15, les déserteurs de la marine de guerre mouillée dans les

16

eaux territoriales d'un Etat. Ces déserteurs, quelle que soit leur nationalité devront être livrés par l'autorité locale, à pétition de la légation, sur la demande de l'agent consulaire respectif, après l'établissement de l'identité de la personne» (article 18). La règle de l'article 15 est celle qu'aucun délinquant réfugié sur le territoire d'un Etat ne pourra être livré aux autorités d'un autre Etat, que si ce n'est que conformément aux règles de l'extradition.

L'Institut, dans sa session d'Oxford, année 1880, déclara que l'extradition ne doit pas s'appliquer à la désertion des militaires appartenant à l'armée de terre et de mer, ni aux délits purement militaires.

L'exemption d'extradition pour les déserteurs n'est appliquée que pour les militaires de terre, la pratique a exclu les militaires de mer de cette situation favorisée. En effet, les marins embarqués sur les navires de guerre (et la même règle s'applique, avec plus d'uniformité encore, aux équipages des navires de commerce), qui quittent leur bord et désertent à l'étranger, non seulement sont soumis à l'extradition, mais encore leur remise s'effectue au moyen d'une procédure sommaire (1).

---

(1) L'Institut de Droit International a réglementé cette procédure à l'article 21 du règlement de Copenhague (1897), soit l'article 22 du règlement de La Haye (1898). «Les déserteurs du navire arrêtés à terre—est-il-dit—doivent être remis à la disposition des représentants de cette autorité (l'autorité centrale de l'Etat) et être retenus aux frais de l'Etat dans le service duquel ils se trouvent, pendant un délai qui ne pourra excéder deux mois et à l'expiration duquel l'homme sera remis en liberté et ne pourra pas être arrêté

Cette pratique est approuvée par l'Institut de Droit International par rapport aux équipages des navires marchands. A Oxford, en effet, il déclara que «l'adoption de la règle de la non extradition des déserteurs des armées de terre et de mer, ne fait pas obstacle à la livraison des matelots appartenant à la marine marchande»; et à Copenhague il ajouta qu'en ce qui concerne les déserteurs des navires marchands, on devra se conformer aux dispositions relatives aux déserteurs des navires de guerre. Que toutefois ne seront point livrés à l'autorité du bord par les autorités locales, les déserteurs appartenant à la nationalité du pays où se trouve le navire. Cette même règle est celle de l'article 33 du règlement accepté à La Haye. Nous ajouterons que divers pays ont signé des accords simplifiant les règles de l'extradition des déserteurs des navires marchands; ainsi parfois des gendarmes placés sur les quais des ports arrêtent les déserteurs et on les rend sur place à leurs navires.

Cette distinction, qui place les matelots des navires marchands dans une situation distincte à celle des déserteurs militaires, se fonde sur une raison de nécessité, car différemment les navires marchands risqueraient de rester immobilisés dans les ports étrangers,

de nouveau pour la même cause. Le refus de l'autorité locale de mettre en état d'arrestation des marins déserteurs, sur la demande des officiers du bord, pourra donner lieu à de justes réclamations diplomatiques, mais ne pourra autoriser ces officiers à y procéder directement par des hommes de leur équipage ou à leur requête directe par des agents de la localité».

en attendant que toutes les formules de l'extradition fussent remplies. Vidal est de la même opinion et dit qu'elle ne peut pas s'expliquer par des motifs de justice; car le fait du matelot d'un navire de commerce qui quitte son bord est moins grave que celui du soldat qui abandonne son drapeau, peut-être en face de l'émeute ou de l'ennemi; elle repose exclusivement sur des considérations d'utilité pratique et sur l'intérêt supérieur de la navigation (1). Nous sommes bien d'accord avec le distingué professeur français, mais nous croyons aussi que précisément le peu de gravité du délit du déserteur appartenant au navire de commerce contribue à expliquer le peu d'intérêt de son cas et, par conséquent, que les autorités se préoccupent d'observer toutes les formules nécessaires pour une extradition véritable.

En tout cas, nous le répétons, nous ne croyons pas que l'asile diplomatique puisse avoir de la valeur, même dans ces cas—comme celui de désertion des militaires —où l'asile externe a aujourd'hui application; pour les autres suppositions l'analogie entre les deux espèces d'asile, conduit à confirmer notre opinion de refuser l'asile diplomatique, puisque même l'asile externe est aussi refusé.

(1) Vidal, *op. cit.,* Ie partie, liv. II, chap. II, § 76 bis.

CHAPITRE V

L'ASILE DIPLOMATIQUE POUR CAUSES POLITIQUES
DANS L'AMÉRIQUE LATINE

On s'étonnera peut-être de nous voir consacrer un
chapitre spécial au *droit d'asile* en Amérique latine,
comme si le droit international qui doit être le même
pour tous les pays civilisés du globe, pouvait justifier
une exception quand il s'agit de cette matière. L'exception ne serait pas légitime, c'est vrai; mais, envers et
contre toute raison, on a prétendu et l'on prétend, même
aujourd'hui, établir une différence à ce sujet entre les
pays européens et ceux de l'Amérique du Centre et de
l'Amérique du Sud, niant le droit d'asile diplomatique
dans les premiers et l'établissant sans scrupules dans
les seconds pour les délits politiques.

Voyons comment on raisonne à ce sujet:

«Si le droit d'asile, même restreint aux victimes des
troubles civiles et des révolutions politiques, a disparu

du droit public européen, et même hors d'Europe des
Etats les plus policés—dit M. Raymond Robin,—en
un mot de ce que Lorimer appelait «l'humanité civilisée»
(ce qui comprendrait tous les Etats de l'Europe sauf la
Turquie, les colonies et protectorats de ces Etats, les
Etats-Unis de l'Amérique et le Japon), il est encore pratiqué dans un très grand nombre de pays barbares ou
demi-barbares et même dans des Etats d'une civilisation
assez avancée, mais où les rivalités politiques présentent
un caractère d'acuïté et de violence tout particulier» (1).
Et le même écrivain ajoute à la suite: «C'est dans
l'Amérique centrale et l'Amérique du Sud que la pratique de l'asile est aujourd'hui la plus fréquente. L'état
chronique de révolution dans lequel se trouvent ces pays
explique cette survivance, que l'on essaye de justifier
par des raisons d'humanité» (2).

Si actuellement les pays européens croient, avec
raison, que le droit d'asile ne peut exister parce qu'il
n'est plus nécessaire, qu'il est illégitime et de plus attentatoire à la souveraineté et insultant pour la dignité nationale; si dans lesdits pays, l'envoyé se trouve dans
l'obligation de livrer le délinquant qui se serait réfugié
dans sa maison, et si, lorsque le représentant étranger
refuse de se soumettre à ce devoir, l'Etat, offensé par
le refus, a le droit de protester contre une si étrange
attitude; si ce n'étaient que les personnes du ministre
et de ses familiers qui continuassent à jouir de l'immu-

(1) Revue générale de droit international public: ROBIN,
Le droit d'asile diplomatique et sa suppression en Haïti,
année 1908, p. 485.

(2) ROBIN, art cit., p. 489.

nité pénale; ceux qui pensent ainsi, avec un manque de logique absolu, prétendent que les légations européennes dans l'Amérique latine possèdent le droit d'asile et que les représentants diplomatiques dans ces pays ont les facultés les plus amples pour exercer ce droit, malgré qu'ils trouvent tout naturel de le refuser aux représentants américains en Europe.

C'est ainsi qu'on était parvenu à déclarer que l'asile était une institution reconnue et légitimée par le *droit international américain,* avant même que la convention de Montevideo ait justifié, quant au droit international positif des pays signataires, cette manière de penser.

C'est vrai que les révolutions fréquentes dans certains des pays de l'Amérique, avec des chefs de bande plutôt que de parti, ont contribué à donner un soupçon de raison aux auteurs qui pensent comme Robin; mais, il est néanmoins vrai que l'abus est incommode et irritant et la différence injuste et odieuse pour les Etats américains qui se trouvent lésés par la façon inégale d'appliquer les règles du droit international sur ce point.

L'on ne saurait dire que cet abus ait atteint les limites auxquelles était jadis arrivé l'asile religieux de l'antiquité ni l'asile diplomatique au moyen âge; mais il n'en est pas moins certain que l'asile diplomatique dans l'Amérique du Sud et dans l'Amérique centrale a reçu une extension telle que si le prétendu droit est illégitime en soi, ses interprétations revêtent le caractère des plus déplorables attentats contre l'autonomie et la liberté d'action des gouvernements intéressés: de simples consuls, pas même consuls de carrière, ont réclamé ce privilège, et si l'on en croit Albertini, on a vu au Pérou des ministres étrangers se promener dans les rues en compagnie d'individus poursuivis pour délits politiques et affirmer la théorie absurde que le fait de les accompagner eux, ministres, et de leur donner le bras, mettait ces individus à couvert sous le manteau sacré et intangible de leur immunité personnelle. «Nous avons vu—ajoute cet auteur—quelques agents diplomatiques, donner une interprétation aussi large que fantaisiste à la prérogative de l'exterritorialité, qu'ils sont arrivés à étendre l'asile de leur maison et la protection de leur drapeau non seulement aux délinquants politiques, mais aussi à des individus qui s'adressaient à eux pour ce soustraire à des responsabilités purement civiles relevant des tribunaux du pays» (1).

Et ce qui est le plus curieux de tout, c'est que ce sont précisément les auteurs latino-américains le plus enthousiastes dans la défense de l'exception, de cette exception que, selon Robin, ne peut avoir lieu que dans les pays barbares, semi-barbares ou dans ceux qui encore ont besoin de tuteur et de curateur... Albertini, Calvo, Borja, Cruchaga le soutiennent; Alvarez le plus moderne des tratadistes de droit internationnal dans l'Amérique du Sud ne le combat pas (2). Voyons, par exemple, comment raisonne Borja: «Mais—dit-il,—lorsqu'il 'n'y a pas de procès criminel contre un individu,

____

(1) ALBERTINI, *Derecho diplomático en sus aplicaciones especiales á las repúblicas sud americanas* (Paris, 1866), p. 143 et s.

(2) ALBERTINI, *op. cit.*, p. 146; CALVO, *op. cit.*, t. III, § 1521; CRUCHAGA, *Nociones de Derecho Internacional* (Santiago du Chili, 1902), § 351; ALEJANDRO ALVAREZ, *Le droit international américain* (Paris, 1910), p. 73 et s.

qui est la victime des persécutions politiques originées dans le despotisme, ce qui arrive très souvent dans Sud-Amérique; alors le droit d'asile, au lieu d'être préjudiciable et attentatoire, a les effets les meilleurs. Si Phillimore, par exemple, s'indigne contre l'absurde privilège de l'asile, cela provient de ce que cet auteur n'a eu devant lui que l'Angleterre où tous les droits y sont respectés ainsi que toutes les garanties. Mais l'argentin M. Carlos Calvo, qui a constaté *de visu* les désordres de la tyrannie et qui connait nos coutumes politiques dépravées, lui croit que dans des époques anormales, le droit d'asile peut être non seulement utile mais même qu'il peut être nécessaire. Par conséquent—ajoute-t-il—il faudrait établir comme règle dans le droit international américain du sud, que les agents diplomatiques n'ont pas le droit d'asile dans tous ces cas où son exercice peut être un obstacle au libre exercice de la justice. Mais que jusqu'à ce que les autorités de justice n'aient pas donné ordre de prison contre un individu, l'agent diplomatique peut et doit protéger les personnes envisagées par des poursuites politiques, si ces personnes ont cherché refuge chez lui» (1).

Nous respectons au plus haut degré l'opinion de l'illustre juriste équatorien; mais nous ne pouvons moins que remarquer que sa doctrine, inspirée dans le plus louable humanitarisme, ne laisse par là de briser les principes d'autonomie nationale et de non-intervention étrangère, tel que nous nous avons efforcé de le prouver dans le chapitre précédent.

(1) LUIS-FELIPE BORJA, *Estudios sobre el Código Civil chileno* (Paris, 1901), t. I, § 211.

On donne comme prétexte à l'exception, et on peut remarquer que c'est l'argument favori, les malheureux troubles qui détruisent et rabaissent la dignité de ces pays de sang latine, et discréditent les démocraties américaines par leur désorganisation perpétuelle; leurs innombrables légions de généraux aussi remplis d'ignorance que d'ambition, de crétinisme que de hardiesse, leur politique personnelle et de clocher, politique d'extorsion dans laquelle un militarisme stupide et cruel a fait de ces Etats leur patrimoine particulier; en de telles circonstances, dit-on, l'asile diplomatique est nécessaire parce que la raison d'humanité, alléguée auparavant pour justifier l'asile interne, a une valeur réelle lorsqu'il s'agit de ces pays.

L'on ne saurait nier absolument la vérité de ces faits; mais ces troubles ne sont pas aussi fréquents et sauvages que le prétendent à l'étranger ceux qui ont précisément intérêt à en tirer un profit personnel, et le mal, non plus, n'est pas commun à tous les Etats de l'Amérique latine. Il ne nous est pas possible de méconnaître qu'il y a sur le riche continent américain des pays qui se débattent contre les dictatures de ces peu scrupuleux personnages, sans aucun patriotisme, sans autre intérêt que leurs intérêts personnels, sans autre loi que celle dictée par leur sabre, et dont les aventures romanesques et la féroce tyrannie ont fait du fameux général sud-américain, en Europe, un type grotesque en même temps que répugnant, dépeint par la presse du vieux monde sous les plus sombres couleurs. Mais ce que nous ne saurions admettre, c'est que ces deux ou trois cas exceptionnels puissent servir à créer une règle comme celle que nous étudions et qui cherche à s'appliquer à tout le continent et à tous les hommes du continent.

A côté de ces peuples victimes des ambitions personnelles, la grande majorité des Etats de l'Amérique latine suivent la voie de l'ordre, de la paix et du respect des institutions; le Chili qui n'a eu que trois révolutions dans sa vie politique indépendante; le Brésil qui acquit son émancipation politique sans verser une goutte de sang et qui passa de l'Empire à la République sans que l'état de paix fut notablement troublé; le Mexique, qui après l'ère de révolutions due en grande partie aux interventions étrangères et à l'imposition insensée d'une monarchie impossible, jouit depuis plus d'un quart de siècle de la paix la plus complète, troublée seulement par des mouvements isolés et sans valeur (1); l'Argentine, la Bolivie, le Costa-Rica, le Panama, etc., aux constitutions stables et de liberté et de tolérance républicaines, pays où le néfaste élément militaire latino-américain, engendré par les révoltes et qui à son tour engendre de nouvelles révoltes, s'est confiné dans les limites du devoir et du sacrifice, comprenant que leur véritable et patriotique fonction n'est pas d'ordonner, mais d'obéir à l'autorité, non pas d'enfreindre la loi, mais de la faire respecter; l'exemple de ces pays prouve suffisamment que le mal n'est pas incurable ni endémique ainsi qu'avec trop d'exagération, on le prétend en Europe.

(1) Après avoir écrit ces lignes, une révolution vient d'éclater au Mexique. Il nous est bien triste de constater ce fait regrettable et douloureux; mais aussi, nous avons le plaisir, au moment de mettre sous presse cette page, que la révolte est déjà finie, et d'une manière civilisée et patriote. un accord étant intervenu entre le gouvernement et les révolutionnaires.

Si les révolutions et l'agitation politique, si l'absolutisme des chefs qui s'appellent présidents ou dictateurs, étaient les causes sur lesquelles se base le prétendu droit d'asile en Latino-Amérique, il n'y aurait aucune raison logique pour le limiter aux pays américains, et rien ne serait plus naturel que ce même droit fût valable partout où ces phénomènes anormaux se produiraient, aussi bien en Europe qu'en Amérique ou qu'en toute autre partie du monde. Et l'on ne doit pas nous dire que ce serait établir des règles pour des cas exceptionnels ou anormaux, parce que la guerre internationale est de même un cas exceptionnel et cependant on le soumet à des règles, et les révolutions, quoique on dise, sont aussi anormales dans les Etats de l'Amérique latine et malgré cela des lois spéciales sont édictées en vue de ces pays pour lesquels on prétend maintenir la légitimité de la règle générale de l'asile, prenant pour prétexte les révolutions.

El qu'on ne nous parle pas d'une inégalité de civilisation, car nous trouvons extrêmement discutable l'opportunité d'une raison semblable. Nous ne pouvons entrer ici à prouver que les pays américains sont bien loin de se trouver dans la catégorie des pays barbares ou semi-barbares et nous ne voulons pas entreprendre l'ouvrage, du reste bien aisé, de manifester qu'ils n'ont besoin de tuteurs, nous dirons seulement qu'il est très dangereux, ainsi que nous l'avons exprimé ailleurs, d'expliquer l'existence d'une institution telle que l'asile ou d'autres semblables, avec des arguments de si peu de poids (1). Si

(1) Voir notre ouvrage *Du conflit international des compétences pénales, etc.*, p. 541 et s.

en Amérique il y a ou il peut y avoir des peuples d'une civilisation moins brillante que celle des grands Etats européens, il y a aussi des inégalités entre ces derniers, inégalités qui expliqueraient aussi l'existence de l'asile diplomatique en Europe (1).

(1) Pour cette même raison nous sommes bien obligés de rejeter la distinction de plus civilisés et moins civilisés que le très intelligent et très érudit publiciste chilien Dr. Alvarez prétend établir en l'Amérique *(op. cit ,* p. 186 et s.) A son avis le Mexique au nord et les pays situés au sud de la ligne équatoriale sont arrivés à un point de civilisation et de culture qui les placent au-dessus des autres Etats, où «les institutions n'ont pas encore une base solide, car y sévissent toujours les guerres civiles». Il semble accepter la distinction faite par un auteur (il ne dit pas lequel) qui considéra que l'Argentine, le Brésil, le Chili et l'Uruguay se trouvent, en tout sens, très au-dessus du reste du continent.

Nous voulons pardonner à ce distingué auteur l'offense qu'il dirige aux autres peuples américains; son patriotisme de chilien l'amène trop loin, mais trop loin. Nous ferons seulement remarquer que dans certains parmi les pays qu'il cite comme supérieurs il y a eu des tyrannies formidables et il y a eu et il y a des révolutions, peut-être avec plus de fréquence qu'à Costa-Rica ou autre des pays par lui placés en deuxième rang et dans une catégorie inférieure. Nous le répétons ces prétendues différences sont inacceptables en droit international (au moins en théorie) et fort dangereuses à établir en pratique.

Du reste le même auteur veut bien reconnaître que les mouvements politiques qui éclatent dans quelques pays de l'Amérique sont bien négligeables et que parfois leur portée est moindre, sous tout point de vue, que les grèves des pays européens.

Dans les Etats les plus sérieux de l'ancien continent il y a, ou il peut y avoir des perturbations politiques, d'autant plus profondes qu'elles sont plus rares, et l'on sait que la léthargie antérieure semble être suivie dans la bête humaine d'une cruauté d'autant plus grande lorsqu'elle se réveille, une férocité de autant plus violente que la période de tranquillité aura duré plus longtemps. C'est précisément pourquoi les changements politiques, les troubles révolutionnaires ou produits par la révolution, les révoltes mêmes, lorsqu'elles sont fréquentes sont rarement acompagnées d'actes de grande fureur ou de férocité inouïe, il semble presque que les hommes s'accoutument aux exactions et que la modération s'impose parce que la crainte des représailles, lorsque les crises son fréquentes, inspire la mesure et la prudence.

Dans les pays qui font les plus de cas de la stabilité de leurs institutions, l'histoire a enregistré des crises profondes, pleines de sang et d'horreur, et des troubles locaux plus répétés qu'on ne pourrait le croire, des haines produisant des mutineries partielles, accompagnées d'incendies, assassinats et vengeances; de telle sorte que si l'on affirme le faux principe que c'est la révolte qui est l'origine du droit d'asile, il n'y aurait rien de plus équitable que de l'établir en ce cas dans le monde entier; mais alors pour ce faire, il serait nécessaire d'oublier les insurmontables obstacles qui le combattent et le détruisent.

Ce n'est pas en étant applicable que dans l'Amérique du Centre ou dans l'Amérique du Sud que l'asile interne pourrait perdre les defauts essentiels que nous avions relevés pour le faire rejeter dans le monde entier. Proclamé sous la forme qu'on lui donne. en Amérique, le droit d'asile établirait le droit d'intervention du diplomate dans les affaires intérieures du pays près lequel il est accrédité, en protégeant un parti et en affranchissant les hommes qui y appartiennent de toute action de leurs adversaires, sans que jamais, protégés qu'ils sont par l'asile, on les empêche de combattre avec avantage leurs adversaires.

En ouvrant sa maison aux révolutionnaires et en leur accordant un refuge intangible, le diplomate place les autorités dans l'impossibilité d'étouffer le germe de la révolte et de mettre fin, peut-être, à une de ces guerres civiles qui ruinent les peuples et dont le diplomate étranger, par le fait de cette absurde concession de l'asile, deviendrait le fomentateur.

Le droit d'asile dans cette forme est la faculté que s'arroge le diplomate pour juger des institutions du pays et de la nature et de l'équité des changements politiques; c'est l'ingérence odieuse d'un étranger dans les affaires internes d'un Etat souverain; c'est l'attentat le plus regrettable contre la souveraineté, commis par un étranger grâce à l'impunité due à la protection d'un pays puissant; c'est une tutelle intolérable établie sans égard pour la dignité et l'indépendance d'un peuple malheureux, faible parfois, mais néanmoins indépendant et souverain.

On a dit que le droit d'asile est un droit coutumier dans l'Amérique latine et que par ce fait il y est exercé légitimement. Supposons qu'il en soit ainsi: si c'est un droit coutumier, il nous faut admettre que la dérogation expresse á ce droit doit pouvoir le renverser, et que, par conséquent, il aura à disparaître du moment que l'Etat intéressé s'oppose à ce qu'il soit exercé. En droit international, seuls les droits fondés sur un traité, ou bien ceux qui touchent aux intérêts primordiaux de celui qui demande—ce qui n'est pas le cas pour l'asile—peuvent être exigés d'une façon inéluctable; imposer la reconnaissance d'un privilège d'importance secondaire pour le requérant, d'une part, et d'autre part injurieux pour la souveraineté de celui dont on demande l'observance—pour qui sa non existence est d'importance primordiale,—parce que ce privilège se trouve établi par la coutume sans qu'il y ait promesse de réciprocité, c'est exiger une sorte de servitude et de tribut, à quoi un peuple souverain ne saurait se soumettre; réclamer le privilège contre l'expresse volonté de l'autre pays serait poser des limites à l'indépendance de ce dernier, ce serait le réduire à une infériorité visible, et c'est précisément ce qui a lieu avec le droit d'asile, lorsque c'est un pays européen qui le fait valoir.

Mais, quand même, supposons que le droit d'asile tire sa force de la coutume, dans l'Amérique latine: devra-t-on en conclure qu'il doive durer éternellement? «En Europe, l'asile à une certaine époque eut aussi le caractère de coutume—dit avec raison le ministre péruvien M. Pacheco, dans un communiqué officiel du 9 janvier 1867—et néanmois il y a été aboli, et nous ne croyons pas que l'on puisse avancer aucune raison plausible pour que dans les Etats américains on ne fasse ce qui a été fait en Europe».

Si le consentement tacite, dû plutôt aux menaces des uns, et de la part des autres au désir d'éviter les conflits internationaux, a fait que l'asile diplomatique se trouve maintenu pour les causes politiques en Amérique, d'autant plus forte devrait être la volonté expresse de l'abolir qui a été exprimée par plus d'un de ses Etats, à moins que l'on n'adopte la règle de la réciprocité. Si les lois, les traités, la constitution même des peuples peuvent changer, il y aurait encore moins de raison pour qu'un prétendu droit fût immuable, droit fondé sur l'hypothèse d'un consentement tacite très discutable dans son existence et dans sa libre expression.

Et la preuve que ce consentement volontaire n'existe pas, c'est que tous ou presque tous les pays intéressés, ont toujours protesté chaque fois qu'on a prétendu faire valoir l'asile pour un Etat qui ne se trouvait autorisé par une convention ou par la réciprocité, à faire usage de ce même droit; lorsqu'on a désiré faire valoir l'asile, on l'a expressément déclaré dans les traités publics, mettant ainsi bien en évidence son caractère non coutumier. Ce qui est incomprehensible, c'est que les pays en question ne se soient pas encore entendus pour protester tous ensemble contre une pareille atteinte à leur souveraineté et pour la faire cesser une fois pour toutes.

Nous ne nierons pas d'ailleurs que, malgré ses abus, l'asile politique n'ait parfois servi à empêcher des cruautés, des vengeances nées dans les troubles politiques; qu'il n'ait sauvé d'illustres victimes des fureurs de leurs ennemis emportés par la passion et la haine; mais si, dans le domaine de la morale, de la philanthropie et de la charité, la bienfaisance est louable, sur le terrain du droit international pur elle a une valeur bien moindre lorsqu'elle attaque les droits primordiaux des Etats: un motif de ce genre ne peut jamais arriver à autoriser une pareille restriction de l'indépendance de l'Etat. Alléguer une raison semblable, c'est tout simplement qualifier

17

d'incapables, de barbares et dignes de conquête les
peuples qui auraient besoin d'une tutelle, d'une soupape
de sûreté qui puisse éviter les manifestations sanglantes
d'une haine sauvage et cruelle; mais ou bien cela n'existe
pas dans l'Amérique latine, ou bien si l'état de choses
là-bas mérite une telle appréciation, il en serait de même
pour plus d'un pays de l'ancien continent.

Quoi qu'il en soit, si l'asile était au moins limité uniquement aux causes politiques ou bien lorsque la persécution ou la menace de persécution est cruelle et
violente; il pourrait peut-être se disculper; mais que de
fois, au contraire, n'a-t-on pas vu s'abriter sous le pavillon des légations des personnes relevant des juges
naturels, personnes accusées de délits de nature relative dans lesquels l'élément politique n'était qu'un prétexte plus ou moins dénué de fondement, et n'a-t-on pas
vu nier même le droit de juger par contumace le coupable réfugié dans une légation!

Supposons que l'asile soit une institution de bienfaisance; dans ce cas la réciprocité s'impose. Un pays ne
peut—selon que nous venons de le dire,—en raison
d'un droit basé dans la coutume, s'arroger des droits
plus grands dans un autre Etat que cet autre Etat n'en
possède dans le premier, ni imposer à l'autre Etat des
obligations plus grandes que celles qu'il lui doit lui-
même; seul un traité peut justifier la règle contraire.
S'il y a un droit coutumier établissant l'asile de bienfaisance dans les pays de l'Amérique latine, il doit s'ensui-
vre naturellement que les légations de ces pays l'exercent aussi dans les Etats qui prétendent le posséder
en Amérique. Mais dans ce cas, si d'une part, nous
avons déjà vu l'illégitimité et les défauts de l'asile, qui

empêchent d'accepter cette manière de penser, d'autre part nous savons bien que les peuples européens se refuseraient, ainsi qu'ils l'ont toujours fait depuis le siècle xviiie à admettre un raisonnement du reste aussi logique. C'est précisément cette raison de réciprocité et les difficultés qui se présentent pour arriver à l'abolition de l'asile en Amérique, qui ont dû induire plus d'un écrivain sud-américain à s'efforcer de soutenir la légitimité universelle du droit d'asile en matière politique.

Si l'asile est une institution de bienfaisance en Amérique, il s'ensuit que les citoyens de l'Etat trouvent plus de protection dans les légations étrangères que dans les lois du pays même; mais il s'ensuit aussi qui si on lui attribue un caractère de faveur—comme l'est celui des actes de bienfaisance,—de charité si l'on veut, cette protection se trouvera établie en bénéfice de l'individu réfugié, à la manière d'une censure dirigée contre les autorités locales, et nous nous trouverons ainsi en présence de ce contresens qu'un fonctionnaire étranger sera apte, même avec un acte gracieux et de faveur, à limiter l'action légale du magistrat local sur le propre concitoyen de celui-ci, contresens constituant une difficulté insurmontable à laquelle se heurtent les partisans de l'asile; pour l'éviter, ils n'ont pu faire autre chose que renoncer à une semblable façon de justifier son institution et ils ont adopté celle de la déclarer établie au bénéfice du pays même où se trouve la légation et auquel on suppose que l'asile serait utile pour l'empêcher de commettre des actes de cruauté qui lui seraient ensuite une honte et une humiliation. Mais ainsi qu'on le voit, c'est une tutelle imposée au pauvre d'esprit, au prodigue, à l'incapable pour l'empêcher de se ruiner et de faire des actes qui lui seraient nuisibles dans la suite; c'est la tutelle dans sa forme la plus injurieuse, tutelle en tous points incompatible avec la liberté d'action et la conscience d'un pays souverain. Si c'est une simple faveur dans l'intérêt du pays et si celui qui en bénéfice est souverain, il s'ensuit logiquement que le dit souverain pourra renoncer à cette charité et que celle-ci, comme toute faveur, ne saurait être obligatoirement imposée à celui qui en est favorisé. «Soutenir le contraire, c'est-à-dire la douteuse légitimité d'une protection contraire à la volonté expresse et manifeste de l'Etat auquel appartient le citoyen—dit M. Pacheco,—ce serait s'arroger les droits de souveraineté de l'Etat; en effet le priver du libre exercice de l'autorité qu'il exerce légitimement et qu'il doit exercer sur tous les membres de sa communauté, ce serait introduire une modification radicale dans le statut personnel et même dans le statut réel, attendu que, grâce à l'asile, l'application des lois qui régissent l'Etat serait empêchée ou tout au moins affaiblie; ce serait convertir la fiction de l'exterritorialité en un moyen commode et simple pour soustraire les citoyens à l'obéissance qu'ils doivent aux lois et aux autorités auxquelles ils sont et ils doivent être soumis, car il serait toujours à la portée d'eux et des sujets de l'Etat. Et dire que l'exterritorialité de la demeure de l'agent diplomatique est une fiction, c'est démontrer nettement la différence essentielle qui existe entre elle et le territoire étranger proprement dit, et cela suffit pour faire ressortir le peu ou même le manque de solidité de l'argument employé par certains, lorsque, pour soutenir l'asile, ils assimilent absolument la demeure d'un agent diplomatique au territoire étranger» (1).

En résumé nous croyons que, si malgré tous les obstacles que soulève une institution aussi irrationnelle et illégitime, l'asile se maintient dans l'Amérique du Centre et dans l'Amérique du Sud, il n'y aurait aucun motif spécial pour le limiter à ces pays et il serait bien plutôt nécessaire de l'étendre au monde entier afin de ne pas commettre l'injure d'établir le privilège au préjudice de la dignité et des intérêts de certains pays exclusivement et en faveur des autres pays. Mais nous avons déjà vu auparavant les mille inconvénients qui suivraient l'adoption de l'asile et le manque de fondement pour pouvoir accepter cette règle.

Nous ne croyons pas non plus, ainsi que nous l'avons aussi dit en son lieu, que l'asile puisse être étendu aux délinquants politiques comme moyen d'empêcher l'action des tribunaux communs, si ce n'est tout au plus dans des moments de fureur populaire ou en cas du premier mouvement de vengeance d'un dictateur, comme moyen d'éviter des victimes de délits qui ensuite font honte à leur auteur inconscient et qui constituent des taches indélébiles dans l'histoire des peuples. En cela nous sommes d'accord jusqu'à un certain point avec Borja, cité ci-dessus, quoique nous reconnaissons toujours les obstacles qui se présenteront pour l'appréciation juste de cet état des choses. Il est bien entendu que tout ceci ne serait qu'en vue de transition et pour modérer la théorie actuellement en vigueur, devant la diffi-

(1) *Mémorandum du Ministre des Affaires Etrangères du Pérou,* du 9 janvier 1867.

culté de l'abolir définitivement. L'accepter dans une autre forme, serait attribuer au représentant diplomatique étranger un véritable droit de juger des institutions du pays près lequel il se trouve accrédité, et de la nature des délits politiques qui sont commis dans ce pays, chose incompatible avec la dignité et même la souveraineté de l'Etat.

On assure, nous l'avons dit, que le droit d'asile forme partie du *droit international américain.*

Très souvent nous avons entendu parler d'un droit international propre de l'Amérique, et qui serait différent de celui de l'Europe.

Si l'on applique cette dénomination au recueil des principes internationaux que les Etats américains ont reconnu dans leurs conférences et dans leurs congrès, ou bien à la codification des règles adoptées dans les traités ou par les coutumes américaines, elle serait peut-être juste quoique ambiguë; mais parler d'un droit international américain, essentiellement ou tout au moins notablement différent de celui qui régit les rapports internationaux, de l'Europe, nous semble erroné et par conséquent inacceptable.

Seijas nous explique l'existence de ce prétendu droit international américain dans la nécessité de satisfaire les aspirations spéciales de l'Amérique et les besoins de ses intérêts généraux (1).

Le droit international, comme science, ne peut subir des transformations complètes d'un pays à un autre pays ou d'un continent à un autre continent; si cela était il

____

(1) Seijas, *El Derecho Internacional hispano-americano, público y privado* (Caracas, 1884), t. I, p. 509.

laisserait d'être une science, car il ne pourrait obéir aux principes ultimes et immuables qui doivent régir la vie internationale des peuples; par conséquent le droit international est et doit être le même pour tout le monde.

Maintenant il faut dire que les problèmes internationaux qui se présentent en Europe peuvent être distincts de ceux qui sont sur le tapis en Amérique; plus encore il peut y avoir d'applications diverses des mêmes règles; mais cela ne veut rien dire pour la science du droit international elle-même, car si ces problèmes, aujourd'hui européens, se présentassent en Amérique, ou les problèmes américains en Europe, ils devraient être résolus conformément aux mêmes règles, c'est-à-dire au moyen des règles scientifiques et immuables.

Nous ne voulons, bien entendu, nous affilier par là à l'école philosophique du droit, qui ne veut écouter que ce qui est conforme à la raison pure et à la justice absolue: dans le droit international comme dans toutes les autres branches du droit, il faut tenir compte aussi de la tradition locale, des usages, des besoins, etc., ce qui donne un caractère local au droit; mais ce caractère produit des variations telles qui ne peuvent s'opposer que de manière très limitée aux principes de la science, de façon qu'elles ne peuvent créer une autre science telle qu'on suppose est ce droit international américain.

L'application diverse des mêmes règles est logique et naturelle; une autre chose serait contraire à la science, puisque ce serait contraire à la raison; mais cela non plus ne peut servir d'argument pour prétendre que le droit international américain doit être différent de celui qui préside les rapports internationaux de l'Europe: il faut se rappeler, en effet, que la différente application des lois ne constitue pas une distinction substantielle quant à l'essence du droit, de la même manière que le divers exercice d'une même faculté ne veut rien dire pour l'essentialité de la faculté.

La science internationale peut progresser, c'est-à-dire se transformer conforme la vérité soit découverte et les besoins des peuples le demandent; mais elle aura quand même des principes invariables, car la vérité et la morale, qui sont immuables, doivent être et sont ses inspiratrices.

Que les Américains nous ayons des problèmes à nous, c'est indubitable, et que nous ayons des règles spéciales, aussi à nous, est un fait indiscutable: si certaines questions européennes n'intéressent pas directement les Américains, comme par exemple les disputes relatives aux Balkans, la question d'Extrême Orient, celle du Maroc, etc., si les problèmes relatifs aux colonies, aux Capitulations consulaires, à l'émigration, sont regardés pour nous secondaires; par contre, ne sont pas aussi intéressantes pour les Européens qui le sont pour les Américains, les questions se rapportant à la colonisation des territoires nationaux, celle de l'immigration des étrangers, la question des frontières et les doctrines américaines ainsi appelées. Oui, nous avons nos problèmes à nous, comme les Européens ont les leurs; mais ce que nous voulons dire c'est que ces faits ne peuvent originer des règles spéciales pour les résoudre, et que «ce droit à nous» doit se conformer à la science qui, avec plus ou moins de raison s'appelle droit international.

Ces problèmes particuliers d'un continent ou d'un groupe déterminé de pays, font du reste, presque tous, plus de référence à la politique qu'au droit international lui-même; et quant à la politique internationale—qui

n'est autre chose que le procédé à suivre ou un système
de procédés à suivre pour conduire l'Etat vers le progrès
et le bien-être ou vers ce qu'on croit progrès et bien-
être,—si, nous croyons que celle des pays du nouveau
monde peut sans obstacle être différente de la politique
européenne (1).

(1) La nouvelle école de droit international proclame
l'émancipation du droit international—branche des sciences
politiques—de l'esprit juridique. Elle veut un champ d'action plus vaste, avec des principes moins limités et plus va-
riables; elle veut l'adaptation du droit international aux mi-
lieux, aux tendances, aux besoins.

Nous sommes d'accord avec les savants publicistes qui
ont conçu cette nouvelle manière de voir le droit international; mais nous croycns aussi que cette aspiration d'élargissement et de liberté, que ce désir de sécouer le joug juridique—qui a voulu convertir la science internationale en
un récueil de règles étroites, indiscutables et inflexibles,—
ne doit pas aller aussi loin qu'on le prétend: confondre la
politique internationale avec la science internationale serait, par exemple, préjudiciel pour la seconde, qui deviendrait l'esclave des intérêts politiques, et ce serait dénaturer
le droit international. Nous venons de le dire, le droit international, fondé dans la raison et ayant la vérité par lumière, doit être universel, au moins quant les principes essentiels; mais la politique, par contre, fille du patriotisme,
c'est-à-dire de l'égoïsme national de chaque peuple, est
particulière de chaque peuple. Le droit international est au
fond une règle dont la violation veut dire injustice, tandis
que la politique est une procédure ou soit un système, et le
système peut bien être violé sans que la justice en souffre;
les choses sont, donc, bien différentes et, par conséquent,
on ne peut pas les confondre.

Les auteurs américains ont peut-être fait usage de la dénomination «droit international américain» à l'instar des auteurs européens qui nous parlent du *droit international de l'Europe;* mais il faut tenir compte de la conception tout égoïste et erronée qui ont ces publicistes du vieux continent: ils considèrent la civilisation comme un patrimoine exclusif de l'Europe et ainsi n'est pas étrange qu'on ait donné le qualificatif d'européen à ce qu'ils croyent propre d'une civilisation que seulement eux possèdent.

La dénomination de droit international américain appliquée aux règles spéciales qu'on veut établir comme exclusivement américaines, est aussi erronée: ces règles se basent, ou tout au moins doivent se baser, sur des principes scientifiques, par conséquent elles ne peuvent constituer un patrimoine particulier de l'Amérique. La doctrine Monroe, est américaine, cela est indiscutable, mais elle l'est à cause des conditions spéciales de l'Amérique: l'Europe aurait aussi adopté quelque chose d'analogue pour elle si elle s'était trouvé placée dans des circonstances identiques à celles de l'Amérique au moment où le président Monroe exposa sa pensée dans son célèbre message; l'Europe, à coup sûr, ne voudrait non plus tolérer des interventions extra-continentales dans les affaires n'intéressant qu'elle seule. C'est pour cette raison que le secrétaire Clay avait dit que «l'Europe, qui répousserait certainement avec indignation toute tentative d'implanter chez-elle des colonies, est moralement obligée de respecter et de reconnaître ce même droit chez les peuples de l'Amérique». Elle n'est pas non plus exclusivement américaine en vouloir que les questions des limites entre les pays américains

et les colonies que l'Europe conserve en Amérique,
soient réglées d'après les principes universels du droit
international. Elle ne l'est encore pas en vouloir que le
fait de première occupation ne crée plus de droit souverain sur les territoires du nouveau monde; à ce dernier point de vue, dit Calvo, on peut dire que le droit
public de l'Amérique est le même que celui qui a été
proclamé en Europe; les bases de l'un et de l'autre
sont les mêmes (1). La doctrine Drago, nous l'avons
vu discutée à La Haye et assurément non seulement
pas par les représentants américains: elle n'est pas
déjà exclusivement américaine; la convention du 18 octobre 1907, concernant la limitation de l'emploi de
la force pour le recouvrement de dettes contractuelles
est une preuve que cette doctrine dite américaine,
est passée, en principe, au droit international mondial. Quant à la théorie qu'on a nommé doctrine Tobar (2), elle se fonde sur principes appartenant au domaine du droit international universel: si elle n'aurait
d'application pratique que dans l'Amérique c'est à cause
de que seulement dans l'Amérique elle est nécessaire,
pour les circonstances de quelques-uns de ses pays;
cette doctrine se base sur des principes qui pourront
être plus ou moins discutés ou discutables, mais qui

(1) Calvo, *op. cit.*, t. I, § 166.
Nous ne dirons certainement pas la même chose des interprétations abusives données postérieurement à la doctrine Monroe; mais ces interprétations ne sont pas même américaines, elles appartiennent aux Etats-Unis et forment
partie de la politique d'inspiration personnelle des présidents
de l'Union.
(2) Alvarez, *op. cit.*, p. 190 et 240.

appartiennent néanmoins au droit international de tous les peuples et de toutes les époques; si elle était utile en Europe, elle pourrait sans inconvénient scientifique être admise pour celle-ci (1).

En résumé, si l'on comprend par droit international un ensemble de règles édictées ou fondées dans la coutume des peuples, le droit international américain peut se concevoir; mais le droit international considéré comme la science inspiratrice de ces règles est unique au monde et le même en Amérique qu'en Europe, qu'en Asie ou qu'en Afrique; plus encore, si ces règles doivent être inspirées par cette science, elles ne peuvent subir des différences essentielles à cause de la diversité des lieux où elles s'appliquent. Ç'est pour cette raison que nous voudrions qu'on fasse la distinction entre le droit international et la science internationale, ainsi qu'on le fait déjà entre le droit politique et la science politique, le droit constitutionnel et la science constitutionnelle, le droit administratif et la science administrative, etc. La science internationale, recueil rationnel des principes ultimes présidant la vie internationale des peuples, serait universelle et invariable; le droit international, collection des règles pratiques adoptées pour un pays ou pour un groupement des pays, pourrait varier d'un pays à un autre ou d'une époque à une autre époque. Le droit d'asile pourrait ainsi former partie du droit international américain ou du droit international européen, si les pays d'Amérique ou de l'Europe l'acceptent expressément, tel qu'on le fit, par exemple, à Montevideo certains

(1) Voy. notre travail *La llamada doctrina Tobar, su historia, su valor científico y su alcance práctico.*

Etats de Sud-Amérique; mais jamais il peut constituer
un principe reconnu par une science internationale purement américaine ou exclusivement européens, science
internationale, qui n'existe pas ainsi délimitée et dont la
dénomination à elle seule, est déjà un contresens.

En pratique et de fait tous les Etats européens se
sont montrés, comme nous l'avons dit, partisans de
l'asile diplomatique dans l'Amérique latine, et quelques
fois ont exprimé de manière catégorique leur désir de
maintenir l'exercice de ce privilège; c'est ainsi, par
exemple, que lord Granville déclara, le 1er août 1873, à
la suite de l'asile donné par le consulat anglais de Puerto-
Plata, dans la République dominicaine, à certains réfugiés politiques, que le gouvernement anglais, tout en
maintenant la pratique de l'asile dans ses légations, avait
décidé d'y renoncer dans ses consulats de la République
dominicaine (1).

Cependant à Lima, à la suite de deux asiles accordés
en 1865, l'un par la légation de France et l'autre par le
représentant des Etats-Unis, Mr. Robinson, le corps diplomatique en entier, sauf le ministre des Etats-Unis, y
compris quelques représentants de l'Amérique latine, se
montrèrent favorables à la reconnaissance de l'asile et
à sa réglementation. Un accord signé par ces représentants disait que: «Le corps diplomatique adopte et considère comme très prudentes les instructions données
au ministre du Brésil par son gouvernement, desquelles
il résulte que l'asile doit être accordé avec la plus grande réserve, et qu'il doit être circonscrit pour le temps
exclusivement indispensable pour que les réfugiés puis-

____

(1) ALVAREZ, *op. cit.,* p. 76.

sent se mettre en sûreté d'une autre manière, l'agent diplomatique devant, du reste, faire son possible pour obtenir ce résultat (1).

Ce qui ne laisse pas d'être curieux à remarquer dans cette occasion, c'est que, le représentant américain, ne signa pas cet accord, la politique de son pays relative à l'asile étant contraire en principe, malgré quoi, ce fut l'asile concédé dans sa légation qui contribua à produire le conflit.

Cependant la règle transcrite et les bons projets du corps diplomatique à Lima de s'abstenir de donner asile furent inutiles. La même année une nouvelle insurrection ayant éclaté au Pérou, Mr. de Lesseps, chargé d'affaires de France, donna asile à un certain nombre de personnages politiques. Le gouvernement péruvien les réclama, mais le représentant français s'y refusa et en référa à son gouvernement; M. Drouyn de Lluys, ministre des affaires étrangères de la France, approuva la conduite de M. de Lesseps. Dans sa réponse définitive au gouvernement péruvien, l'agent français insiste sur l'avantage qu'il y aurait à signer un accord réglementant la pratique de l'asile en Sud-Amérique, et il invita le ministre des affaires étrangères à provoquer une réunion du corps diplomatique pour lui soumettre la question et pour qu'il la résolve de manière plus précise que ce qu'il l'avait fait auparavant. Le ministre péruvien acquiesça à cette idée et il exprima son opinion d'abolir la pratique de l'asile comme contraire aux principes du droit international. La réunion eut lieu le 15 janvier, mais elle échoua dans ses délibérations, car les

(1) ALVAREZ, *op. cit.*, p. 78.

diplomates ne réussirent pas à se mettre d'accord. Le
ministre des Etats-Unis, Mr. Howey, qui n'était pas
venu, avait souscrit néanmois à la doctrine du ministère
péruvien, tandis que les représentants européens pré-
tendaient faire valoir la légitimité du fameux droit, doctrine que le gouvernement péruvien, avec beaucoup
de raison—quoique Robin pense le contraire,—refusa
d'agréer (1).

Le général Howey disait dans son adhésion à la thèse
péruvienne que «le Pérou étant admis à tous les droits
et privilèges d'une nation chrétienne, il doit être placé
dans la même condition que les Etats-Unis d'Amérique,
l'Angleterre ou la France».

Une nouvelle réunion eut lieu le 29 janvier, et dans
celle-ci quelques représentants de l'Amérique se montrèrent favorables à la réglementation de l'asile, afin
d'éviter les abus. Le ministre des Etats-Unis, toujours
partisan de l'abolition de l'asile, s'y opposa et déclara
que ceux qui pensaient à réglementer l'asile avaient
tort, car les membres du corps diplomatique à Lima ne
se trouvaient aucunement autorisés pour fixer des règles nouvelles en droit international. Le ministre des
affaires étrangères M. Pacheco présenta un mémorandum, déjà plusieurs fois cité, où il combattit le droit
d'asile et prouva qu'il n'a aucune base contumière ou
autre. Le résultat de cette conférence, comme on peut
le supposer, fut négatif.

(1) M. Robin, nonobstant de se déclarer ennemi, en principe, du droit d'asile pour les pays civilisés, trouve que
cette juste résistance du gouvernement péruvien, était une
intransigeance peu explicable.

En 1898, lors d'une insurrection en Bolivie, les ministres du Brésil, des Etats-Unis et de France se mirent d'accord relativement à l'asile, et le 21 décembre signèrent un acte aux termes duquel l'asile pouvait être accordé sous les conditions suivantes: les personnes qui solliciteraint d'eux un asile devraient, après avoir fait connaître leur nom, leur situation officielle, leur résidence et les raisons pour lesquelles elles demandaient protection, souscrire un compromis selon lequel: 1.º ils devaient consentir à ce que les autorités locales soient informées de leur lieu de refuge; 2.º n'avoir aucune communication avec les personnes du dehors, et ne recevoir aucun visiteur sans la permission des autorités; 3.º s'engager à ne pas quitter la légation sans la permission du ministre; et 4.º la quitter volontairement quand elles en seraient requises par le ministre.

Les puissances européennes se sont occupées à nouveau du droit d'asile, à l'occasion du mouvement révolutionnaire qui éclata en Haïti en 1908. A la suite de la défaite subie par les révolutionnaires, partisans de M. Antenor Firmin, le 24 janvier 1908, et après que le général Jean Jumeau était fusillé et que les soldats du président Nord Alexis entraient aux Gonaïves, M. Firmin et plusieurs de ses compagnons cherchèrent refuge aux consulats étrangers aux Gonaïves et aux légations au Port-au-Prince.

Le général Nord Alexis réclama Firmin et les autres asilés, pour être jugés. Les ministres étrangers réfusèrent d'acueillir les prétentions du gouvernement, alléguant l'existence de l'asile diplomatique en Haïti, ils proposèrent d'embarquer les réfugiés pour l'étranger, en exigeant préalablement d'eux l'engagement écrit de ne pas rentrer en Haïti tant que le président Nord Alexis serait au pouvoir. Le président refusa et répéta ses réclamations et les accompagna de la menace de prise par la force des asilés s'ils n'étaient pas livrés volontairement. Cependant le 13 mars le ministre des affaires étrangères demandait alors que tous les réfugiés sans exception lui fussent livrés. Les ministres étrangers repoussèrent cette nouvelle demande du gouvernement haïtien.

Les puissances expliquèrent leur conduite par des motifs d'humanité et parce qu'elles estimaient qu'en livrant les réfugiés elles intervendraient dans une querelle intérieure de la République, curieuse raison, celle-ci, qui pouvait leur être retournée avec plus de force que celle qu'elles pouvaient lui donner.

Les plus étranges rumeurs et les plus insensées commencèrent à courir à l'extérieur, rumeurs qui tachaient d'expliquer l'attitude des puissances, que dans ce temps avaient envoyé des navires de guerre dans les eaux haïtiens; selon ces rumeurs on disait que la situation en Haïti était des plus barbares, qu'on fusillait en masse, qu'on massacrait les blancs, et autres choses de la même espèce. Il semble même que les puissances européennes, qui défendaient l'asile avec le pretexte de ne vouloir pas intervenir dans les affaires intérieures de Haïti, pensèrent un moment à demander la dimission de Nord-Alexis (1).

Quoi qu'il en soit, peu de temps après et sur la pression de ces événements, le gouvernement haïtien permettait l'embarquement des réfugiés, mais dans sa communication le ministre des affaires étrangères, M. Borno,

____

(1) *New-York Herald,* édition de Paris, 18 mars 1908.

18

insiste pour que les étrangers ne laissent pas leurs consulats se convertir en asiles en cas de soulèvements futurs. M. Firmin et un certain nombre de ses compagnons furent embarqués pour Saint-Thomas; les autres réfugiés restèrent dans le pays sous la promesse formelle du gouvernement de ne pas les incommoder.

Ces événements émurent le gouvernement des Etats-Unis, qui constata une fois de plus les inconvénients de la pratique de l'asile et il résolvat d'en finir. Par note de la légation américaine au Port-au-Prince, de 2 mai 1908, les Etats-Unis déclarèrent en effet que leur légation en Haïti, de même que leurs consulats, ne pourraient servir d'asile aux réfugiés politiques. Ils livrèrent, en conséquence ceux qui se trouvaient alors asilés.

Le gouvernement français du reste avait, quelques jours avant, le 29 avril, fait une déclaration limitative de l'asile quoique de beaucoup plus modérée, elle supprime l'asile de ses consulats en Haïti.

L'Angleterre fit aussi une déclaration semblable. Il faut noter, cependant, que comme l'Angleterre n'avait pas de légation en Haïti, sa déclaration devait, par force se limiter aux consulats.

La notification du gouvernement haïtien du 21 mai 1908, faisait savoir aux puissances accréditées qu'à l'avenir il ne reconnaîtrait plus l'asile ni dans les légations ni dans les consulats.

Le Mexique protesta contre cette résolution: il déclara qu'il ne pouvait pas souscrire en principe l'abolition de l'asile; mais, ajouta, que néanmoins il était disposé à ce que sa légation ne donnait de l'asile aux réfugiés politiques haïtiens, sans une consultation préalable du ministre au gouvernement mexicain. Pour expliquer ce procédé il faisait une affirmation bien fausse au point de vue scientifique, il disait qu'il n'y a pas de doute sur la pratique de l'asile par les nations civilisées et sur sa justification en droit» (1).

Les Etats-Unis quoique faisant usage très souvent de l'asile pour leurs légations et consulats, se sont déclarés toujours ennemis de l'asile diplomatique. Nous avons cité avant les opinions de Mr. Hollister et du chancelier Fish à ce sujet (2). Selon Alvarez la pratique des Etats Unis, à partir de 1851, peut se résumer de la façon suivante: «Le gouvernement reconnaît qu'il n'y a pas un droit d'asile selon le droit des gens; cependant, par un tacite consentement et un long usage dans les pays de l'Amérique latine, cette coutume existe. Si elle se justifie par considérations de convenance et d'humanité, elle doit s'exercer avec une grande discrétion et sans prétention de l'exercice d'un droit; dés lors, si le gouvernement local ne veut pas reconnaître la coutume de l'asile, le ministre étranger ne pourra regarder cette non-reconnaissance comme un acte hostile à son égard; mais aucun cas ne peut justifier une attaque contre les légations qui ont donné asile. Le ministre à qui l'asile est demandé, peut donc le refuser. Son offre ne devra jamais être faite avant qu'un cas d'urgence se présente; par exemple, quant il y a violence ou menace de violence imminente par la foule, ou quand le gouvernement existant a été renversé et que la loi locale n'est plus respectée, qu'il y a licence ou émeute. Autant que pos-

(1) ROBIN, article cité, p. 461 et s.; ALVAREZ, *op. cit.*, p. 191 et 192, *New-York Herald,* édition de Paris.

(2) Voir, p. 232 et 233.

sible il ne faut pas distinguer entre les agents de l'ancien ou du nouveau gouvernement. Les asilés doivent se tenir dans les limites de la légation; toutes communications de caractère politique leur sont interdites. S'ils sont aussi des délinquants de droit commun, ils doivent être livrés aux autorités locales, dès leur réquisition» (1).

Les pays américains du sud, entre eux, ont consacré parfois, quant à leurs légations en Amérique, le droit d'asile. Par une clause approuvée par le congrès de Montevideo de 1888, l'Argentine, la Bolivie, le Brésil, le Chili, le Paraguay, le Pérou et l'Uruguay admirent le droit.d'asile pour leurs légations dans les pays signataires (2).

L'article 17 de la convention sur droit pénal international stipule, en effet, que «Le prévenu de délits de droit commun qui s'est réfugié dans une légation, doit être livré par le chef de la légation aux autorités locales, soit spontanément, soit sur la demande du ministre des affaires étrangères. Cet asile sera respecté par rapport aux individus poursuivis pour délits politiques; mais le chef de la légation est obligé de porter immédiatement chaque cas au gouvernement de l'Etat auprès duquel il est accrédité, lequel gouvernement peut exiger que le réfugié soit mis hors du territoire national dans le plus court délai possible. Le chef de la légation pourra, par contre, exiger de son côté, les garanties nécessaires pour que les réfugiés sortent du territoire

---

·(1)   ALVAREZ, *op. cit.*, p. 74 et 75.

(2)   Ce traité n'a été ratifié que par l'Argentine, la Bolivie, le Paraguay, le Pérou et l'Uruguay.

national et que l'inviolabilité de leurs personnes soit respectée» (1).

Cet article est digne de blâme, car il a pu après servir comme un argument pour prouver la reconnaissance de l'asile de la part des pays sud-américains. Bien que le traité en question, souscrit seulement par des plénipotentiaires de l'Amérique latine, n'admette l'asile que pour les légations américaines en pays américains et qu'elle pose tacitement la règle de la réciprocité et de l'égalité complète entre les peuples signataires, ce n'en est pas moins un précedent facheux, qui, comme nous venons de le dire, a été et sera profitable favorablement à l'asile, et dont, avec plus ou moins de droit, des tiers peuvent se prévaloir pour baser leur procédé dans un cas particulier. En tout cas, même si cela n'était pas, cet article consacre une règle dont nous avons déjà longuement examiné les défauts, attendu que la réciprocité seule ne suffirait pas à légitimer l'asile.

Certains traités internationaux signés entre quelques uns de ces mêmes pays ont reconnu l'asile expressément sur les bases de la réciprocité; nous citerons, par exemple, l'accord brésilo-bolivien de 1896 sur l'extradition, qui consacre cette règle.

L'adoption du principe souscrit au Montevideo est d'autant plus étrange qu'auparavant déjà, certains parmi les pays signataires, notamment le Pérou, s'étaient efforcés de faire disparaître l'asile de leurs institutions. Nous rappellerons, par exemple, en ce que concerne le

---

(1) La classification de délit politique doit se faire par la nation requise conformément à la la loi la plus favorable à l'accusé (article 20 du traité sur l'extradition).

Pérou, que ce pays dans sa déclaration du 9 janvier 1867, avait aboli l'asile diplomatique tel qu'il avait existé jusqu'à là au Pérou. L'article 2 de ce décret dit, en effet: «L'asile diplomatique existant dans les pays de l'Amérique du Sud et les légations du Pérou dans ces Etats en jouissant par ce fait, le Pérou renonce pour sa part à ce privilège et le réfuse aux légations des dits Etats au Pérou».

Le Code d'instruction criminelle de la République de l'Equateur, dans le dernier alinéa de son article 124, reproduit dans l'article 125 du Code de 1892, et l'article 122 du Code actuel (édition officielle du 2 juin 1906), déclare que «la République de l'Equateur ne reconnaît pas le droit d'asile pour aucun genre de crimes ou délits, en aucune résidence diplomatique ou autre lieu quel qu'il soit dans les limites de son territoire ou dans ses eaux territoriales, à moins de traités preexistants». Cet article ne parlant pas de délits politiques, mais se référant à tout genre de délits, il n'est pas douteux que les délits politiques se trouvent compris dans les dispositions de la loi.

Parmi les innombrables cas d'asile survenus dans l'Amérique latine, autres que ceux des quels nous avons déjà parlé, nous allons faire mention de quelques uns (1).

A l'époque de Rosas, à l'Argentine, innombrables furent les pèrsonnes qui cherchèrent asile dans la légation des Etats-Unis. L'attitude du représentant améri-

____

(1) Voy. l'article de Robin, déjà cité: *Revue général de droit international public,* directeur M. PAUL FAUCHILLE, année 1908, p. 461 et s.

cain contrasta alors avec celle du représentant anglais, qui, tout dévoué au dictateur, refusa de protéger les Unitaires, que celui-ci persécuta avec animosité.

Albertini cite comme exemple d'asile, un fait qui eut lieu à Lima en 1849, où un chef révolutionnaire péruvien chercha refuge à la légation des Etats-Unis. Cela occasionna un long échange de communiqués entre le gouvernement du Pérou et le chef de la légation américaine, M. Clay; en définitive ce diplomate reconnut le droit que le gouvernement avait d'exiger que le réfugié quittât sur le champ le pays ou de le soumettre à un jugement conformément aux lois en vigueur (1).

En 1851 la légation des Etats-Unis à Santiago du Chili donna de l'asile; mais cette foi le gouvernement des Etats-Unis déclara que si le gouvernement du Chili méconnaissait le droit d'asile, reconnu néanmoins par lui antérieurement, la légation américaine devrait déclarer aux réfugiés qu'elle ne pourrait continuer à leur donner asile (2).

En 1854 aussi la légation des Etats-Unis à Lima ouvrit ses portes aux réfugiés politiques; sur les réclamations du gouvernement péruvien, la légation refusa de livrer les réfugiés sous prétexte que le Pérou avait reconnu auparavant dans sa pratique l'usage de l'asile.

En 1868, la légation des Etats-Unis au Paraguay reçut des asilés; mais le gouvernement du Paraguay ayant déclaré qu'il ne reconnaissait pas ce droit, les réfugiés lui furent livrés.

La même année, en Haïti, les légations exercent lar-

(1) ALBERTINI, *op. cit.*, IIe partie, chap. V.
(2) ALVAREZ, *op. cit.*, p. 77.

gement le droit d'asile; la légation des Etats-Unis, à elle seule, reçut 150 personnes. Le président Salnave déclara que les femmes et les enfants pouvaient sortir librement; quant aux hommes il autorisa à ce que ceux-ci fussent embarqués pour les Etats-Unis sur un bateau marchand étranger.

Au Guatemala, au mois de mai 1870, M. Corbett, ministre d'Angleterre donna asile à un révolté, que M. Hudson, agent diplomatique des Etats-Unis, avait refusé de recevoir chez lui. Le gouvernement local plaça des soldats autour de la légation.

Au mois de février 1871, à la chute du président Francisco Dueñas du Salvador, celui-ci fut reçu à la légation des Etats-Unis par le ministre le général Torbert. Sous promesse formelle du gouvernement que l'asilé aurait la vie sauve, il fut livré aux autorités, de son propre consentement.

M. Reynolds, ministre des Etats-Unis en Bolivie, concèda asile, en 1874, à deux révolutionnaires, mais il le refusa à d'autres qui avaient pris partie dans des mutineries de l'armée.

En 1875, le 2 octobre, à la suite d'une émeute populaire à laquelle se rallia l'armée, le ministre d'Etat équatorien, le général Francisco-Javier Salazar, trouva asile dans la légation colombienne à Quito. Peu de temps après il sortait pour l'étranger, sans être aucunement inquiété.

La même année le ministre d'Angleterre en Haïti donna asile à un ancien ministre; celui-ci laissa son refuge lorsqu'il reçut l'assurance que son cas serait l'objet d'une procédure régulière.

Aussi en Haïti, en 1878, les légations d'Angleterre,

des Etats-Unis et de France donnèrent asile à plusieurs personnages politiques. Sous la demande du gouvernement haïtien, les légations refusèrent de livrer les asilés; le gouvernement haïtien accepta de ne pas les poursuivre et leur permit de quitter le pays.

Parmi les exemples de cas où, de temps en temps, le prétendu droit d'asile a produit des effets bienfaisants, nous citerons l'asile accordé en 1877 par le ministre de la Colombie à Quito, M. Venancio Rueda, au président de la République M. Antonio Borrero, qui avait été dépouillé du pouvoir constitutionnel par une révolution militaire. Nous dirons de même de l'asile accordé en 1906 par un autre ministre colombien, M. Emiliano Isaza, à une autre victime du militarisme ambitieux, le président de l'Equateur M. Lizardo García. Des cas semblables excusent certainement jusqu'à un certain point, sans toutefois arriver à la justifier, l'existence de cette institution et la font tolérer, comme une échappatoire aux fureurs d'un pretorianisme inconscient ou des haïnes personnelles qui peuvent parfois atteindre à un point incroyable de sauvagerie sanguinaire. Mais, nous le répétons, la question reste ouverte, si dans ces deux cas l'asile était recommandable sous tout point de vue, puisqu'il avait libré deux magistrats républicains des fureurs et de l'inconscience de militaires aussi ignorants qu'ils étaient tout-puissants, il convient de se demander si l'exception ne peut devenir un abus. Du reste et du moment qu'il n'est pas possible d'admettre qu'il y ait des pays plus favorisés que d'autres, ni surtout si l'on considère l'asile comme un droit juridique stable et fondé sur des principes également juridiques et stables, l'asile ne peut être accepté pour la Latino-Amérique tout seule comme il ne peut étre étendu à tout le monde.

Dans ces deux cas, les asilés sortirent du pays, sous la promesse formelle des nouveaux gouvernements de respecter leurs personnes, et ils le firent ainsi, en dépit des difficultés et des ennuis qui furent suscités à M. Borrero par ceux-là mêmes qui, pour lui avoir accordé asile, lui devaient leur protection.

En 1890, Mr. Anténor Firmin, ministre des affaires étrangères de Haïti, réclama du représentant de France la remise de deux asilés prévenus de crimes de droit commun, et il autorisait l'embarquement pour l'étranger des autres «qui n'avaient rien à démêler avec la justice».

La sanglante révolution chilienne de 1891-1892, éclatant dans un pays qui depuis longtemps n'avait plus été troublé par des révoltes intestines, eut pour effet que, conformément à ce que nous faisions remarquer plus haut, les passions politiques s'excitèrent à un degré extrême, les partis en lutte se livrant à de cruelles attaques et à de formidables représailles.

En août 1891 le gouvernement chilien présidé par Don José Manuel Balmaceda, déclara au doyen du corps diplomatique et ministre de la République Argentine à Santiago, M. José Uriburu, qu'il voyait avec un déplaisir extrême que certains représentants étrangers, spécialement le ministre de l'Uruguay, M. Arrieta, et celui des Etats-Unis, M. Egan, donnassent asile à des personnages politiques de l'opposition, entravant ainsi l'action du gouvernement qui recherchait ces personnages, et favorisant par là la révolte; que, par conséquent, le devoir du gouvernement étant de rétablir l'ordre, il se verrait dans l'obligation d'assiéger les légations et même d'y pénétrer par la force, si elles continuaient à être un lieu de réunion et de sécurité pour les perturbateurs. Et à la manière d'une confirmation des mots du président, quelques moments après des individus se dirigeant à la légation d'Espagne et à celle des Etats-Unis furent arrêtes, ce qui donna lieu à des protestations des ministres respectifs.

Rappelons à ce sujet que le ministre des Etats-Unis, en particulier, avait interprété le droit d'asile d'une façon si large et si abusive, que non seulement l'édifice même de la légation était rempli de réfugiés, mais les maisons contiguës se trouvaient aussi envahies par des poursuivis politiques, qui faisaient valoir pour ces maisons l'influence du pavillon américain ou qui étaient prêts à passer dans la légation au premier avis de la présence des agents du gouvernement.

M. Uriburu, défendit devant le président l'inviolabilité des légations; mais n'arrivant pas à convaincre M. Balmaceda, il communiqua les menaces de ce dernier aux intéressés. Le ministre américain se rendit alors á la Moneda et affirma au ministre des affaires étrangères que l'on ne pénétrerait dans sa légation que par la force et que si cela se produisait, le gouvernement de M. Balmaceda serait le seul responsable des conséquences que pourrait avoir un pareil procédé. En présence de cette attitude, le président fit assurer à M. Egan que le gouvernement chilien respecterait l'asile.

La révolution ayant triomphé, le même M. Balmaceda eut recours à l'asile pour se mettre à couvert des rancunes populaires du premier moment et ce fut dans la légation argentine que, par une conception exagérée, mais toute grandiose, de l'honneur, digne des temps légendaires où la mort effrayait moins que le déshonneur

ou ce qui pouvait être interprété comme un déshonneur,
l'ex-président se fit sauter la cervelle, jugeant sa défaite
incompatible avec sa dignité d'homme et de magistrat.

Le ministre de la guerre de Balmaceda, le général
Velasquez, reçut l'asile dans la légation de l'Empire
allemand, de l'aveu et même sur la proposition du général
en chef de l'armée victorieuse, le général Baquedano.
L'attitude du représentant allemand fut extrêmement
correcte, méritant par là aussi bien les remercîments de
la société chilienne que l'approbation du baron de
Marschall, ministre des affaires étrangères de l'Empire,
et du chancellier, comte de Caprivi (1).

Quant aux autres asilés dans les légations, les difficultés crées par son refuge disparurent avec leur départ
du pays à bord des navires de guerre étrangers, et spécialement du navire américain *Yorktown*. (2).

Dans les temps plus récents, nous sommes obligés de
confesser que la pratique de l'asile n'a pas diminué. Aux
époques révolutionnaires de l'Equateur, surtout en 1895
et 1896 les légations étrangères étaient remplies de réfugiés, sans que le chef révolutionnaire, maître du pouvoir, le général Alfaro, réclamât contre cet état de
choses.

En 1904, à Guatemala, un prisonnier échappant à ses

(1) GUESALAGA, *Agentes diplomáticos* (Berlin, 1895),
1ère partie, chap. VI, § 56.

(2) M. Claudio Vicuña, le président élu et qui devait
succéder à Balmaceda, fut reçu à bord d'un navire allemand;
le colonel Vidaurre, le député Ovalle-Vicuña et plusieurs
autres montèrent à bord du *San-Francisco,* navire américain.

gardes pénétra sans autorisation du ministre à la légation mexicaine. Les gardiens l'y poursuivirent jusque dans la légation et l'emmenèrent de force. Le ministre mexicain protesta de ce chef et le gouvernement de Guatemala fit droit à la réclamation en lui exprimant ses regrets et en promettant de punir les auteurs de la violation de l'asile.

En 1904 le droit d'asile fut exercé au Paraguay. Dans cette occasion le gouvernement américain déclara que ses consulats ne donneraient plus asile dans ce pays.

Au mois de juillet 1908, le président du Paraguay, M. Ferreira, et les ministres, furent obligés de démissionner à la suite d'une révolte; ils se réfugiérent à la légation argentine à Assomption. Le ministre, M. Martinez-Campos, obtint la permission que M. Ferreira quittât le pays.

La même année en Haïti, malgré les déclarations supprimant l'asile que peu de temps avant avait fait le gouvernement du général Nord Alexis, l'asile fut exercé à nouveau et au profit du même Nord Alexis et de ses amis.

Le président noir étant tombe sous les coups d'une révolution, il chercha refuge et fut recueilli à la légation française—qui comme on se souvient n'avait renoncé à l'asile que pour ses consulats. Le général fut conduit, sous la protection du ministre de France, à bord du navire de guerre français *Duguay-Trouin*. Ceci fut un curieux cas d'asile hors l'enceinte de la légation, étendu aux équipages de celle-ci, qui furent couverts par l'immunité du pavillon français.

Parmi les nombreuses personnes qui, en cette circonstance, allèrent chercher refuge dans les légations de

France, d'Allemagne et même des Etats-Unis, se trouva l'ex-ministre des affaires étrangères, M. Borno, l'auteur de la protestation contre le droit d'asile au moment où le pavillon français avait abrité le chef révolutionnaire M. Anténor Firmin.

Nous citerons, pour conclure, un cas d'asile tout récent: en 1911, un journaliste equatorien, M. Eduardo Mera, victime des persécutions politiques, trouva asile dans la légation du Chili à Quito: le gouvernement du général Alfaro, mit M. Mera dans l'alternative ou de rester toujours dans la légation et de ne pas la quitter sous aucun prétexte, ou de sortir à l'exil (1).

(1) *El Comercio,* Quito, n.º 1609.

CHAPITRE VI

ASILE DES ÉQUIPAGES

ET DES CARROSSES DIPLOMATIQUES

Les partisans de l'exterritorialité diplomatique l'éten-
dent également aux carrosses et aux équipages des
diplomates, de façon que, selon eux, celui qui s'y trouverait serait affranchi de l'action de l'autorité locale aux
mêmes termes que s'il était dans l'édifice de la légation;
les équipages se trouveraient ainsi exemptés de toute
perquisition judiciaire.

Ces privilèges des voitures des agents diplomatiques
avaient dans d'autres époques la plus grande importance,
et les auteurs s'occupaient volontiers de ces problèmes;
l'introduction des chemins de fer vint à la suite oter
tout intérêt à ces questions; mais les moyens de loco-
motion moderne et surtout l'automovilisme vont assure-
ment les remettre au jour.

Si, pour notre part, nous avons nié le droit d'asile

pour l'édifice de la légation, à plus forte raison refuserons nous de le reconnaître lorsqu'il s'agit des véhicules, pour le seul fait qu'ils appartiennent à un diplomate, et encore moins lorsque l'on veut s'en servir dans un but illégal tel que serait, par exemple, celui de favoriser la fuite de coupables en les soustrayant à l'action des juges compétents.

Bluntschli est du même avis lorsqu'il déclare que «l'envoyé ne peut pas refuser de livrer les fugitifs qu'il a reçus dans sa voiture» (1). Et Albertini dit que l'exemption des carrosses diplomatiques ne doit pas être interprétée dans ce sens qu'elle peut être utilisée pour favoriser la fuite des criminels, en les mettant à couvert de l'action répressive des lois et de la justice locale (2).

Soutenir l'asile pour les équipages serait simplement fournir un argument de plus pour rejeter la portée abusive que l'on veut donner aux privilèges diplomatiques; ce serait aggraver l'injure faite à la dignité du pays déjà gravement offensée par l'asile; ce serait donner au diplomate un pouvoir excessif, qui annulerait celui des autorités locales, pour rendre possible et pour faciliter la fuite des coupables et des ennemis de l'ordre public.

A notre avis, il est évident que l'autorité a le droit, en cas de soupçons, d'arrêter et de faire examiner les équipages, qu'ils soient ou non ceux d'un diplomate, et d'arrêter dans ceux de ce dernier les délinquants qui s'y trouveraient. Tel fut le procédé suivi par le gouverne-

(1) BLUNTSCHLI, *op. cit.*, § 201.

(2) ALBERTINI, *op. cit.*, IIᵉ partie, ch. VIII. PANDO, *Elementos del Derecho Internacional* (Madrid, 1843), p. 667.

ment romain lorsque en 1750, le marquis de Fontenay, ambassadeur de France, ayant reçu dans sa maison quelques conspirateurs napolitains, essaya de les faire échapper dans ses propres carrosses.

Le plus qu'on avait coutume d'accorder aux carrosses des diplomates était l'exemption des visites ordinaires des officiers de douanes; mais ce privilège ne peut aucunement être utilisé pour favoriser la fuite des criminels ou pour les mettre à couvert de l'action des lois du pays.

Il est indiscutable que les carrosses, voitures, automoviles, etc., du diplomate sont inviolables pour celui qu'y se trouve, lorsque celui-ci étant un asilé dans la légation, sort du pays avec la connaissance et sous la promesse de respect du gouvernement local; mais nous ferons observer que dans ce cas exceptionnel on ne peut pas dire que l'asile des carrosses existe, puisque son inviolabilité n'est pas à proprement un asile tel que l'asile diplomatique, mais une simple inviolabilité volontairement accordée par le gouvernement local, en vertu d'un compromis avec l'agent protecteur. Et du reste cette inviolabilité purement personnelle doit exister indépendamment de tout lieu ou véhicule où se trouve la personne favorisée; ella aura lieu ainsi à bord d'un bateau, sur les chemins de fer ainsi que sur des simples voitures.

On peut tirer un argument d'analogie des deux cas assez récents, dont nous avons fait déjà mention: l'asile accordé par l'ambassade anglaise à Constantinople à Izzet Pacha, en 1908, et la sortie de celui-ci à bord d'une chaloupe de l'ambassade pour gagner, à l'insu du gouvernemènt ottoman, un bateau anglais. Dans ce cas on peut nous dire, la chaloupe de l'ambassade anglaise,

19

qui donna asile depuis la légation jusqu'au bord du navire, également anglais, est un refuge: la chaloupe était dans ce cas un véhicule dont l'effet, pouvait être entièrement assimilé à une voiture, était une «voiture aquatique»; donc, si dans ce cas l'ambassade anglaise, pour assurer l'inviolabilité personnelle d'Izzet Pacha lui prêta son embarcation, il est sûr que si celui-ci avait eu besoin de partir par terre, l'ambassade aurait pu, de même, lui prêter une de ses voitures.

La même chose eut lieu aussi dans le cas de Sélim-Melhamé Pacha que l'ambassade italienne fit conduire dans une de ses chaloupes à bord du navire italien *Bosnia.*

Le cas d'analogie est fort discutable, car la chaloupe anglaise ou l'italienne, àppartenant aux Etats représentés, pouvaient plutôt être assimilées, avec beaucoup plus de raison, aux navires de l'Etat, navires que, comme nous le verrons, peuvent donner asile à leur bord. La forme et les dimensions du bâtiment ne peuvent, à ce sujet, produire des exceptions. Ce fut sans doute ainsi que les ambassades intéressées expliquèrent leur procédé; si elles croyèrent autre chose, nous devons dire qu'elles eurent tort et que ces cas ne peuvent servir de base pour fonder, pour une analogie peu claire, des privilèges abusifs et insoutenables.

Ayant reconnu la faiblesse des arguments sur lesquels on a voulu fonder l'asile des équipages, par le fait qu'ils appartiennent à un agent diplomatique, l'on a prétendu quelques fois, néanmoins, que appartenant ou non à la ambassade, les équipages jouissent d'immunité si le diplomate s'y trouve *au moment donné,* de telle sorte que l'autorité locale devra respecter l'immunité des personnes qui sont dans sa compagnie. Le principe ainsi posé il a été généralisé dans la pratique par des agents peu scrupuleux, qui ont prétendu que leur présence suffit pour protéger les personnages avec qui ils vont (1). Et nous devons confesser, que cette interprétation est logique: le véhicule, voiture, etc., étant un détail et un accessoire, l'asile serait ainsi interprété comme une sorte de *rayonnement* de l'immunité personnelle de l'agent, rayonnement qui empêcherait les autorités locales de pouvoir exercer leur action sur aucune personne se trouvant en compagnie d'un diplomate, soit dans ses voitures, soit sur un navire, soit en vagon de chemin de fer ou simplement dans la rue ou en quelque lieu public.

Pour parler franchement nous n'avons trouvé non seulement aucune raison plausible, mais même aucune espèce de raison pour soutenir cette étrange opinion. Parler de ce rayonnement de l'immunité personnelle serait aussi absurde et aussi abusif—peut-être plus abusif et plus absurde même—que de soutenir actuellement les anciennes franchises de quartier; ni la dignité de la représentation, ni la liberté et l'indépendance du diplomate, ni aucune autre base ne soutiennent une théorie dont, d'ailleurs, ceux-là mêmes qui l'acceptent s'abstiennent d'indiquer les bases et la raison d'être; malgré cela, selon Albertini, elle a été fréquemment appliquée dans l'Amérique du Sud, où l'on a allégué l'immunité de personnes, qui se promenaient en compagnie d'un diplomate, par le fait qu'elles se trouvaient avec lui. L'unique raison qui expliquerait un pareil procédé se-

(1) ALBERTINI, *op. cit.,* IIe partie, chap. V

rait celle d'une courtoisie exagérée à l'égard de l'agent, courtoisie qui ne pourrait jamais être exigée comme un droit acquis et une obligation due.

L'exemple le plus récent d'un pareil procédé fut celui, déjà cité, du représentant de France en Haïti, qui accorda sa compagnie à l'ex-président Nord Alexis afin de le protéger contre les fureurs populaires sur le parcours que l'ancien magistrat devait faire de la légation française jusqu'au navire de la même nationalité, le *Duguay-Trouin*.

CHAPITRE VII

Plus déplorable et plus fréquent est dans l'Amérique du Sud et du Centre le droit d'asile que, sans raison aucune, se sont parfois crus autorisés à accorder les consuls, provoquant de cette façon d'ennuyeuses complications diplomatiques. Quoique la pratique soit absurde, elle n'a été pas moins répétée; nous allons, pour le prouver, citer quelques exemples, parmi les cas où l'asile consulaire a été exercé.

Le 21 juillet 1850 l'ex-président de l'Equateur Mr. Roca, qui venait de tomber par un mouvement révolutionnaire était mis en prison; ayant été remis en liberté le 23 du même mois il chercha asile dans le consulat de la Nouvelle-Grenada et, en suite, dans celui des Etats-Unis où il resta jusqu'au 31 juillet, jour où le gouvernement lui donna les garanties nécessaires.

Un cas d'asile consulaire qui donna lieu à un long et

ennuyeux échange de communications diplomatiques, eut lieu à Tumbès (Pérou), au vice-consulat des Etats-Unis, le 21 octobre 1853: le vice-consul, M. Oakford accorda asile à M. Domingo Elías, homme politique, poursuivi par les autorités. Ces dernières se refusèrent à reconnaître le droit que Oakford prétendait avoir de l'asiler, elles envahirent le consulat et en retirèrent M. Elías. Le vice-consul protesta, et le ministre américain à Lima, M. Clay, appuya cette protestation et souleva des réclamations en conséquence, réclamations qui furent énergiquement repoussées par le ministre péruvien M. Paz-Soldán. Dans un communiqué du 9 décembre 1853, ce dernier disait que si M. Oakford, *en qualité de simple étranger* résidant au Pérou, devait obéir aux lois et autorités du pays et éviter de donner aide à ceux qui attaqueraient l'ordre public, en sa qualité de consul cette obligation était d'autant plus grande, et qu'il devait s'abstenir de tout acte direct ou indirect pouvant être préjudiciable au pays ou offensant pour ses autorités. Le vice-consul américain à Tumbès n'avait aucun droit pour justifier sa conduite, car ses fonctions, étant limitées à la protection des intérêts commerciaux de ses compatriotes, il ne jouissait, suivant les lois internationales, d'aucun droit d'asile, qui est seulement accordé aux ministres ayant qualité représentative. «Cependant—ajoutait le ministre—au milieu de circonstances aussi graves et aussi difficiles, les citoyens de Tumbès firent preuve du plus grand respect pour la maison du consul américain, en n'y entrant pas sur-le-champ pour arrêter Elías et ses suivants, mais en se bornant à la cerner pour empêcher leur fuite. L'admission de consuls, ayant pour but principal de favoriser les intérêts commerciaux des nations et de resserrer leurs relations, ne peut se transformer pour ceux qui les reçoivent en un sujet constant de péril et d'inquiétude, si les consuls, s'écartant de leurs pacifiques attributions, se mettent, par de prétendues immunités, à servir de point d'appui aux conspirateurs: si ces derniers peuvent défier l'autorité publique, la blesser sans courir de risques, développer leurs projets et les exécuter dans les maisons consulaires. Des résultats aussi funestes sont contraires à toute idée de civilisation et d'humanité».

Le ministre américain, envers et contre toute justice, contestait les raisons exposées par le chancelier péruvien, et s'efforçait de faire triompher la thèse de son vice-consul; il disait, à cet effet, que les consulats des Etats-Unis jouissaient au Pérou de l'asile, parce que les gouvernements de ce pays, dès son indépendance, l'avaient toujours accepté et reconnu; que, par conséquent, cela constituait un privilège en faveur des consuls, privilège qui existait au moment du conflit de Tumbès et qui existerait à l'avenir jusqu'à ce que le gouvernement péruvien déclare, de manière prealable aux futurs incidents, qu'il ne tolérerait plus la pratique de ce privilège.

L'affaire ayant été portée à Washington, le gouvernement de la Maison Blanche conseilla à son représentant à Lima de ne pas insister davantage dans ses réclamations; elle blâma la conduite d'Oakford, se refusa à ratifier les démarches de M. Clay et déclarait, enfin, qu'il avait été commis une erreur en faisant servir le drapeau des Etats-Unis dans un but que n'autorisaient ni le droit des gens, ni la dignité des nations; ce qui était donner entière satisfaction à la chancellerie de Lima.

Don José G. Paz-Soldán, ministre des affaires étrangères du Pérou, qui soutint avec énergie les droits nationaux dans l'affaire qui vient de nous occuper, en un communiqué officiel du 20 février 1854, cite le cas d'un consul général de Sardaigne qui, à Lima, prétendit donner asile à Don Mateo Paz-Soldán, poursuivi politique; M. Paz-Soldán fut livré par le consul aussitôt que les autorités péruviennes réclamèrent sa remise.

Le consulat des Etats-Unis à Nicaragua donna refuge en 1855 à quelques révoltés contre·le gouvernement. Dans cette occasion la chancellerie de Washington déclara que l'asile ne pouvait être concédé à ceux qui conspiraient contre le gouvernement légalement constitué.

En avril 1859, à l'occasion de la révolution suscitée à Guayaquil par le général Maldonado contre le gouvernement du président Robles, nous trouvons parmi les conditions des révolutionnaires pour déposer complétement les armes, celle de que «l'on garantisse la vie au général et à ses officiers, *réfugiés dans les consulats étrangers*» (1).

La même année le consul des Etats-Unis à Valparaiso donna asile à de révolutionnaires. La maison du consulat fut attaquée et l'exequatur fut retirée au consul, mais l'affaire n'eut pas de suites.

Quelques années après, en 1865, le ministre des Etats-Unis en Haïti était prévenu que les consulats ne pouvaient servir de lieu de refuge pour les personnages

____

(1) Pour la prompte terminaison de ce mouvement révolutionnaire le corps consulaire étranger résidant à Guayaquil, avait pris une partie active.

politiques, et que, en conséquence, il était interdit de réclamer ou de se plaindre si les réfugiés aux consulats étaient appréhendés dans ceux-ci.

En mars 1872, M. Jastram, agent commercial des Etats-Unis à Saint-Marc (Haïti), donna asile au général Batraville, poursuivi par le gouvernement pour appel à l'insurrection. Les autorités demandèrent que celui-ci fût livré, et sur le refus de M. Jastram, envahirent l'agence et prirent de force le général. M. Jastram, lui-même, fut molesté jusqu'au point que le vice-consul de France intervint pour qu'on le laissât en liberté. Le gouvernement de Washington estima qu'il n'y avait pas lieu de réclamer contre l'arrestation du général Batraville, mais il obtint du gouvernement haïtien des excuses et des regrets à cause du mauvais traitement donné à son agent.

La même année, au Cap-Haïtien, le vice-consul d'Angleterre reçut chez-lui des réfugiés politiques, et il se refusa au commencement à les livrer, mais en face de l'exaspération que ce refus produisit, les asilés furent remis aux autorités par lesquelles ils furent embarqués pour l'étranger.

En 1873 le consul anglais à Puerto-Plata (République dominicaine) avait donné asile à trois nationaux qui avaient protesté contre la cession de la baie de Samana aux Etats-Unis. Les autorités n'hésitèrent pas à arrêter les trois individus au consulat même, d'où on les retira de force. Le chargé d'affaires intervint alors et obtint le relâchement des inculpés et la punition des autorités qui avaient procédé à leur arrestation.

A la suite de cet incident, la Grande Bretagne convaincue des grands inconvénients du droit d'asile dans les consulats, faisait savoir au gouvernement dominicain, dans un communiqué signé par lord Granville le 1er août 1873, que la Grande Bretagne avait décidé de renoncer à la pratique de recevoir les réfugiés politiques dans ses consulats à la République dominicaine.

En 1877, lors de la révolution qui amena au pouvoir suprême du Mexique le général Porfirio Díaz, le général Arce, adversaire de celui-là, trouva asile au consulat des Etats-Unis à Mazatlan. Des soldats l'ayant enlevé par la force, le ministre des Etats-Unis à Mexique présenta ses protestations, et le gouvernement mexicain fut obligé de faire des excuses.

En mars 1878 le consulat péruvien à Port-au-Prince, abritait le général Luis Estevan Saloman et d'autres personnages politiques; le cas est d'autant plus notable, que, ainsi que nous l'avons vu, le gouvernement péruvien avait, en 1867, fait savoir qu'il renonçait à l'asile diplomatique de ses représentants à l'étranger (1).

Le gouvernement haïtien réclamait, en 1883 et 1884, du vice-consul français à Jacmel la livraison des inculpés dans l'assassinat du général Veriquain. Le vice-consul refusa et fut appuyé dans son attitude par M. Jules Ferry, en lettre du 18 juillet 1884.

Dans cette occasion ou put constater les grands inconvénients que peut créer l'asile, car les révolutionnaires avaient établi leur quartier général et leur centre d'opérations dans le consulat anglais à Jacmel.

En 1903, lors du renversement du président dominicaine M. Wos y Gil—et malgré la renonciation du droit d'asile, que pour ses consulats, avait fait l'Angleterre

____

(1) Voy. p. 277 et 278.

en 1873,—celui-ci trouva refuge dans le vice-consulat anglais de Saint-Domingue. Le vice-consul appuyé par le corps diplomàtique, obtint que l'ex-président fût embarqué pour Porto-Rico.

En février 1904 l'agent consulaire des Etats-Unis à Samana, dans la République dominicaine, donna asile à plusieurs personnes; les asilés furent pris violemment. Le gouvernement de Washington protesta pour cet attentat.

En 1904, aussi, au Paraguay, le droit d'asile fut exercé par le consulat des Etats-Unis. Dans cette occasion le gouvernement américain déclara que ses consulats au Paraguay ne sauraient servir à l'avenir de lieux d'asile pour les réfugiés politiques (août, 1904).

Nous avons déjà fait mention auparavant des incidents survenus en 1908, dans l'asile accordé par les consulats d'Allemagne, d'Espagne et de France aux Gonaïves aux révolutionnaires haïtiens, et à la suite desquels la France décidait, le 29 avril, que ses agents consulaires à Haïti ne donneraient plus d'asile à l'avenir, déclaration qui fut suivie par une analogue de l'Angleterre (26 juin), et par une plus complète (puisque elle n'excepta pas même la légation) des Etats-Unis (2 mai); malgré quoi quelques mois après des réfugiés politiques—les seigneurs de la veille et que la révolution avait déchus—accouraient aux légations et consulats étrangers en quête d'un refuge pour se sauver des vengeances et des persécutions (1).

L'asile consulaire a continué, donc, a s'exercer dans

---

(1) Voir, page 272 et s. et p. 274. Voy. ALVAREZ, *op. cit.*, p. 80 et s.; et *Robin,* article déjà cité, dans la revue de M. FAUCHILLE.

cette inquiète république des Antilles: en février 1911 l'armée du président Antonio Simon ayant battu les ré- volutionnaires, les chefs de ceux-ci, général Cinccinatus et général Leconte—ancien-ministre de la Guerre— et d'autres personnages cherchèrent refuge aux consulats étrangers de Cap-Haïtien; d'où ils sortirent le jour suivant pour l'île de Saint-Thomas, refuge attitré de tous les révolutionnaires haïtiens.

Le 11 février 1911, à la suite d'attentats dirigés contre le président du Nicaragua, celui-ci et sa famille cherchèrent asile au consulat des Etats-Unis à Managua (1).

Quoiqu'il en soit, nous voyons que la pratique et le respect de l'asile consulaire dans l'Amérique latine ne sont pas si uniformes comme on a l'habitude de le dire, et nous devons aussi faire remarquer les multiples cas de renoncements et de désaveux de l'asile consulaire faits par les Etats américains intéressés et même par les puissances européennes.

Quant à nous, nous aurons très peu à dire sur la matière. Après avoir rejeté le droit d'asile pour les légations, nous ne serions pas logiques si nous allions maintenant le reconnaître aux consulats, d'autant plus que dans un autre endroit nous avons repoussé jusqu'à l'immunité personnelle des consuls eux-mêmes et leurs avons refusé les autres privilèges dont peuvent jouir les agents diplomatiques, eux seuls (2).

Si parfois les consuls exercent ou prétendent exercer l'asile aux mêmes termes que les agents diplomatiques,

(1) *New-York Herald,* édition de Paris, 12 février 1911.

(2) Voir notre œuvre *Du conflit international au sujet des compétences pénales,* IIe partie, chap. III, sect. III, §1.

le fait doit être exclusivement considéré comme un regrettable abus, devant être blâmé et combattu sans trêve afin d'empêcher qu'il ne se transforme lui aussi en institution coutumière, tel qu'est, dit-on, l'asile diplomatique.

La différence entre les agents diplomatiques et les agents consulaires est trop grande, pour que même dans le cas où l'on tolère pour les premiers le droit d'asile, on puisse croire possible de l'accorder aux derniers.

Mais laissant de côté les considérations basées sur le caractère différent des uns et des autres de ces agents, différences dont nous avons déjà parlé et qui font du premier un représentant du pays et du second un simple agent commercial, nous croyons qu'il y aurait d'autres motifs d'ordre pratique qui empêcheraient d'accorder aux consuls ce qu'une blâmable coutume assigne en certains pays aux agents diplomatiques (1).

Ces derniers sont des fonctionnaires d'une catégorie plus élevée que les consuls et offrent plus de garanties pour l'exercice discret du droit d'asile; mais nous devons dire surtout que le fait de n'avoir qu'un seul agent diplomatique dans le pays pour chaque nation, limite jusqu'à un certain point le danger d'un abus qui existerait sûrement si l'on accordait l'asile aux nombreux consuls, vice-consuls et agents-consulaires qu'un même Etat accrédite dans chacun des autres Etats.

L'agent diplomatique résidant dans la Capitale s'y trouve tellement en vue qu'on pourrait presque dire qu'il est surveillé: aucun de ses actes, aucun de ses mouvements passe inaperçu pour les autorités locales, de

---

(1) Pour les différences entre agents diplomatiques et consulaires, voir notre œuvre citée ci-dessus, p. 513 et s.

telle sorte que si le respect de son asile se trouve plus ou moins assuré par le tact et la discrétion des plus hauts pouvoirs de l'Etat, le réfugié ne peut pas non plus abuser de cet asile pour remuer ni opérer dans l'ombre, soit pour ne pas éveiller de soupçons, soit parce qu'il ne pourrait le faire sans que le gouvernement et la police ne remarquent l'abus et ne s'empressent d'y mettre fin.

Les consuls, vice-consuls et agents consulaires sont pour la plupart des commerçants, des employés, peut-être indigènes du pays et partageant ainsi les haines locales et les rivalités de parti; ils ont leur résidence sur tout le territoire et précisément dans les provinces les plus lointaines, sur les frontières, où ils sont le plus nombreux et où ils peuvent aider les révolutionnaires le plus efficacement et sans contrôle possible. C'est là même que des autorités subalternes, n'ayant pas les responsabilités d'un ministre ou d'un chef d'Etat, pourraient en un jour de troubles exercer sur eux la violence, si l'on accordait aux consuls le périlleux droit de protéger les délinquants politiques; et alors les réclamations et les conflits internationaux seraient aussi graves que fréquents. C'est pourquoi nous ne croyons pas que l'on puisse laisser entre les mains d'employés non responsables un droit aussi dangereux que celui de l'asile et susceptible d'engendrer des différends politiques d'une gravité impossible à prévoir.

Hors de l'Amérique latine les cas d'asile donné aux consulats sont beaucoup moins nombreux même que les cas d'asile diplomatique, qui comme nous l'avons vu sont très réduits. En Europe seulement la Turquie et les autres pays de la péninsule des Balkans ont eu à subir parfois l'asile consulaire. Lors de la révolution

grecque de 1862, par exemple, les consulats étrangers
abritèrent des réfugiés politiques.

Le consulat anglais à Galatz, en Roumanie, fit valoir,
en 1867, l'asile consulaire pour protéger les juifs persécutés.

Un cas d'asile consulaire en Turquie fut celui de
Midhat Pacha, qui lorsque Abdul-Hamid voulut étouffer
les vestiges de la constitution de 1876, chercha et trouva
asile, dans la nuit du 16 à 17 août 1881, au consulat
français de Smyrne. A la demande de remise du réfugié,
le consul répondit par une négative absolue, attitude
pour laquelle il fut appuyé par tout le corps consulaire.
Midhat Pacha se rendit après volontairement, sur la foi
d'une dépêche du ministre de la justice du Sultan, le
garantissant la sécurité de sa personne.

Comme on peut remarquer c'est dans les pays soumis
à des lois exceptionnelles ou qui ont été soumis à des
lois d'exception en matière des consulats que l'asile
consulaire a eu lieu hors de l'Amérique. Nous pourrions
citer, de même, plusieurs cas d'asile consulaire aux pays
africains et asiatiques soumis à ces mêmes lois exceptionnelles, mais cela en plus de n'avoir qu'une importance médiocre pour nous, serait très long, nous ferons
mention seulement de l'asile trouvé à Zanzibar, en 1896,
par Saïd-Khaled au consulat allemand. De même le 26
août 1908, après la proclamation de Moulaï-Hafid comme sultan du Maroc, les pachas de Mazagan et de Lara-
che, partisans du sultan déchu Abdul-Azzis, trouvèrent
un refuge auprès des consuls français. Mais de ces cas,
comme on peut le supposer, on ne doit pas tirer des conséquences de caractère général.

L'Institut de Droit International, à Venise, en 1896,

dans son règlement relatif aux immunités consulaires rejete d'une manière absolue l'asile consulaire. Il a déclaré, à l'article 9, que «La demeure officielle des consuls et les locaux occupés par leur chancellerie et par leurs archives sont inviolables. Aucun officier de l'ordre administratif ou judiciaire ne pourra y pénétrer sous quelque prétexte que ce soit. *Si un individu poursuivi par la justice locale s'est réfugié au consulat, le consul devra le livrer sur la simple réquisition de l'autorité territoriale»* (1).

Le congrès de Montevideo n'a pas reconnu le droit d'asile pour les consulats; après avoir accepté, comme nous l'avons vu, l'asile diplomatique, il n'a pas dit un seul mot au sujet de celui que pouvait être attribué aux consulats, ce qui signifie que les représentants sud-américains ne croyaient pas nécessaire même d'exprimer leur avis sur ce rapport, la science rejetant l'asile des consulats.

(1) *Annuaire de l'Institut,* t. XV, p. 272 et s.
Pour assurer spécialement l'inviolabilité des archives consulaires, un état descriptif des divers locaux composant la chancellerie du consulat, devra—selon l'Institut—par l'entremise de la mission diplomatique, être remis aux autorités du pays par l'agent étranger, lors de son entrée en fonctions, et toutes les fois qu'il y aura transport de la chancellerie d'un immeuble dans un autre ou changement important dans les dispositions matérielles de cette chancellerie. Ledit état sera, chaque fois, l'objet d'une vérification contradictoire (art. 10).—Las chancelleries consulaires, tout en restant distinctes des pièces servant à l'habitation du consul, peuvent être installées dans cette habitation (art. 11). Il n'est pas fait aucune différence, sous le rapport des immunités entre les consuls généraux, consuls et vice-consuls.

CHAPITRE VIII

Avant de commencer à étudier l'asile à bord des navires dans les eaux territoriales d'une autre puissance, il faut que nous établissions la distinction entre navires de guerre ou, en général, navires de l'Etat et navires de propriété particulière, car les règles s'appliquant aux uns sont complètement différentes de celles qui régissent les autres.

Navires de guerre sont ceux qui appartiennent à un Etat et sont armés en guerre pour la défense nationale. Selon l'Institut du Droit International «navire de guerre est tout bâtiment sous le commandement d'un officier du service actif de la marine de l'Etat, monté par un équipage de la marine militaire, autorisé à porter le pavillon et la flamme de la marine militaire. La forme du navire, sa destination antérieure, le nombre des individus qui en composent l'équipage ne peuvent altérer ce caractère».

20

Ces définitions n'empêchent pas que l'on ne puisse étendre à d'autres navires appartenant à l'Etat et destinés à des services spéciaux les droits et privilèges des navires de guerre.

On accepte généralement, et dans la théorie et dans la pratique, l'indépendance des navires de cette espèce des lois des eaux étrangères où ils se trouvent; cela a été appelé par certains l'*exterritorialité* des navires de guerre; à notre avis c'est une véritable *territorialité* (1).

Les navires de propriété particulière, par contre, sont ceux qui sont destinés au commerce, au tourisme, etc., et qui n'ont aucun caractère officiel ni public, leur nationalité dépendant exclusivement de leur port d'attache. L'exterritorialité pour ces navires n'existe pas, au moins dans les eaux étrangères. Le besoin de ne pas laisser impunis les délits commis à bord, oblige à donner une certaine influence au drapeau de la nationalité du navire pour les délits commis à bord en pleine mer ou dans les eaux territoriales lorsque le navire ne fait que passer et que le délit et ses conséquences sont restés limités au navire (2).

Cela étant, si on accepte l'asile territorial, on donnerait plus de bases à l'asile lorsqu'il s'agit des navires de guerre lesquels, en vérité, pourraient à leur bord accorder un asile effectif, analogue à l'asile territorial.

Ceci serait une conséquence logique du caractère du

(1) Pour la nature des navires de guerre, voir notre travail *Du conflit international au sujet des compétences pénales,* IIe partie, chap. IV, § 1.

(2) Pour la nature juridique des navires de commerce, ainsi que pour la détermination de ce qu'on entend par des eaux nationales, voir le même ouvrage, IIe partie, chap. IV, § 2.

navire de guerre, qui, ainsi que nous l'avons dit, peut
être considéré avec raison comme *territorial*, c'est-à-
dire comme étant un prolongement du territoire effectif
de l'Etat; le pouvoir de ce dernier est, en effet, maintenu à bord du navire par la force, en d'autres termes,
ce pouvoir y est réel et sensible de telle sorte que l'action de l'autorité étrangère peut être repoussée d'une
manière efficace. Du reste jamais ce droit d'asile et
d'inviolabilité des bâtiments de guerre n'a été mis en
doute; c'est ainsi, par exemple, que comptant sur cette
inviolabilité, lors de la fameuse révolution des faucheurs,
le jour de la Fête-Dieu de l'année 1640, à Barcelone, le
gouverneur comte de Santa-Coloma avait voulu prendre
refuge à bord d'une goëlette génoise; mais, pour éviter
la fuite et l'impunité de celui que le peuple considérait
comme son tyran et son plus grand ennemi, les navires
étrangers avaient été obligés de s'éloigner du port; cependant le fils du gouverneur, plus heureux que son
père, put gagner le bord où il resta en sécurité sans
que personne osât le réclamer ou le poursuivre (1).

Le respect mutuel des Etats souverains exige que
l'un d'eux ne se mêle de ce qui se rapporte à la défense
de l'autre et qu'il n'excite pas les susceptibilités de ce
dernier, en prétendant faire des recherches ou investigations dans les éléments destinés à ladite défense, investigations qui peuvent bien servir de simples prétextes pour connaître les secrets de l'autre pays. Toutefois
du moment que l'on n'accepte pas l'asile territorial
quand il s'agit de criminels communs et puisque l'asile

(1) Eduardo Chao, *Historia de España* (Madrid, 1850):
Reinado de Felipe IV, t. IV, p. 60.

externe même pour les délits politiques (de nos jours admis par tous les Etats), subit un certain mouvement de réaction sensible au moins dans la théorie—qui tend à douter de la légitimité de l'asile territorial pour tous les délits soi-disant politiques, et qu'assure le manque d'opportunité de l'asile externe pour ces délits—l'asile à bord des navires de guerre doit nécessairement suivre les fluctuations de l'opinion quant à l'asile externe; pour notre part, nous l'assimilons entièrement à ce dernier, partisans comme nous sommes de la territorialité des navires de guerre; cela nous excuse d'insister sur ce point, notre intention n'étant pas de nous occuper de l'asile externe.

La bonne entente des peuples a pu établir la remise, sans aucune formalité d'extradition, aux autorités locales, du délinquant de droit commun ayant commis de délits sur le territoire de l'Etat et réfugié à bord d'un navire de guerre étranger; mais celle-là est une remise volontaire qui ne saurait être exigée par la force, car elle n'est pas obligatoire et n'a lieu que par courtoisie, par devoir moral et par union internationale; si le commandant ou les autorités compétentes du navire ne croient pas qu'il y ait lieu d'exercer cet acte de courtoisie, l'autorité locale devra, pour obtenir la remise du délinquant, avoir recours à la procédure ordinaire de l'extradition. Quelques auteurs sont d'un avis contraire et ne croient pas que l'extradition puisse être applicable (1); quant à nous, ayant admis la territorialité effective des navires de guerre, nous trouverions illogique de ne pas

____

(1) DESPAGNET, *Cours de droit international public,* (Paris, 1894), § 281.

soumettre, autant que cela est possible, le navire aux règles du territoire effectif.

Lorsqu'il s'agit de délits politiques, malgré la discutable légitimité de l'asile externe pour tous les actes de ce genre, sans exception, la non-remise aux autorités locales du réfugié á bord des navires de guerre est une de ces règles que l'on appelle *d'humanité,* et qui a été consacrée par la coutume et qu'actuellement peu de gens songent à discuter. Cependant, et tout en accordant à cet asile la valeur d'un fait établi, nous croyons qu'il ne doit être pratiqué qu'avec une extrême circonspection, en évitant de prendre ainsi aucune part, même indirecte, dans les luttes intestines du pays dans les eaux duquel se trouve le navire. Il nous semble, donc, qu'une règle dont il vaudrait la peine de tenir compte serait celle de transborder le réfugié sur le premier navire quittant le port á destination étrangère, afin de l'empêcher d'agir directement dans le pays ou d'influencer indirectement par sa présence le mouvement politique, s'abstenant ainsi de se rendre complice des agissements de l'asilé.

C'est, du reste, la pratique adoptée généralement: le navire qui donne asile ou envoie le réfugié hors du pays le plus tôt possible ou le conduit, lui-même, dans le plus bref délai, à l'étranger.

Le 24 septembre 1860, le général Guillermo Franco luttant contre García-Moreno, après que ce dernier eut renversé le gouvernement du président Robles, à l'Equateur, se réfugia en compagnie d'un nombre considérable de partisans à bord du vaisseau de guerre péruvien *Tumbes,* mouillé à Guayaquil et qui conduisit les réfugiés jusqu'au port de Callao.

Au cours de l'année 1893 une révolution militaire éclata à bord des navires de guerre brésiliens. Après une série de péripéties, le 13 mars 1894 l'amiral Saldanha da Gama, chef des navires révoltés, abandonna ceux-ci à la baie de Rio-de-Janeiro, pour aller avec 492 compagnons se réfugier à bord de vaisseaux de guerre portugais le *Mindello* et l'*Alfonso-d'Albuquerque*. Le gouvernement du maréchal Peixoto réclama alors les asilés et un échange de communications même assez vif se croisa entre le gouvernement brésilien et la légation portugaise à Rio-de-Janeiro. Se basant sur un décret du 10 octobre 1893, qui déclarait les insurgés comme coupables de piraterie, le gouvernement brésilien demanda leur remise immédiate. Le représentant portugais n'admettait pas cette thèse et continua à soutenir la légitimité avec laquelle les navires de son pays avaient asilé les révolutionnaires. Le gouvernement brésilien insista alléguant que l'asile accordé aux insurgés constituait une offense à la souveraineté territoriale du Brésil; que les principes humanitaires ne sont pas applicables aux rebelles barbares; que le droit d'asile n'est pas bien défini; que l'extradition n'est pas applicable dans le territoire; que la fiction d'extraterritorialité des navires étrangers ne peut être acceptée sans commettre un attentat contre la souvaireneté locale; qu'enfin le crime commis par les réfugiés était un crime de droit commun, celui de piraterie. Le ministre portugais repoussa énergiquement ces affirmations et, à la fin, les navires portugais quittèrent Rio-de-Janeiro avec leurs 493 réfugiés, après que le chargé d'affaires portugais, comte de Paraty, eut donné l'assurance que ces réfugiés seraient transportés et internés en Portugal. Cependant ces navires, à cause de leur faible capacité—déclara le comte de Paraty—et de leur état, furent seulement jusqu'à Buenos-Aires, où le gouvernement de Lisbonne s'occupa de fréter un paquebot pour que, avec des officiers de la marine de guerre et sous pavillon portugais, ce paquebot transportât les asilés en Portugal. La fièvre jaune ayant entre-temps eclatée à bord, le gouvernement portugais télégraphia au commandant des navires de quitter Buenos-Aires et d'aller hors le Rio-de-la-Plata attendre l'arrivée du *Pedro III,* qui devait conduire les asilés dans l'île d'Ascension. Là, les réfugiés échappèrent du bord; une chaloupe envoyée pour les arrêter ne parvint à saisir qu'un petit nombre de fugitifs, les autres, en nombre de 254 et parmi eux l'amiral da Gama, s'étaient évadés. Cela donna lieu, comme on peut le supposer, à ce que le conflit du Brésil avec le Portugal devint plus aigu, jusqu'au point que le 13 mai 1894 le gouvernement de Rio-de-Janeiro remit ses passeports au comte de Paraty et déclara rompre les relations diplomatiques avec le Portugal (1).

D'autres cas d'asile sur des navires de guerre étranger ont eu lieu, comme nous l'avons dit, à toutes les époques. Nous citerons, parmi d'autres, celui que la corvette de guerre des Etats-Unis *Fair-Field,* mouillée dans le port de Guayaquil, accorda au mois de novembre 1833 au diplomate et homme d'Etat équatorien M. Vicente Rocafuerte; celui-ci quitta, le jour suivant, l'asile pour

(1) Cette affaire eut une répercussion dans la République Argentine, laquelle réclama de la violation de son territoire maritime, à cause de l'envoi de une chaloupe portugaise à la poursuite des échappés.

aller à bord du *Colombia,* navire de guerre des révolutionnaires (1). A notre avis dans ce cas, le procédé du commandant américain n'était pas celui qui dicteait la neutralité dans la lutte civile ecuatoriènne.

Nous dirons la même chose du procédé suivi par le Pérou l'année 1859: un navire de guerre de ce pays, mouillé à Guayaquil, devint la quartier général des révolutionnaires équatoriens. L'homme politique bien connu M. Garcia-Moreno était allé de Lima à Guayaquil afin de travailler pour la chute du président Robles; il trouva asile assuré sur la frégate de guerre péruvienne *Amazonas,* qu'il convertit en centre dirigeant des opérations contre le gouvernement (2).

La révolution chilienne de 1891, qui nous offre, comme nons l'avons vu, des cas typiques d'asile dans les légations, présenta aussi de nombreux exemples d'asile à bord des navires de guerre.

Les escadres d'Allemagne, d'Angleterre et des Etats-Unis, mouillées à Valparaiso en septembre de l'année en question, donnèrent à bord de leurs navires asile aux personnages et aux partisans du gouvernement vaincu. Le ministre de l'Empire allemand, le baron de Marschall, dans ses instructions au consul général à Valparaiso et au ministre plénipotentiaire à Santiago baron de

(1) Juan Murillo, *Historia del Ecuador* (Santiago de Chile, 1890), t. I, p. 39.

(2) Murillo, *op. cit.,* t. I, p. 81.

Ce procédé étrange du gouvernement péruvien, était logique étant donné son désir de voir renversé le gouvernement équatorien. Ce n'est pas l'unique cas d'intervention quasi officielle d'un des Etats sudaméricains dans les révoltes des voisins.

Gutschmid, établit expressément la règle de donner à bord des navires de Sa Majesté asile à des personnages politiques, autorisant le ministre à Santiago et l'amiral de Valois, chef de l'escadre, à résoudre la question de l'asile dans chaque cas particulier, disant que le chef de l'escadre et le représentant à Santiago pouvaient mieux que personne juger des circonstances et de la qualité des réfugiés.

Dans ces mêmes instructions le baron de Marschall declara que l'extradition des réfugiés politiques admis à bord des navires allemands, ne pourrait jamais être accordée, l'assimilant par là complètement à l'extradition effective au sujet de laquelle l'usage est qu'elle ne peut pas avoir lieu lorsqu'il s'agit de délits politiques. «Rien ne s'oppose—ajoutait le ministre—à ce que les navires transportent ces réfugiés politiques à Mollendo ou à quelque autre point non chilien; par contre la remise aux autorités territoriales de fait des personnes soupçonnées de délits communs est une obligation absolue pour les chefs et officiers des navires impériaux».

Le 7 septembre 1891, le baron de Gutschmid communiqua au cabinet de Berlin qu'après avoir examiné les prescriptions du droit de gens relatives aux réfugiés, et d'accord avec le chef de l'escadre, il avait reconnu que le contre-amiral de Valois avait raison de ne livrer ni les réfugiés politiques ni les officiers considérés comme déserteurs de la flottille de l'ex-président Balmaceda, qui se trouvaient à bord du *Leipzig*. Il ajoutait aussi que dans ses conférences avec l'amiral Montt, chef du pouvoir exécutif chilien, et avec le ministre des affaires étrangères, Don Federico Errázuriz, il avait tenu à expliquer nettement que l'Allemagne ne se proposait pas de cacher à bord de ses navires les criminels de droit commun, pour les affranchir de la justice, mais seulement des personnages politiques, qui pourraient courir le risque d'être maltraités, vu l'état d'effervescence des masses; enfin le diplomate allemand disait que lui, aussi bien que le chef de l'escadre, étaient déterminés à éviter tout ce qui pourrait passer pour une ingérence dans les affaires intérieures du Chili. «Les prescriptions du droit des gens, reconnues surtout en Amérique», dit le communiqué officiel, «établissent que'on ne devrait pas livrer les réfugiés politiques qui cherchent asile à bord de navires étrangers, sauf le cas où ils seraient coupables de délits communs. Cela n'est pas le cas et par conséquent la règle la mieux applicable et qui a été proposée par la légation, est celle de débarquer comme civils et de laisser en liberté les officiers ayant le grade de lieutenat ou un grade inférieur, et de transporter hors du pays les officiers supérieurs et les réfugiés politiques. Le chef de l'Etat chilien et le ministre ont approuvé cette ligne de conduite et apprécié l'attitude correcte de l'Allemagne pendant la guerre civile» (1).

Dans cette occasion, comme nous l'avons dit, l'Angleterre et les Etats-Unis reçurent aussi à bord de leurs navires des réfugiés politiques appartenant au gouvernement déchu.

Le droit d'asile des navires de guerre a été toujours reconnu pour les réfugiés politiques: le cas le plus récent que nous connaissions est celui de l'ex-président de Haïti, M. Nord-Alexis, qui ayant été dépossédé de

______

(1) *Livre Blanc de l'Empire allemand,* 1892, cité par Guesalaga, *op. cit.,* Ière partie, chap. VI, § 56.

la présidence par une révolution en 1908, trouva asile à bord du navire de guerre français *Duguay-Trouin.*

A la suite de la bataille qu'a Lisbonne produisit la chute de la monarchie et l'établissement de la république au Portugal, en 1910, le 2 octobre les révolutionnaires étaient convaincus que le roi déchu avait dû se réfugier soit à bord d'un navire, soit dans une des légations étrangères. Leur conviction les amena à essayer de monter à bord du cuirassé brésilien *Sao-Paulo* pour y trouver Manuel II, mais le commandant leur refusa l'accès du navire. Ce refus les confirma dans leur idée; mais ils n'insistirent plus respectant ainsi l'inviolabilité du *Sao-Paulo* (1).

Nous avons vu que l'Allemagne étendit l'asile à bord de ses navires aux officiers chiliens inculpés de désertion; de même le Portugal avait donné asile à des militaires que s'ils étaient révolutionnaires pouvaient être aussi considérés comme militairement délinquants, comme soulevés militaires. Ces faits pourraient parfois créer un précédent en droit international, il est alors indispensable de préciser les termes de la question.

Nous devons dire, avant tout, que l'acte des réfugiés brésiliens de 1894 était un acte qui, à forte raison, ne pouvait être qualifié de simple délit politique.

Nous ne croyons pas qu'il y avait besoin de tenir compte de la déclaration de *pirates* avec laquelle avait prétendu les mettre hors de la loi le gouvernement du

---

(1) Il est excusable de dire que le roi ne se trouvait pas à bord du *Sao-Paulo*. Il avait echappé de Lisbonne en automobile et s'était embarqué pour Gibraltar à bord du yacht *Amelia,* à Ericeira, petit port des environs de Lisbonne.

maréchal Peixoto; mais nous ne trouvons pas non plus de raison à ceux qui pensèrent que tous les droits, absolument tous, étaient de la part du Portugal et tous les torts de la part du Brésil (1). Les réfugiés, en effet, étaient des militaires appartenant à l'armée de mer du Brésil et la révolution, réduite à l'armée, avait plutôt le caractère d'un soulèvement militaire que d'une véritable guerre civile; ses auteurs étaient alors en même temps que révolutionnaires des coupables militaires ayant commis un crime des plus graves prévu par les lois militaires; dans ces circonstances le gouvernement brésilien n'avait pas complètement tort de réclamer ces insurgés non comme des délinquants politiques, mais comme coupables de quelque chose de plus. Nous ne parlerons pas du manquement aux compromis acquis par la légation portugaise de Rio-de-Janeiro; c'est indubitable que les navires asilants—une fois que le comte de Paraty avait promis que les réfugiés seraient conduits en Portugal—ne devaient aller à un autre endroit sous aucun prétexte que cela fût; nous ne parlerons, non plus, de la fuite de l'amiral da Gama et de ses compagnons dans un pays voisin du Brésil; c'est indubitable que la vigilance qu'on exerce généralement à bord d'un vaisseaux de guerre aurait pu éviter, si l'on avait mis un peu de bonne volonté, l'évasion précisément des plus gros personnages de la révolte (2).

(1) J.-B. DE MARTENS-FERRAO, *Le différend entre le Portugal et le Brésil, considéré au point de vue du droit international,* dans la «Revue de droit international et de législation comparé», de Bruxelles, année 1894, p. 378 et s.
(2) Voy. encore la «Revue générale du droit international public», année 1894, p. 272 et s.; et la «Revue de droit inter-

Nous ne voulons pas dire que le délit militaire ne doive pas mériter l'asile; nous nous sommes déjà exprimé et nous nous expliquerons encore à ce sujet; ce que nous disons c'est que cette question étant discutable et ne se trouvant nullement résolue, le gouvernement brésilien avait parfaitement le droit de défendre la thèse de la remise des coupables et de croire que le Portugal avait tort dans le fait de les protéger.

Nous dirons le contraire des officiers réfugiés sur les navires étrangers à Valparaiso, en 1891. Il faut enlever à ces réfugiés le caractère militaire, afin que l'on ne puisse pas parler de déserteurs, mais seulement de réfugiés politiques, ce qu'étaient à vrai dire ces anciens officiers; cela est une simple question de faits. Il y aurait, en effet, erreur profonde à qualifier de déserteurs les officiers chiliens réfugiés à bord des navires allemands, américains ou anglais, car cette appellation—née dans la passion politique—ne saurait s'appliquer à d'anciens militaires qui, après avoir combattu jusqu'au dernier moment pour un parti, qui était celui du gouvernement, et soutenu le président qui venait d'être déposé, Balmaceda, s'étaient, une fois son armée mise en déroute par les troupes constitutionnelles, réfugiés à bord des navires étrangers. Leurs bataillons n'existaient plus, ils avaient été défaits aux batailles de Concon et de Placilla, leurs navires s'étaient rendus, leurs chefs, aussi bien que leur président, étaient tombés fièrement sur le champ de l'honneur et du devoir, il ne leur restait

national et de législation comparée»: Edouard Rolin, *Note retrospective au sujet du différend survenu en 1894 entre le Portugal et le Brésil,* année 1895, p. 593 et s.

de militaires que leurs anciennes feuilles de service, coupées par une sanglante déroute; par conséquent, le caractère de déserteurs ne pouvait leur être attribué.

Mais supposons que leur délit fût effectivement celui de la désertion: étant donné les idées qui prédominent actuellement quant à l'asile externe et l'extradition—asile qui est aujourd'hui accordé quand il s'agit de délits militaires (1),—du moment que l'asile à bord des bateaux de guerre est assimilé à l'asile territorial il s'ensuit que l'*asile naval* a de la valeur quand il s'agit de coupables de délits militaires.

On pourra peut-être alléguer en réponse, les mêmes

(1) Nous dirons une fois pour toutes que l'asile extérieur, même s'il s'agit de délits politiques et militaires, est à notre avis inexplicable devant la justice, la morale et le droit. Il ne peut avoir une importance plus grande que celle d'une erreur consacrée par la coutume en vertu d'une idée exagérée de l'indépendance et de la liberté d'action individuelle de chaque pays, et en vertu d'une considération humanitaire plus ou moins fondée en raison. Des motifs identiques à ceux-ci, qui nous obligent à combattre l'asile politique interne, ne nous permettent pas d'accepter l'opinion des internationalistes qui croient indispensable l'asile externe pour les délits de ce genre, opinion contre laquelle, nous l'avons dit, on commence à percevoir un sérieux revirement dans ces derniers temps, car l'idée semble prévaloir du devoir international imposant l'aide mutuelle des peuples pour se défendre contre le crime, en général, et, en particulier, contre certains délinquants aussi hypocrites que dangereux.

Nous attribuons à cette idée courante, ainsi le nombre toujours croissant de traités d'extradition, comme l'insertion dans ceux-ci de délits auparavant exclus, à cause de leur caractère politique.

objections que celles que l'on fait à l'asile diplomatique quand il s'agit de faits de ce genre, c'est-à-dire qu'un asile semblable pourra être fécond en dommages pour le pays, parce qu'il favoriserait la désorganisation de l'armée et de la marine et parce qu'il pourrait atteindre la défense nationale qui courrait le danger de se voir attaquée en son personnel par les démarches indélicates de navires étrangers au moment même où la mobilisation du navire ou du corps d'armée serait le plus urgente; oui, nous sommes aussi de ce même avis; cependant, comme circonstance atténuante à cette opinion il faut observer que pour remédier au mal, et jusqu'à ce que notre manière de penser ne soit adoptée, il reste à l'Etat la faculté de faire partir sur-le-champ de ses eaux le navire qui exercerait de semblables opérations contre les intérêts du pays. Ce droit de se refuser à recevoir un navire de guerre étranger dans les eaux nationales ou de lui faire quitter ces dernières quand sa présence est incommode pour l'Etat; c'est à n'en pas douter un droit annexe à la souveraineté et partant indiscutable.

Il est certain que les puissances fortes peuvent negliger l'ordre de quitter les eaux nationales, qui est donnée à leurs navires, sous prétexte que la présence du navire est indispensable pour la protection de leurs nationaux; mais, à moins de conditions exceptionnelles, ce serait là un abus lamentable, pour la disparition duquel il faudrait lutter sans trêve s'il se présentait par hasard. Il ne manquerait pas de moyens pour assurer une vigilance d'autant plus facile que la communication avec un navire n'est jamais aussi facile et aussi rapide que la communication avec un édifice à terre.

Il ne faudrait pourtant pas croire, nous insistons là-dessus, que nous défendons l'asile à bord pour les délits politiques et militaires; non, notre défense est *relative*, c'est-à-dire que si l'asile existe dans de semblables cas, *c'est parce qu'il existe aussi comme asile externe; parce que l'asile naval ne se distingue pas de l'asile territorial, attendu que le navire de guerre est effectivement exterritorial dans les eaux étrangères; et parce qu'il serait illogique, par conséquent, de se résigner à accepter de fait l'asile externe sans admettre l'asile naval pour les mêmes faits.*

Et que l'on ne dise pas que la sécurité du navire et son indépendance seraient atteintes; car la non acceptation de l'asile ne suppose pas l'irruption intempestive des autorités de terre à bord, mais seulement le droit d'extrader le coupable au moyen des formalités d'extradition ou après l'accomplissement de formalités analoques, ce qui d'une part assure la souveraineté du pays, qui a le droit de châtier le délinquant, et garantit d'autre part l'indépendance, la liberté de mouvement et l'ordre du navire.

L'Institut de Droit International a fixé, dans deux de ses sessions, à Copenhague en 1897 et à La Haye en 1898, les règles qui doivent regir dans cette matière. Les deux textes, celui de Copenhague et de La Haye diffèrent peu dans la question que nous occupe; nous rappellerons que la reprise du règlement, déjà approuvé en 1897, à La Haye l'année suivante fut due à ce que les deux rapporteurs MM. Féraud-Giraud et Kleen n' avaient pu prendre part à la session de 1897. Les variations introduites en 1898, en matière d'asile, touchent plutôt la rédaction que la doctrine même, malgré quoi nous les ferons remarquer.

L'article 17 du règlement de Copenhague s'occupe des gens du bord qui commettent sur terre des infractions à la loi locale, et après avoir donné compétence à l'autorité territoriale pour arrêter et pour punir ces délinquants, à condition seulement de donner avis de l'arrestation au commandant, il ajoute: «Si les délinquants n'étant point arrêtés ont rejoint le bord, l'autorité locale ne pourra les y saisir sans le consentement préalable du commandant, mais seulement exiger qu'ils soient déférés à leurs tribunaux nationaux et qu'avis soit donné du résultat des poursuites». Le règlement de 1898 a supprimé seulement les mots «sans le consentement préalable du commandant», qu'à vrai dire n'ajoutaient rien à la disposition; si le commandant, en effet, consent à la remise des coupables il y aurait un acte volontaire de renoncement sur lequel l'Institut n'avait à se déclarer.

Ce cas d'asile, admis par l'Institut, a un caractère tout particulier, que n'ont pas les autres asiles internes —pour des délits politiques ou militaires,—que nous avons étudié, et c'est que si dans ces derniers l'asile veut dire impunité absolue pour l'asilé; dans le cas qui nous occupe ici, le réfugié doit être jugé et puni, seulement au lieu de l'être par les juges territoriaux, il le sera par ses juges personnels (1). Une autre différence avec les autres asiles de caractère interne, c'est que celui-ci a lieu pour des délits de droit commun, chose que n'est pas admise aujourd'hui qu'avec maintes restrictions par les partisans de l'asile naval et qui est

(1) Laisser le délinquant impuni serait dans un tel cas une chose contraire à la morale et à la justice et par conséquent inadmissible.

21

refusée pour l'asile diplomatique. Il y a là une analogie de plus entre l'asile naval et l'asile territorial, où on ne concède pas l'extradition des propres sujets, mais où on doit soumettre ceux-ci à un jugement et à une punition dans son pays de refuge, c'est-à-dire dans sa patrie.

L'article 18 du règlement de 1897, 19 de celui de 1898, dispose que: «Le commandant ne doit pas donner asile à des personnes poursuivies ou condamnées pour délits ou crimes de droit commun, ni aux déserteurs appartenant à l'armée de terre ou de mer du territoire ou d'un autre navire.—S'il reçoit à son bord des réfugiés politiques, il faut que cette situation soit nettement établie, et qu'il les y admette dans des conditions telles que cet acte ne constitue pas de sa part un secours donné à l'une des parties en lutte, au préjudice de l'autre.—Il ne peut débarquer ces réfugiés sur une autre partie du territoire où il les a reçus à son bord, ni si près de ce territoire qu'ils y puissent retourner sans difficulté».

L'article 19 de Copenhague disait: «Les personnes qui se seraient réfugiées à bord, à l'insu du commandant, et qui sont de la catégorie de celles qu'il ne devrait pas recevoir, doivent être livrées ou expulsées à leurs risques et périls, sur la terre où touche le navire au moment où leur présence est signalée. Toutefois, il est désirable, dans ce cas, qu'on puisse concilier ce que commande ce devoir avec ce que conseillent les sentiments d'humanité». Cette disposition fut fort simplifiée à La Haye, où ou supprima tous les derniers conseils donnés aux commandants dans cet article, et où on se limita purement et exclusivement à la partie dispositive. «Les personnes qui se seraient réfugiées à bord à l'insu du commandant

—dit l'article 20 du règlement de 1898—peuvent être livrées ou expulsées».

L'article 20 de Copenhague, 21 de La Haye, dit: «Quelle que soit la situation des personnes qui se trouvent à bord d'un navire de guerre, et alors même qu'elles y ont été reçues à tort, on ne peut, en cas de refus du commandant de les livrer, recourir à la force pour assurer leur remise, ou pour pratiquer dans ce but des visites ou perquisitions. Il en sera de même pour la livraison d'effets se trouvant à bord et qui feraient l'objet de réclamations. Dans les cas prévus par cet article, l'autorité locale qui désirerait obtenir l'extradition de personnes ou la remise d'effets, est tenue de s'adresser au pouvoir central de l'Etat, afin qu'il fût fait à cet effet les démarches diplomatiques nécessaires» (1).

Comme on le voit cette dernière disposition est tout à fait conforme avec notre personnelle manière de penser.

Le titre IIe de la convention de Montevideo, de droit pénal international, nous parle de l'asile naval, comme il nous avait aussi parlé de l'asile diplomatique. L'article 17, dernier alinéa, dispose qu'on observe à l'égard des réfugiés sur des navires de guerre mouillés dans les eaux territoriales les mêmes règles que pour l'asile diplomatique. Ces règles sont celles disant que le prévenu de délits de droit commun qui s'est réfugié dans une légation, devra être livré par le chef de cette légation aux autorités locales, sur la demande du ministère des affaires étrangères, lorsqu'il n'aura pas été livré spon-

(1) *Annuaire de l'Institut de Droit International*, t. XVI, année 1897, p. 231 et s., et t. XVII, p. 273 et s.

tanément. Ledit asile sera respecté par rapport aux individus poursuivis pour délits politiques; mais le chef de la légation est obligé de porter immédiatement le fait à la connaissance du gouvernement de l'Etat auprès duquel il est accrédité, lequel pourra exiger que l'individu poursuivi soit mis hors du territoire national dans le plus court délai possible. Le chef de la légation pourra exiger, de son côté, les garanties nécessaires pour que le réfugié sorte du territoire national et que l'inviolabilité de sa personne soit respectée.

Une question dont on peut trouver quelque analogie avec celles qui nous occupent ici, c'est celle d'examiner la situation d'un prisonnier consigné á bord d'un navire de guerre étranger mouillé dans les eaux nationales, et destiné à être jugé à l'étranger. L'intervention de l'autorité locale ne pourrait être aucunement justifiée, le navire de guerre devant être considéré comme une fraction du territoire national de l'Etat auquel il appartient; les autorités de celui-ci ont sur les gens se trouvant à bord un plein droit de juridiction, donc ce sont ces autorités les seules compétentes pour juger de la légitimité de la détention et pour la cónserver ou la faire cesser.

Ce fut cette doctrine qui fut appliquée lorsque pendant la guerre de Crimée, le gouvernement des Etats-Unis avait décidé que ses Cours n'avaient pas juridiction pour accorder un *Writ d'habeas corpus* afin de se faire remettre certains prisonniers russes, se trouvant à bord d'un capteur anglais, qui avait touché à San-Francisco (affaire de Sitka) (1).

____

(1) ED. CLUNET, année 1911, p. 158.

Mais si le réfugié s'échappe du bord, même s'il n'avait pas réussi à prendre terre, le droit d'asile territorial oblige à déclarer que les autorités du navire ne pourront s'emparer du fugitif qu'au moyen des formalités de l'extradition. Le prisonnier dans un cas semblable a réussi à échapper à la juridiction du navire et a passé sous la protection de l'autorité locale, de telle manière que tout acte des officiers du bord pour arrêter le prisonnier et le conduire de nouveau au navire doit être regardé comme une offense à la souveraineté locale.

Nous avons dit que cette règle serait applicable même si le fugitif ne réussi pas à toucher la terre, car le navire de guerre ne possède pas aucun droit de juridiction hors de lui-même et, par contre, les autorités locales ont un et très réel sur la mer nationale; même si nous acceptions la discutable zone de protection que quelques-uns veuillent concéder aux navires de guerre—pour garantir leur sécurité,—on ne peut pas admettre que celle-ci puisse expliquer un droit quelconque pour s'emparer par force du fugitif qui a laissé le bord, à moins que l'autorité locale ait accédé a· cela, ce qui est déjà une autre question.

Nous avons dit, au commencement de ce chapitre, que en outre des navires de guerre, il y a ou il peut avoir des navires qui jouissent des mêmes privilèges que ceux-là, pour ce qui se rapporte à l'asile.

Si seulement des raisons d'ordre militaire pourraient expliquer l'asile naval, c'est incontestable que seulement les navires de guerre et pas d'autres qu'eux, devraient jouir du droit de refuge; mais il n'en est pas ainsi: pour les navires de guerre eux mêmes, outre les motifs militaires, il y a des raisons pour leur accorder l'asile; ces raisons se fondent dans le caractère public et en plusieurs cas diplomatique d'un navire destiné à un service de l'Etat; d'où il faut conclure que si une unité navale, non militaire, se trouve dans les mêmes conditions, il faudrait aussi lui attribuer le privilège de l'asile (1). C'est ainsi que l'on peut expliquer le fait de l'ambassade anglaise à Constantinople d'avoir donné une chaloupe de l'ambassade à Izzet Pacha, en 1908, pour que ce personnage pût en sûreté gagner le bateau anglais *Maria;* nous pouvons dire la même chose du cas de Selim-Melhamé Pacha, d'avoir le 29 juillet de la même année, profité d'une chaloupe de l'ambassade italienne pour sortir de Constantinople. Quoique étranges que semblent ces deux faits, il faut croire que la chaloupe britannique, de même que l'italienne, jouissaient d'inviolabilité, pour appartenir à des Etats et être des bateaux au service exclusif des représentants de l'Etat dans l'exercice de leurs fonctions. La petite dimension de ces navires ne voulait rien dire pour son caractère juridique lui-même, et pour les conséquences qui en découlent.

L'Institut de Droit International accepte implicitement cette règle lorsqu'il déclare que sont assimilables aux navires de guerre: 1.º, les navires de commerce affrétés dans un but exclusivement militaire, tels que les transports de soldats ou de munitions de guerre et

____

(1) Voir pour les conditions que doivent remplir ces navires, ainsi que pour les motifs de cette assimilation aux navires de guerre, notre ouvrage *Du conflit international au sujet des compétences pénales,* partie citée ci-dessus, p. 623 et s.

ayant reçu l'autorisation de porter le pavillon militaire;
2.°, les navires étrangers qui sont mis *exclusivement* à
la disposition des chefs d'Etat ou de leurs envoyés offi-
ciels. Les embarcations qui dépendent de ces navires
en suivent le même régime (article 8 du règlement).

CHAPITRE IX

LE DROIT D'ASILE ET LES NAVIRES DE PROPRIÉTÉ

PARTICULIERE

L'asile politique à bord des navires destinés à services de l'Etat et étant la propriété de l'Etat étant établi
à cause de leur caractère de navires publics; l'asile à
bord des navires de guerre étant en outre expliqué et
confirmé pour la nature même de ces vaisseaux, éléments de la défense nationale, il s'ensuit que les navires
marchands ne possédant pas ce caractère, le refuge politique à leur bord n'existe pas et que l'asile aurait encore moins de raison d'être en ce qui concerne les délits de droit commun. Cette théorie, qui est la seule
rationnelle, a été celle consacrée toujours par la jurisprudence et par la science.

Lors même que les délits, commis à bord d'un bateau
marchand et qui se trouve en mesure de recevoir des
passagers, ne sont pas de nature à être jugés par l'autorité du pays de matricule du navire, quand le délit a
été commis en eaux territoriales étrangères, avec encore moins de raison pourra-t-on reconnaître à un navi-

re marchand aucun droit pour donner asile aux délinquants, politiques ou non, qui auraient commis l'acte punissable hors du navire.

Cependant, on admet que deux situations différentes peuvent se présenter pour les réfugiés de caractère politique—qu'ici comme ailleurs on croit doivent jouir d'une situation plus ou moins favorable—selon qu'ils aient été reçus à bord avec qualité de réfugiés. ou selon qu'en ayant pris un passage hors du pays où ils sont persécutés, se trouvent dans les eaux de ce pays de passage, ou, tout en ayant eu l'intention de débarquer, restent à bord dans la crainte des persécutions.

Comme ou peut le voir à première vue le problème, dans ces deux cas, est bien différent, et il faut reconnaître aux réfugiés de la deuxième catégorie une situation plus digne de faveur qu'à ceux de la première. C'est presque un cas de force majeure, en tout cas d'humanité, ce qui oblige à les traiter avec une certaine bienveillance.

On pourrait, dit Twiss, distinguer entre le cas d'un prétendu criminel s'embarquant dans un port neutre en route pour un autre port neutre et le cas d'un fugitif demandant asile sur le vaisseau dans les eaux de son propre pays, dont il n'a pas pu fuir. Cette distinction se rapporte au langage du secrétaire Gresham, qui décida que le point de savoir si le passager a pu venir à bord au port où la demande a été faite ou à un autre port du même pays est de peu d'importance quant au point de vue de juridiction locale (1).

(1) Twiss, *The law of nations considered as independent political communities* (1861-1863).

La référence que Twiss fait ici se rapporte, nous le disons, à l'opinion de Gresham, qui déclara que le capitaine peut, dans un tel cas, s'il lui plait de résister à main armée et par la force aux tentatives faites par les autorités territoriales d'un port d'escale pour capturer un passager, sans qu'une procédure régulière ait été suivie.

Il déclara, par contre, qu'à une demande régulière de livrer une personne accusée de crime par une procédure légitime, avec exhibition de mandat d'arrêt aux mains d'un officier public régulièrement commissionné, le capitaine ne peut opposer ni refus ni résistance (1).

Toutefois dans le cas où le réfugié politique ayant été recueilli dans les eaux d'un tiers Etat ou dans la pleine mer, et que le navire soit venu après aborder dans un port du pays où ce réfugié politique est poursuivi, dans ce cas là, nous l'avons dit, en règle il faut se montrer bienveillant et ne pas accorder aussi facilement qu'il serait possible son extradition; c'est notre avis, au moins en principe, car on ne peut pas fonder une règle très générale à ce sujet, sans le danger

(1) Le secrétaire d'Etat nord-américain Gresham fut commissionné, en 1894, à rédiger un règlement pour la conduite des capitaines de navire; il déclina cette responsabilité, sous le prétexte de qu'il n'était pas pratique d'établir une règle générale applicable aux conditions les plus variées dans lesquelles les cas peuvent se présenter. Il déclara, pourtant, qu'en principe, il était reconnu par le droit international qu'un navire marchand, dans un port étranger, se trouve sous la juridiction locale du pays pour ce qui regarde les infractions et les infracteurs des lois de celui-ci.

de tomber dans des nuisibles conséquences. Il n'a pas eu dans l'esprit du capitaine du navire ni l'intention de donner asile ni de prendre ainsi une partie quelconque à la lutte, donc il semble au moins équitable de respecter son bateau et de lui permettre de corriger sa méprise involontaire, en reconduisant le personnage politique hors du pays.

Le fait de recevoir un fugitif criminel, politique ou non, tandis que l'on se trouve sous la juridiction du pays offensé par le délit, peut être un crime en soi, crime dont le capitaine peut être tenu de répondre en justice; c'est ainsi, par exemple, que dans certains pays le commandant d'un navire de commerce étranger qui donne asile à son bord aux criminels fugitifs est passible des peines des receleurs (article 371 du Code de la marine marchande italienne).

En fait la pratique à ce sujet a été la plus diverse. En 1840 le vapeur français *Océan* reçut à son bord à Grao, province de Valence, en Espagne, l'ex-ministre espagnol Sotelo, poursuivi pour affaires politiques. Le bateau ayant ensuite touché Alicante, M. Sotelo fut reconnu par la police qui était montée à bord, arrêté et conduit à terre malgré les réclamations du capitaine de l'*Océan,* qui voulut faire valoir le droit d'asile à bord. L'affaire ayant été portée sur le terrain diplomatique, la France et l'Espagne ne tardèrent pas à tomber d'accord quant à la légitimité du procédé de l'autorité d'Alicante, en tant qu'un navire marchand ne possède, ni par conséquent ne peut faire valoir, le droit d'asile.

Le capitaine du navire américain *Honduras,* dans les eaux du Nicaragua, avait reçu à son bord un réfugié politique, M. Gómez; requis par les autorités locales de livrer l'asilé, le commandant de l'*Honduras* préféra partir sans autorisation et sans papiers plutôt que de rester dans le port en risquant de remettre à la fin Gomez. La dispute ayant été portée à Washington, le secrétaire Bayard donna tort au capitaine du *Honduras,* pour avoir quitté un port étranger sans observer les lois locales et pour n'avoir pas obéi aux autorités. «Quand un navire de commerce arrive aux ports étrangers dans le but d'y faire le commerce—avait il dit,—il doit obéissance temporaire aux lois et aux autorités de ce pays, et il se trouve soumis à sa juridiction. Il est sous l'empire des lois qui régissent le port durant tout le temps de son séjour, à moins que le contraire ne soit établi dans un traité. Toute exemption ou immunité de la juridiction locale doit venir du gouvernement territorial du port. Or aucune exemption ne résulte du traité de commerce conclu entre les Etats-Unis et le Nicaragua le 21 juin 1867».

L'Angleterre dans ses instructions aux consuls, de 1846, article 10, disposa que: «Les consuls sont informés que les commandants de navires marchands anglais à l'ancre dans les ports étrangers ne sont autorisés à donner asile à aucun individu, fut-il sujet britannique, qui, pour se soustraire et résister aux lois auxquelles, en raison de sa résidence, il est soumis, demanderait à se réfugier à bord de leurs navires. Les consuls, dès lors voudront bien s'assurer, lorsque des personnes se trouveront dans les conditions susdites et seront réclamées, qu'elles soient l'objet d'une procédure légale aux termes des lois du pays».

Cette règle, néanmoins, à ce qu'il semble, a été interprétée dans un sens très favorable aux réfugiés, sens

·qui peut-être ne fut pas celui que voulurent le donner
ses auteurs.

L'historien et révolutionnaire russe bien connu,
Bourtzeff, raconte en ses mémoires que dans une certaine occasion il trouva asile à bord du navire marchand
anglais *Asland,* en eaux turques, dont le capitaine
refusa net de livrer le réfugié politique, ce qui était
demandé avec insistance par les autorités de terre.
Devant le refus du commandant, ces autorités se con-
tentèrent, suivant Bourtzeff, d'escorter le navire et de le
surveiller étroitement. Toutefois nous croyons que ce
procédé est en tous points étrange depuis le point de
vue internationale, et que les autorités de terre—dans
un pays autre que la Turquie—avaient plein droit de
monter à bord et de s'emparer de l'écrivain russe, sans
que leur procédé fut blâmable au point de vue pur du
droit, quoique au point de vue humanitaire il aurait été
à coup sûr fort regrettable. Si elles ne le firent pas, ce
fut indubitablement parce que la Turquie, soumise au
régime des capitulations n'osa pas prendre une mesure
qui bien que légitime internationalemènt, n'en aurait pas
moins été trouvée brusque et aurait pû créer des complications avec la puissante Angleterre; en tous cas il
nous semble qu'en aucun cas et sous aucun prétexte,
cet incident ne pourra jamais être considéré comme
une pratique régulière de l'asile politique à bord des navires particuliers.

Nous devons toutefois noter que les navires marchands anglais ont prétendu, en plus d'une occasion,
exercer le droit d'asile à leur bord. Nous rappellerons,
à ce sujet, le cas d'Izzet Pacha, plusieurs fois cité au
cours de cette étude: Izzet Pacha aurait trouvé asile,

en 1908, à l'ambassade britannique de Constantinople, laquelle lui aurait donné une chaloupe de l'ambassade pour gagner le navire marchand anglais *Maria,* à bord duquel Izzet Pacha devait partir pour l'étranger. Ce fait ayant été connu des autorités turques le *Maria* fut arrêté aux Dardanelles, le nouveau gouvernement ayant, en effet, envoyé des croiseurs à sa suite. Des officiers ottomans essayèrent alors de convaincre Izzet Pacha à quitter le *Maria.* Le consul anglais intervint et informa l'ambassade de Constantinople. L'asile fut respecté et le navire continua sa route avec le réfugié á bord.

Un cas analogue fut celui, aussi déjà cité, de Sélim-Melhamé Pacha, envoyé à bord du bateau italien *Bosnia,* en partance pour Brindisi par l'ambassade italienne de Constantinople.

Quant aux personnages politiques embarqués hors du pays, l'asile à bord a été généralement accepté, quoique aussi des cas de ce genre ont suscité parfois de véritables scandales depuis le point de vue international. Nous allons citer, par exemple, celui arrivé le 15 mai 1883 à Guayaquil. Au moment où deux partis se disputaient sur le champs de bataille les destinés de l'Equateur, l'un des principaux chefs, le diplomate, homme d'Etat et homme de lettres bien connu, le Dr. Antonio Flores, qui fut plus tard président de la République, arriva à Guayaquil á bord d'un vapeur marchand anglais le *Bolivia.* Apprenant cela, le dictateur de Veintemilla, demanda l'extradition de Flores, ce à quoi le capitaine du *Bolivia* s'opposa et sollicita la protection du croiseur de Sa Majesté Britannique *Constance,* mouillé dans le port. Le commandant du *Constance* appuya dans son opposition le capitaine du *Bolivia* et le Dr. Flores ne fut pas livré à de Veintemilla; mais, ce qui est plus étrange, il mit à la disposition du réfugié une chaloupe à vapeur afin que ce dernier pût échapper à la police de Guayaquil et gagner en toute sécurité le petit port fluvial de Samborondón, qui se trouvait entre les mains des compagnons du Dr. Flores.

Nous acceptons bien et nous louons l'attitude des Anglais en refusant de livrer le Dr. Flores au général de Veintemilla; nous acceptons, disons-nous, dans ce cas particulier l'asile donné par le *Bolivia;* quoiqu'il fut étrange et de normalité douteuse au point de vue international: la situation du pays et l'attitude assumée par de Veintemilla à Guayaquil expliquaient et autorisaient un tel procédé, que, nous le répétons, nous trouvons jusqu'à digne de louanges; mais ce que pour nous ne pouvons nous expliquer c'est la déplorable intervention dans les affaires internes de l'Equateur, qui signifia ce débarquement d'un homme politique pendant une guerre civile et dans la forme de partialité marquée qu'effectua le *Constance*. Le plus correct aurait été que le Dr. Flores soit retenu à bord et conduit à l'étranger; tout autre procédé, nous le répétons est digne de critique. Il est indubitable que ce cas aurait donné lieu à une réclamation diplomatique, si le parti auquel appartenait le Dr. Flores n'était sorti triomphant de la lutte.

Un cas de rupture d'asile à bord d'un navire marchand se produisit au Guatemala au mois d'août 1895. Le général J. Martin Barrundia, homme politique du Guatemale et qui avait eu une haute position dans le gouvernement de son pays avant 1892, ayant échoué dans sa candidature à la présidence, alla au Mexique

où il prépara une expédition révolutionnaire pour ravir le pouvoir au Guatemala. Ses projets ayant été
dénoncés par le gouvernement de son pays, celui du
Mexique désarma les partisans de Barrundia et celui-ci
vit ainsi tomber tous ces espoirs, au moins du côté de
la frontière mexicaine. Il résolut alors de partir vers le
sud et, le 23 août 1895, il s'embarqua à Acapulco à
bord du navire américain du même nom, avec un passage
pour San-Salvador. Le navire devait s'arrêter en route
à differents ports de Guatemala. Les autorités de ce
pays informés de la présence du général à bord de
l'*Acapulco* prirent la résolution de l'arrêter; mais elles
se trouvèrent avec la grave difficulté de s'emparer de
Barrundia sur un navire de matricule américaine. Le ministre des affaires étrangères s'adressa alors au représentant américain pour le communiquer l'intention du
gouvernement d'arrêter Barrundia. Le chargé d'affaires
M. Misner ne fit aucune difficulté et, même, sur la demande du ministre de Guatemala, télégraphia au capitaine de l'*Acapulco,* M. Pitts, dans ce moment à
Champerico, de ne pas s'opposer à la capture du général Barrundia. Le capitaine demanda des instructions
précises sur la conduite à observer et pria M. Misner,
dans le cas de devoir faire la livraison, de l'envoyer une
lettre signée dans ce sens.

Misner répondit avec la lettre demandée en exprimant
au commandant qu'il était dans le devoir de livrer Barrundia aux autorités de Champerico, dès le moment que
celles-ci exigeaient la remise du général.

Pitts obéit, mais Barrundia annonça qu'il ne se ren-
drait pas sans lutte; en effet lorsque les agents du gouvernement se présentèrent à bord, le général leur résista

courageusement, et les agents, incapables de s'emparer de lui, finirent par le tuer sur le pont de l'*Acapulco*.

M. Blaine, ministre d'Etat américain, réprouva énergiquement la conduite de M. Misner, qui fut même destitué de sa charge.

M. Blaine soutint, dans cette occasion, la valeur du refuge donné par le pavillon des Etats-Unis au malheureux Barrundia, et il déclara que Misner avait outrepassé ses attributions en permettant l'extradition sommaire du réfugié, extradition sommaire qu'il croyait contraire à la pratique moderne adoptée en cette matière (1).

Le 10 septembre 1895 le navire marchand américain *City-of-Sidney* arrivait à San-Salvador ayant à son bord Don Florencio Bustamante lieutenant de M. Antonio Ezeto. Le cas suivit la règle générale adoptée par nous.

La situation de une personne détenue à bord d'un navire marchand, doit être tout autre que celle d'un prisonnier se trouvant sur un navire de guerre. Le navire de commerce ne jouit pas d'exterritorialité, par conséquent il serait un attentat contre la souveraineté locale et contre le droit public du pays de croire que les autorités du navire, ou celles du pays du navire, peuvent procéder dans cette matière sans la connaissance ni l'autorisation de celles du port. Cette doctrine, du reste, a été acceptée pour l'Angleterre: il y a été décidé qu'un *habeas corpus* serait fondé pour examiner la légalité de la détention des prisonniers, sous mandat d'arrêt, qui

(1) Voir pour ce cas: ED. CLUNET, année 1889; Condert, *Du droit de refuge à bord d'un navire étranger*, p. 780 et s.

avaient été apportés dans un port anglais par un navire marchand. En effet, en 1839, quelques prisonniers canadiens étaient en route pour être transférés en Transmanie; leur détention à bord fut jugée illégale en Angleterre. En 1896, un Allemand, extradé du Canada, avait été amené à Liverpool; il fut trouvé nécessaire qu'un nouveau mandat fut délivré pour son extradition de l'Angleterre en Allemagne (1).

On ne peut donner aucune valeur, comme antécédent juridique international, à l'Act figurant sur le *Statue-book* de Hong-Kong, qui permet aux navires, qui reçoivent des accusés à destination de leurs nations respectives des mains des Cours consulaires de Chine, de pénétrer dans les eaux coloniales anglaises sans risque de fuite (2). Il s'agit, en effet, d'un cas très spécial qui ne peut servir de précédent pour fonder aucune règle internationale de caractère générale.

La situation du prisonnier qui échappe du bord d'un navire marchand est encore plus nette: le droit d'asile territorial le met à couvert de la poursuite des autorités chargées de sa garde à bord; et cela, à notre avis, même dans le cas où la présence du prisonnier à bord ait été signalée d'avance aux autorités locales et qu'on ait demandé leur autorisation pour conserver le prisonnier sur le navire. Cette autorisation, en effet, ne peut avoir de la valeur que pour les choses comprises dans la demande: les autorités du pays n'ayant pas donné leur consente-

---

(1) *Law Journal,* de Londres, cité par Ed. Clunet, année 1911, p. 158 et 159.

(2) Ed. Clunet, traduction d'un article de *The British Law Magazine and Review,* année 1911, p. 164 et 165.

ment que pour la garde du prisonnier à bord et non pour l'arrêter hors du navire s'il s'échappait, et la fuite ne pouvant être attribuée qu'aux gardiens qui ne vigilèrent suffisamment leur homme, la faute de ceux-ci ne peut donner origine à une dérogation expresse du droit d'asile territorial.

Une loi extraordinaire passée dans les *Straits Settlements* autorise pour qu'un accusé, même innocent, embarqué à bord d'un navire étranger dans les eaux coloniales, puisse être saisi et extradé par une procédure sommaire s'il s'échappe, qu'il soit un accusé politique ou non (1). Cette loi cependant ne peut servir d'argument contre notre opinion, car outre qu'elle a un caractère tout à fait extraordinaire, elle n'a de la valeur que pour les colonies britanniques, pour lesquelles l'Angleterre dicte parfois des lois et reconnaît des principes qui ne sont pas toujours très conformes avec le droit des gens. Le désir de réprimer les mouvements nationalistes l'ont amené, une fois ou une autre, à accepter des règles de droit qu'elle ne voudrait jamais voir en vigueur soit dans la métropole soit même dans les autres pays du monde civilisé: c'est ainsi, par exemple, que tandis que l'Angleterre proclame le droit d'asile pour les délinquants politiques, elle accepte la règle contraire dans ses rapports avec les colonies anglaises.

Il est indubitable, car le contraire serait attentatoire à la souveraineté de l'Etat du port et offensant pour sa dignité, que lorsqu'un navire de commerce conduit des prisonniers à sont bord et que ce navire doit entrer dans les eaux d'une autre puissance, l'Etat du pavillon

____

(1) ED. CLUNET, année 1911, p. 163.

du navire doit non seulement donner notice de cette circonstance à l'autre Etat, mais attendre aussi son consentement avant d'embarquer le détenu. L'Etat sollicité est naturellement libre de donner ou de refuser la permission au bâtiment d'entrer dans ses eaux, car la présence d'un prisonnier sur son territoire maritime, à bord d'un navire non extraterritorial, surtout si ce prisonnier est un détenu politique, outre d'intéresser le droit public du pays, peut être cause de troubles locaux.

En 1910 se présenta un conflit de ce genre. Le 8 juillet faisait escale à Marseille le paquebot anglais *Morea*, en voyage d'Angleterre aux Indes; ce navire conduisait des prisonniers à bord. Parmi ceux-ci se trouvait un jeune Hindou Vinayak Damodar Savarkar, étudiant impliqué dans une affaire de conspiration à Nasik où un percepteur avait trouvé la mort, et dans d'autres mouvements d'agitation politique contre la domination britannique, raison pour laquelle il avait été arrêté en Angleterre sur la demande du gouvernement des Indes, et renvoyé à Calcutta pour y être jugé. Or pendant que le *Morea* se trouvait à Marseille, Savarkar profitant d'un moment d'inattention de ser gardiens se glissait hors d'un sabord et, se précipitant à la mer, réussissait à gagner le rivage. Malheureusement pour lui, il était arrêté presque immédiatement par un agent de police, posté sur le port pour arrêter les matelots déserteurs, et remis sans explications à bord avec l'aide de ses gardiens, qui s'étaient lancés à sa poursuite. On avait alors dit en France—pour appuyer la demande de remise de Savarkar, que la République avait sollicité de l'Angleterre—que la présence de Savarkar à bord du *Morea* n'ayant pas été notifiée à la France, il y avait eu un

manque visible aux règles du droit international et de la
courtoisie des peuples (1). Cependant cette question
ne fut pas même discutée par l'Angleterre ni par la
France, puisque celle-là avait établi que, par une lettre
du 29 juin 1910, le chef de la police métropolitaine à
Londres avait fait savoir au directeur de la sûreté générale à Paris, que Savarkar serait envoyé dans l'Inde
pour y être jugé pour un assassinat et qu'il serait à bord
du navire *Morea* faisant escale à Marseille le 7 ou le 8
juillet.

Cet avis d'un fonctionnaire de police à un autre fonctionnaire de police était-il suffisant? Nous ne le croyons
pas; quelles que soyent les attributions du chef de la
police métropolitaine à Londres, nous aurions pensé
qu'il aurait été préférable, en tout cas, d'utiliser la voie
diplomatique des ambassades et des ministères des
affaires étrangères, car il y avait là des droits de souveraineté qui étaient intéressés. D'autre coté l'avis était
insuffisant, car ce que l'Angleterre devait demander
c'était plutôt une permission, c'est-à-dire qu'elle devait
non se limiter à faire savoir aux autorités françaises que
le *Morea* aurait à son bord Savarkar, mais demander
d'avance la permission de conserver à Savarkar prisonnier à bord du navire, pendant que celui-ci se trouvait
dans les eaux de la France. La question, nous l'avons
dit, dans le cas n'a pu être discutée puisque le directeur
de la sûreté générale à Paris avait répondu, le 9 juillet,
à la lettre du chef de la police à Londres en lui faisant
connaître qu'il avait donné les instructions nécessaires,
en vue d'éviter tout incident à l'occasion du passage à

(1) *Le Journal,* Paris, 22 juillet 1910.

Marseille de Savarkar. On avait même envoyé un commissaire de police à bord du *Morea* pour se mettre à la disposition du commandant pour la surveillance à exercer. On pouvait peut-être discuter les facultés du directeur de la police à ce sujet—ce qui est une question n'intéressant que la France,—mais quoi qu'il en soit, nous ne devons pas voir d'autre chose dans cette réponse du chef de police que l'acquiescence de la France à tolérer Savarkar prisonnier dans les eaux de Marseille. Donc, ce que nous pouvons déduire de tout cela est que dans cette occasion le besoin de donner l'avis au pays du transit ne fut en principe mis en doute, malgré des incorrections de forme qui ont pu être relevées (1).

(1) L'affaire Savarkar a été un cas très intéressant depuis le point de vue de droit international. Il y avait plusieurs questions dignes d'être examinées: 1) le navire marchand anglais *Morea*, portant des prisonniers avait-il ou non le droit d'entrer dans les ports français sans faire savoir d'avance ce fait au gouvernement français ou sans attendre sa permission?; 2) Savarkar ayant échappé du bord et ayant même abordé sur le sol français, n'était-il pas immédiatement couvert par le droit d'asile?; 3) Savarkar peut-il être considéré comme criminel ordinaire du chef de complicité dans le meurtre du percepteur Jackson?; 4) l'erreur du droit du gendarme français quant ses attributions pour faire la remise immédiate de Savarkar pouvait-elle justifier l'exigence française de restitution du détenu du *Morea* à la France?; 5) l'erreur de fait du gendarme, qui avait cru avoir affaire à un homme de l'équipage ayant peut-être commis un délit à bord, expliquait-elle cette même exigence?; 6) l'intervention des agents de la police indienne pour l'arrestation

Des traités ont consacré souvent la non reconnaissance du droit d'asile aux navires marchands, tel fut, parmi certains le traité passé entre les Deux-Siciles et la Suède le 30 juin 1742, et celui signé le 30 juillet 1789 entre la Danemark et la République de Gènes. Nous devons, néanmoins dire, que les clauses de ce genre dans les traités deviennent de plus en plus rares.

pouvait-il originer la remise de Savarkar à la France?; 7) le fait de n'avoir pas la France réclamé immédiatement la remise pouvait-elle justifier le droit de l'Angleterre pour garder Savarkar?; 8) en fin, et dès le point de vue du droit purement britannique, l'extradition de Savarkar était-elle légitime, pour se traiter des délits commis hors de l'Inde et pour des faits pouvant être qualifiés de délits politiques?

A la première de ces questions nous avons déjà répondu dans le texte: à notre avis elle est indiscutable; quant à la troisième et à la dernière, ce n'est pas ici le lieu pour nous en occuper.

La seconde nous semble ne pouvoir être discutée: seulement l'erreur involontaire du gendarme français avait pu produire le conflit; Savarkar, pour le fait d'avoir quitté le bord, n'était plus sous la juridiction des autorités britanniques, et par conséquent il ne pouvait être arrêté par les gardiens hindous.

L'erreur du gendarme relativement à ses facultés, erreur qui était intimement uni à l'erreur de fait relative à la qualité du détenu, ne peut avoir aucune importance: le gendarme ne pouvait pas lui, tout seul, remettre le prisonnier à bord, soit; mais il l'avait remis et l'Angleterre n'avait pas à examiner si le gendarme était ou non compétent pour faire la livraison, de même qu'elle ne l'était pas pour chercher si le directeur de la police avait été ou non une autorité compétente pour acquiescer à l'entrée du prisonnier dans les

Nous répéterons ici ce que nous avons déjà dit en traitant des navires de guerre, à savoir que les navires qui, pour une raison ou pour une autre, sont assimilés aux navires de guerre, suivent les règles de ces derniers. Mais ce n'est que par courtoisie extrême que le droit d'asile peut être accordé aux navires marchands à

eaux de la France. Il serait très dangereux d'établir, dans les questions d'extradition, ce droit ou ce devoir pour le pays demandeur, de chercher si l'autorité du pays qui a effectué déjà l'extradition, était ou non apte pour la faire; de même il serait absolument inacceptable que le pays qui a fait la remise pût demander la restitution de l'extradé à raison de n'avoir pas, par erreur, intervenu dans l'extradition ses autorités compétentes. Le gendarme français était responsable envers les autorités françaises de son acte—qui excédait à coup sûr ses facultés,—mais la remise étant déjà effectuée, il n'y avait rien de plus à faire; l'Angleterre ne pouvait voir dans cette remise, faite par une autorité—compétente ou non, mais en tout cas par une autorité—la renonciation de la France au droit d'asile. Cette même thèse nous l'avons défendu ailleurs: un individu qui avait, en 1899, commis un délit de vol dans la basilique de Saint-Pierre, fut remis par la garde pontificale aux agents de la police italienne hors des portes de la basilique. Dans ce cas, nous l'avons dit, la justice italienne avait bien le droit de juger le voleur, car il y avait eu un renoncement exprès de la juridiction par le fait de la remise, nonobstant l'incompétence des agents pontificaux pour autoriser le renoncement (voy. *Du conflit des compétences pénales,* etc., p. 254, note); ici aussi un agent subalterne avait fait la remise d'un délinquant, et nous avons déduit la validité de cette remise depuis le point de vue des rapports des puissances, quoique la remise ait pu être illégitime depuis le point de vue purement intérieur. «Le devoir

bord desquels voyagent les souverains ou agents diplomatiques. Quant aux navires qui font le service postal universel, les conventions internationales peuvent leur assurer un droit d'asile pluis ou moins étendu, droit dont ils ne jouissent pas de leur propre droit.

Toutefois nous croyons qu'il y a deux cas où l'asile

des autorités locales est de s'assurer de la personne d'un accusé et de le retenir sous leur garde jusqu'à instructions, —dit l'article déjà cité de *The British Law Magazine and Review;*—si elles vont au-delà leur Gouvernement peut difficilement demander à être replacé en même situation que si lesdits agents avaient agi autrement» et après il ajoute: «Naturellement, il ne peut être soutenu que tout acte ou acquiescement d'un *policeman* local aurait pour effet de lier son Gouvernement, mais l'action déliberée des autorités responsables dans un port peut, du moins, avoir l'effet d'empêcher le Gouvernement de formuler une réclamation pour un acte auquel lesdites autorités ont pris part» (ED. CLU-NET, année 1911, p. 164).

L'erreur du gendarme par rapport à la qualité du délinquant, par contre, était plus importante depuis le point de vue du droit international: c'est vrai que les Anglais, pour quitter de l'importance à cette erreur de fait, avaient fait remarquer que le gendarme n'ignorait pas l'existence des prisonniers à bord du *Morea,* puisqu'il avait eu, à l'instar de tous les agents et gendarmes de service au port, pour consigne d'empêcher de monter à bord tout Hindou qui ne serait porteur d'un billet de passage. Il y avait dans la remise de Savarkar à bord une véritable extradition, et comme telle elle devait, quand au fond—qui touche le droit public de chaque pays—se soumettre aux conventions préxistentes, surtout par rapport à la nature des faits inculpés à l'asilé, sans que l'avis donné par l'Angleterre à la France de la pré-

á bord d'un bateau marchand doit être respecté, à condition, bien entendu, que l'on admette l'asile territorial. Nous avons dit que lorsqu'il s'agit de réfugiés politiques à bord de navires de guerre les autorités de ces navires doivent transborder les réfugiés sur le premier navire partant, afin d'éviter de se rendre complices d'ac-

sence de Savarkar à bord du *Morea* ait pu avoir aucune importance à ce sujet. Les délits inculpés au jeune Hindou pouvaient être qualifiés par la France de politiques, et de ce chef l'extradition de Savarkar ne pouvait avoir lieu: la convention anglo-française du 14 août 1876, modifiée par celle du 13 février 1896, est assez explicite, elle livre de l'extradition les délinquants politiques, le pays requis étant le seul compétent pour qualifier l'acte. Le gendarme qui ne comprenait un traître mot d'anglais avait cru arrêter un délinquant ordinaire ou un déserteur, et, à la vérité, le caractère des délits de Savarkar pouvaient être discutés.

On nous dira peut-être qu'une fois l'extradition effectuée de fait, la France ne pouvait rien faire devant ce fait déjà réalisé; cela néanmoins n'est pas tout à fait juste, car jamais est trop tard pour réparer une injustice; du reste il y a des précédents de délinquants qu'extradés en vertu des faits de droit commun furent à la suite demandés par le pays qui avait fait la remise en raison d'avoir découvert que le délinquant était un délinquant politique (voir, par exemple, l'affaire Galotti, p. 162).

La thèse anglaise quitte toute importance à l'intervention des gardiens hindous de Savarkar et d'un homme de l'équipage: ils sont accourus postérieurement; mais elle oublie que les agents britanniques poursuivaient le fugitif aux cris d'«Arrêtez-le!», et selon l'avocat français de Savarkar aux cris d'«A l'assassin!», ce qui contribua, à non pas douter, à confirmer le gendarme marseillés dans son erreur relative-

tes pouvant être l'origine de difficultés pour le gouvernement, à cause de la proximité du réfugié du pays.
Il s'ensuit naturellement qu'un Etat faillirait à ses
engagements envers le pays auquel appartient le navire
de guerre et qu'il commettrait un acte de déplorable
traîtrise, s'il profitait de ce transbordement pour péné-

ment à la qualité juridique du prisonnier, en lui faisant penser que celui-ci était un criminel pris en flagrant délit.

C'est indubitable que la fuite de Savarkar, en échappant
du bord, le mettait à couvert de toute action des autorités
anglaises en vertu du droit d'asile; et ainsi nous croyons
inacceptable l'avis de ceux qui s'imaginent que jamais Savarkar pouvait se faire fort de l'asile français à cause de
que les autorités territoriales n'avaient pas voulu le recevoir
chez-elles, le gendarme l'ayant rendu à bord au moment même
où il touchait le rivage. Savarkar avait été arrêté sur le sol
français, donc il pouvait réclamer à cause des lois françaises
d'asile violées par le gendarme; mais celle-ci est une question n'intéressant que la France. Depuis le point de vue
international toute réclamation à ce sujet aurait été impro-
ductive à moins que le gendarme français eût été matériellement aidé par les détectives anglais, car dans ce cas la
France pouvait à juste titre réclamer pour cette violation de
l'asile.

Le fait de que Savarkar ni la France n'aient réclamé de
cette violation ou de cette prétendue violation du droit d'
asile que plusieurs jours après que le *Morea* eut quitté le
port de Marseille, ne peut avoir aucune importance: nous
l'avons déjà dit, jamais est assez tard pour réclamer à cause
d'une erreur de fait ni pour rectifier une injustice.

L'Angleterre, tout en continuant à discuter le point de
droit international avec la France, a gardé Savarkar comme
complice d'un meurtre et même le procès s'est suivi nor-

trer sur le navire marchand et s'emparer du réfugié politique. Aussi, pour éviter que ce réfugié ne soit arrêté en pleine mer, une fois que le bateau aurait quitté le port, il est nécessaire de reconnaître le droit d'asile du navire marchand en cours de route.

Un navire marchand en pleine mer dépend exclusive-

malement; les débats, en effet, avaient eu lieu au commencement d'octobre 1910 et Savarkar fut finalement condamné à la détention perpétuelle avec confiscation de tous ses biens. Cette sentence fut confirmée par un tribunal spécial de la haute cour de Bombay en janvier 1911. Savarkar avait refusé de prendre la moindre part aux débats en alléguant la raison qu'il dépendait de la justice française.

La question internationale avait été, un peu avant, le 25 octobre, soumise à l'arbitrage du Tribunal de La Haye; le 6 décembre 1910, en effet, les parties avaient remis les documents rélatifs à la cause. La sentence qui condamnait Savarkar se trouvait ainsi suspendue dans son exécution jusqu'à ce que la Cour internationale eut vidé l'incident de Marseille *(The Times,* Londres, 23 janvier 1911).

Nous avons craint que la sentence du Tribunal de La Haye fut un spécimen de plus de ces sentences arbitrales anodines auxquelles nous sommes un peu habitués. Si heureusement pour la paix des peuples elles tranchent généralement les questions de ce genre de façon à ne pas troubler les bonnes rélations des Etats mis en présence, par contre elles cherchent d'ordinaire des solutions transactionnelles ou autres, que si évitent les conflits armés et la rupture des rapports entre les Etats, elles ne peuvent servir de règle, comme des précédents juridiques dignes de former jurisprudence; exemple est, à ce sujet, la sentence arbitrale de M. F. de Martens dans l'affaire du *Costa-Rica Packet,* qui accepta la règle de ce que la qualité d'étranger peut inment du pays dont il bat pavillon, de sorte que ce serait faire injure à ce pavillon que de détenir le bateau pour extrader de son bord un réfugié; la valeur que possède la nationalité du bateau dans les mers communes, d'une part, et les abus auxquels donnerait lieu la règle contraire, d'autre part, obligent à déclarer l'immunité de

fluencer sur la responsabilité de l'Etat par rapport à un procédé judiciaire fondé dans une dénonciation en règle (voy. pour cette affaire *Du conflit au sujet des compétences pénales,* p. 641 et 642, note); exemple encore est la sentence arbitrale de La Haye dans l'affaire des déserteurs de Casablanca, dont les efforts des juges étaient visiblement portés à donner raison aux deux parties ou à son défaut à leur donner tort à tous deux (voy. encore le même ouvrage ci-dessus cité, p. 764 et s., note).

La sentence, qui vient d'être rendue, n'a pas été cependant telle que nous l'avons pensé: elle nous parvient après que les lignes precédentes étaient déjà écrites, de manière que nous ne pouvons faire autre chose que réproduire ici les grandes lignes de l'arrêt que le télégraphe nous a transmis.

Le Tribunal déclare d'abord que, contrairement à la thèse soutenue par M. Longuet, l'avocat de Savarkar, il n'y a pas eu, à Marseille, emploi de manœuvres frauduleuses pour s'emparer de la personne du fugitif. Le Tribunal n'admet pas davantage que des actes de violence aient été commis. Il ne voit dans l'arrestation de Savarkar aucune atteinte portée à la souveraineté de la France, attendu notamment que l'arrestation à Marseille a été opérée par un gendarme français aidé d'agents britanniques accourus postérieurement. Il déclare encore qu'en admettant même qu'une illégalité eut été commise, elle l'a été de bonne foi. Enfin qu'il n'existe aucune règle internationale obligeant un pays à restituer un prisonnier livré bénévolement, par erreur, par un de ses

l'asile d'un bateau marchand en de semblables régions;
et c'est ainsi que l'ont toujours pensé les auteurs et les
écrivains, admettant que seuls puissent être arrêtés les
bateaux suspects de contrebande de guerre, de traite de
noirs et de piraterie et cela même en observant les
formalités les plus sévères.

L'Institut de Droit international croit aussi que l'autorité locale n'est pas compétente pour réclamer ni saisir
le délinquant coupable de délit en haute mer et gardé á
bord; mais ceci n'est pas un cas d'asile mais simplement d'inviolabilité. «Les faits délictueux commis sur
un navire de commerce en pleine mer ne rentrent pas
dans la compétence de l'autorité du port étranger où il
aborde—dit l'article 28 du règlement adopté, et il ajoute:
—Mais en cas de fuite du navire pour soustraire des
gens du bord aux actions dirigées contre eux, à raison
des faits commis dans un port, la poursuite dans la haute

agents *(Le Temps,* Paris; *The New York Herald,* édit. pari-
sienne, 24 février 1911).

Comme on le voit la thèse anglaise est complètement accéptée, et il nous semble qu'il y a de points qu'on aurait pu
discuter avec chances de les réduire à néant, quoique dans
sa généralité l'opinion anglaise puisse être acceptée, selon
nous l'avons vu ci-dessus.

Le Tribunal était composé par M. Beernært, ancien président du Conseil belge, président; M. Louis Renault, professeur à Paris; le comte Desart; M. Gram, ancien ministre
norvégién, et M. de Savarnin-Lauhman, membre de la chambre hollandaise. Le représentant de la Grande-Bretagne
était M. Eyre Crowe, du ministère des affaires étrangéres,
et le représentant de la France M. Weiss, l'internationaliste
très connu.

mer est autorisée dans les conditions indiquées dans le § 8, sur le régime de la mer territoriale adoptées à Paris». Ce qui prouve la non inviolabilité du navire pour des faits commis dans un port, et à plus forte raison pour les réfugiés à son bord aprés avoir commis ces faits hors du navire.

L'article 30 confirme cette même doctrine en disposant qne lorsque des poursuites sont dirigées par l'autorité locale contre un homme du bord et des que l'autorité locale est compétente, «elle peut procéder sur le navire à toute investigation, constatation, instruction et arrestation, en se conformant aux dispositions de sa loi. S'il y a à proximité un agent de la nation à laquelle appartient le navire, il devra être averti à l'avance des descentes qui doivent avoir lieu à bord, avec indication de l'heure où elles se feront et invitation d'y assister, s'il le juge convenable, personnellement ou par délégué mis à même de justifier de cette délégation, sans que son absence puisse apporter un empêchement quelconque aux opérations judiciaires» (1).

L'article 34 du règlement admis à La Haye, enfin, ordonne que, «Les capitaines de navires marchands stationnés dans un port étranger ne doivent embarquer aucun individu, fût-il un de leurs nationaux, qui, pour se soustraire aux conséquences de la violation des lois auxquelles il était soumis à raison de sa résidence, chercherait un refuge sur ces navires. Si une personne, se trouvant à bord dans cette situation est réclamée par l'autorité territoriale, elle doit lui être remise, à défaut cette autorité est en droit, après avis préalablement

____

(1) *Annuaire de l'Institut,* 1897, vol. XVI. p. 231 et s.

donné au consul, de faire procéder par ses agents à l'arrestation de cette personne sur le navire» (1).

Ce qui comme on le voit, est la négation du droit d'asile à bord des navires particuliers, pour tout genre de faits, politiqnes ou autres, tombant sous les lois locales du port où le navire se trouve.

La question de l'asile ne peut se présenter que trés difficilement pour les navires aériens. Il est indiscutable qu'ils ne doivent pas donner refuge à leur bord; mais pour la nature même des aéronefs cet asile doit être passager et constituer plutôt un moyen de fuite. On peut cependant présenter le problème relativement à un navire aérien qui stationne sur le territoire d'un autre Etat ou qui est là en contact avec le sol. La question n'est pas douteuse pour les navires de propriété particulière: l'asile ne pourra être allegué sous aucune pretexte; pour les aéronefs de guerre ou de l'Etat, il semble que les règles qui peuvent leur être appliquées sont et doivent être les mêmes que pour les navires de guerre maritimes de l'Etat, car les raisons pour fonder la règle sont les mêmes dans l'un que dans l'autre cas.

(1) *Annuaire de l'Institut,* 1898, vol. XVII, p. 273 et s.

CHAPITRE X

REGLES DEVANT ETRE OBSERVEES DANS LES CAS OU
LA PRATIQUE ACTUELLE ACCEPTE L'ASILE INTERNE

Ayant établi la véritable notion du droit d'asile et posé comme principe que son unique base est la tolérance de l'Etat où il s'exerce, il s'ensuit que l'on ne pourra abuser de cette tolérance jusqu'à causer des embarras politiques et administratifs qui produisent des complications d'ordre public dans le pays. Rien ne serait plus simple pour les hommes dirigeant une opposition habile, mais peu scrupuleuse, que de manoeuvrer les fils de la politique sous la protection du pavillon d'une légation étrangère.

Le droit d'asile n'existe ni ne peut exister en tant que droit légal, juste et rationnel, sa vie n'est qu'une vie de fait, produite et imposée par les circonstances, et si cela est le cas, il est naturel que, dans l'effort d'éviter autant que possible les graves conflits internationaux pouvant naître d'une aussi anachronique institution, nous examinions la façon dont on doit procéder lorsque l'on fait usage de l'asile.

D'aucuns veulent que l'on applique l'extradition avec toutes ses formalités pour obtenir la remise du réfugié dans une ambassade, au même titre que s'il s'agissait d'un criminel ayant trouvé asile en pays étranger et exigeant, bien entendu, que l'on observe quant au réfugié dans une légation les mêmes règles, procédés et formalités que dans le cas en question.

Toutefois cette opinion, qui s'appuie sur la fiction d'exterritorialité, est de tout point inadmissible, non seulement parce que, comme nous l'avons vu, cette fiction ne peut avoir de valeur quand il s'agit des édifices des légations, mais aussi parce que même au cas où on l'accepterait dans cette forme, les règles de l'extradition ne pourraient s'appliquer au réfugié: l'asile diplomatique, même dans sa forme la plus abusive, n'est admis que pour les délits politiques, c'est-à-dire que seuls les délinquants politiques devraient être *extradés* de la légation selon les règles générales de l'extradition, règles qui, précisément, ne s'appliquent pas aux délinquants de ce genre, qui actuellement trouvent le plus ample asile à l'étranger.

D'autre part accepter l'extradition dans des cas semblables, c'est reconnaître le droit de l'Etat qui accorde l'asile pour repousser, en certains cas, la demande, ce qui constituerait un attentat suprême à la souveraineté locale, qui, en plus de souffrir la scandale de la présence du coupable dans le pays, verrait encore discuter son droit souverain, non seulement indirectement par la concession de l'asile, mais aussi expressément par le refus fait par une autorité étrangère de livrer le coupable.

Si comme on le dit l'inviolabilité du domicile du diplomate est seulement la santion et comme la conséquence de son immunité personnelle on ne peut pas accepter qu'un réfugié ne puisse être demandé qu'avec les formes de l'extradition, ce serait exorbitant car il donnerait une force excessive à la règle véritable et telle qu'elle doit être interprétée.

A notre avis, si le gouvernement ne peut demander l'extradition parce que celle-ci n'est pas applicable, et si d'autre part il ne désire pas se résigner aux ennuis qu'entraînerait pour lui la présence de l'ennemi politique dans le pays, il peut purement et simplement demander la remise du coupable sans qu'il soit nécessaire d'observer les règles de l'extradition; le point ne nous paraît même pas discutable. Mais si la courtoisie internationale lui impose dans ce cas particulier le respect de l'asile diplomatique, il n'est pas douteux que l'on ne puisse demander au ministre accordant l'asile des garanties pour que le réfugié n'agisse ni directement ni indirectement pendant qu'il jouit de l'asile, et exiger, avant toute promesse formelle de respecter l'immunité du réfugié, son départ du pays dans un délai équitable et par une voie fixée d'avance; le diplomate garantirait l'observation fidèle des obligations qu'un accord semblable imposerait au réfugié, attendu que cet accord se base exclusivement sur *des concessions faites à lui* et fondées sur la loyauté et la bonne foi de l'une et l'autre des parties, c'est-à-dire du gouvernement et du diplomate.

Cette même loyauté exige que dès qu'un individu aura cherché asile dans une légation, le chef de cette dernière porte le fait à la connaissance du gouvernement local, s'engageant à ce que le refuge accordé par lui ne servira pas à ce que l'asilé en profite au préjudice du régime ou du gouvernement établis. L'asile étant basé sur la tolérance et les concessions mutuelles, il est nécessaire et juste que celles-ci soient réciproques, et que si l'un, par courtoisie, respecte l'enceinte de la légation, l'autre cherche aussi, pour cette même raison, à éviter les dommages qui pourraient résulter de cet acte de courtoisie pour le pays qui l'exerce. L'asile ne doit jamais, même si on l'accepte sous sa forme actuelle, tourner au préjudice du pays; aussi, au cas où le diplomate ne remplirait pas son devoir en empêchant les agissements coupables des réfugiés, le gouvernement ne peut pousser la courtoisie jusqu'à se résigner à subir les dommages qui résulteraient de ces agissements et de leur impunité.

Il est certain que le diplomate qui se refuserait à livrer un coupable réclamé par l'Etat, n'aura pas, en principe, le droit de voir son refus respecté par les autorités locales; lui-même, par contre, deviendra personne peu bien vue *(non grata)* et se créera una situation difficile et insoutenable dans le pays. D'après Pando, le baron Ch. de Martens et d'autres auteurs, l'autorité aura le droit non seulement de cerner la maison pour empêcher la fuite du réfugié, mais aussi, au cas d'un refus, d'arrêter le délinquant dans l'édifice même (1). L'éminent écrivain vénézuélien Bello est du même avis, quand il dit que «le ministre ne dois jamais abuser du droit d'asile en l'accordant aux ennemis du gouver-

(1) Ch. de Martens, *Guide diplomatique* (Paris, 1883); Pando, *op. cit.,* p 666.

nement ou bien à des malfaiteurs. S'il agissait ainsi, le souverain du pays aurait le droit absolu d'examiner jusqu'à quel point il y a lieu de respecter le droit d'asile et, s'il s'agissait des délits d'Etat, il pourrait donner des ordres pour que le maison du ministre fut entourée de gardes afin d'insister pour que le coupable fut livré et même pour l'en extraire par la force» (1).

Nous sommes du même avis. Toutefois sans enlever au pays où l'abus se trouve commis les droits énoncés ci-dessus, nous croyons que, dans l'intérêt de l'harmonie internationale, et en vue de la nécessité d'éviter des conflits qui soulèvent des discussions, il est nécessaire que l'on tâche d'amortir le plus possible les effets de semblables mesures: il serait à désirer que l'on ne procédât à l'extraction violente du coupable, que si cette mesure se trouvait absolument indispensable, et que l'on se contentât de cerner l'édifice pour empêcher sa fuite; il y a en outre, en cas de refus du ministre, le moyen d'avoir recours à son pays; et enfin, si l'on admet l'asile l'on devrait dans bien des cas préférer la remise des passeports au diplomate, ayant cessé d'être *persona grata* et, avec lui, l'expulsion du criminel, plutôt que de produire, par l'emploi de mesures violentes, un conflit difficile à résoudre ensuite, parce qu'il touche à la dignité des Etats, point dont ceux-ci sont jaloux.

Pour éviter d'arriver à ces extrêmités, il serait à souhaiter que les agents diplomatiques, ayant une juste compréhension de leurs droits et de leurs devoirs, ne

(1) ANDRÉS BELLO, *Principios de Derecho Internacional*, p. 284.

refusassent jamais une demande de ce genre et qu'ils remissent toujours les réfugiés aux gouvernements qui les réclament.

Et l'on ne doit pas croire qu'en disant cela nous admettions le droit d'asile; nous ne faisons qu'indiquer les mesures nécessaires dans la pratique, du moment que l'asile diplomatique n'est pas, ainsi qu'il devrait l'être, entièrement rejeté, ce qui nous oblige à nous occuper de ces questions. En indiquant ce procédé, nous nous plaçons au point de vue généralement adopté, dans l'Amérique du Sud tout au moins, où la pratique de l'asile diplomatique existe.

Il est évident, et nous sommes étonnés qu'on en doute dans le domaine de la théorie, que l'on ne puisse extraire un délinquant d'une légation, lors même que cette extraction se trouve autorisée par le refus de l'agent de livrer le réfugié et qu'elle est ordonnée par l'autorité compétente; l'injure faite au pays par le diplomate ou par son gouvernement en refusant de livrer le coupable, ne peut créer l'obligation pour l'offensé de supporter l'injure: quelque soit la portée que l'on donne à l'asile, on ne peut arriver à justifier la soumission d'un pays souverain à la volonté d'un fonctionnaire étranger. Il faut, néanmoins, nous le répétons, que même en ce cas le pays intéressé procède avec un tact et prudence extrêmes, confiant l'exécution de ses dispositions sur ce point à des fonctionnaires supérieurs, afin d'éviter les frottements pénibles dont nous avons déjà parlé auparavant et qui peuvent faire naître des conflits de nature politique. Aucune règle n'existant sur ce point et l'asile étant fondé sur une simple courtoisie, c'est au tact et à la prudence du diplomate et de l'autorité locale qu'il appartient de fixer en chaque cas particulier la règle de conduite.

L'article 121 du Code d'instruction criminelle de la République de l'Equateur déclare que pour pouvoir retirer les délinquants de la maison d'un agent diplomatique, le juge s'adressera, avec copie du sommaire de l'instruction, au ministre des affaires étrangères, afin que celui-ci réclame par la voie diplomatique, la remise des coupables.

En cas de refus de remise de la part de l'agent, refus dont on n'obtiendrait pas satisfaction du gouvernement représenté, il sera entendu que l'immunité locale se trouvera nulle et sans valeur; et désormais, dit l'article cité, «le gouvernement pourra sur la demande du juge de la cause, autoriser l'envahissement pour retirer les délinquants non livrés ou ceux qui se seraient depuis réfugiés dans la maison de l'agent diplomatique».

Nous avons déjà cité les dispositions de la loi espagnole à ce sujet. La loi de procédure criminelle dispose que lorsqu'il ait besoin d'entrer ou de faire un registre dans l'hôtel ou dans les bureaux des représentant étrangers, le juge doit auparavant demander la permission, en priant l'agent de répondre dans les douze heures (article 559).

Si l'agent étranger refuse ou s'il ne répond pas, le juge doit s'adresser au ministre de la justice en le faisant connaître l'attitude du diplomate. Jusqu'à ce qu'il y ait une réponse le magistrat doit s'abstenir d'entrer dans l'édifice et de le registrer; mais il pourra adopter les mesures de vigilance qu'il croie nécessaires, comme celle de faire entourer la légation ou ambassade pour éviter la fuite du coupable (articles 560 et 567).

L'asile sur les bateaux de guerre étant, ainsi que nous l'avons dit, complètement assimilable à l'asile territorial, il s'ensuit que les règles de ce dernier lui seront applicables pour l'extraction du coupable, règles qui seront, par conséquent, les mêmes que celles de l'extradition.

Le Code équatorien, consacre l'opinion contraire à ce sujet; il stipule, dans le même article 121, déjà cité, que le délinquant réfugié à bord d'un bateau de guerre doit être réclamé par le gouverneur de la province en question, auquel le juge aura adressé une copia du dossier de l'instruction, et si le commandant se refusait à donner la satisfaction due, on n'autoriserait plus l'entrée des ports équatoriens aux bateaux de guerre de la nation à laquelle appartient le navire donnant asile, à moins que ce ne soit pour cause de force majeure.

Ne nous proposant pas d'étudier l'extradition, qui n'entre pas dans le plan de notre actuel travail, et croyant, d'autre part, qu'elle doit être appliqué aux coupables réfugiés sur les navires de guerre, nous nous abstiendrons de traiter plus longuement de cette question.

Pour les navires marchands, où l'asile n'existe pas 'extradition du réfugié ne peut se soumettre à un autre procédé qu'à celui qu'aurait lieu pour l'appréhension d'un délinquant dans un domicile privé; cependant le besoin d'éviter les froissements internationaux, si faciles à produire, et d'éveiller des questions de dignité des Etats, si faciles à susciter, conseillent d'aviser d'avance l'agent du pays du pavillon du navire, résidant le plus près du port, afin de mettre en sa connaissance les faits, et lui prier même d'asister à la capture de l'asilé, s'il le croit convenable. Cet avis est en tout point conforme avec le système adopté par l'Institut de Droit International (1).

Pour les cas exceptionnels où l'asile des navires marchands existe, l'extraction directe du bord ne pouvant avoir lieu, puisque, par supposition, l'asile existe, l'affaire doit se traiter diplomatiquement et, s'il y a lieu, se soumettre aux règles générales de l'extradition.

(1) Voir articles 30 et 34 des règlements transcrits, p. 352 et 353.

CONCLUSION

L'asile diplomatique a perdu de nos jours en Europe toute son importance et se trouve en voie de devenir une institution antique, avec une valeur purement historique, dont les auteurs modernes ne daigneraient de parler si eux mêmes, avec un manque absolu de logique ne s'efforçaient de le mantenir dans l'Amérique latine.

L'asile s'accorde mal avec la culture actuelle et avec le respect du droit, il est une limitation attentatoire à la souveraineté de l'Etat, limitation antipathique, regrettable, inutile et odieuse.

Proclamer la justice du droit d'asile diplomatique, serait offenser la justice elle-même, car ce serait ouvrir les portes à l'impunité des violateurs de la loi, mais ce serait, en outre, attenter contre l'indépendance des nations. Le diplomate qui voudrait exhumer l'asile pour le faire valoir encore, devrait être considéré comme un complice dans la violation de l'ordre et comme un ennemi du régime et du gouvernement du pays; il ferait preuve de mépris et d'hostilité à l'égard des institutions locales, ce qui serait contraire à la bienveillance qui doit toujours l'inspirer dans ses relations avec l'Etat auprès duquel il exerce la mission.

Par conséquent nous n'avons pas besoin de répéter, après ce qui a été dit, *que nous désirons vivement la disparition complète d'une aussi absurde institution de tous les pays où, ne fut-ce qu'à titre plus ou moins précaire et exceptionnel, elle est conservé ou tolérée.* Espérons, donc, qu'elle suive dans le chemin de la desuétude et de l'oubli son frère ainé l'asile religieux.

TABLE DE MATIERES